国家教师资格考试指导教材

# 保教知识与能力
# （幼儿园）

主　　编　王俏华　傅建明
副 主 编　吴江妙　宋　兵　周　萍
参编人员　李齐杨　唐　峰　陈司远　汪　波
　　　　　孙增荣　张琰慧　倪素娟　陈玮玮
　　　　　田晨曦　包海诚　梁　静

图书在版编目(CIP)数据

保教知识与能力. 幼儿园/王俏华，傅建明主编. —北京：北京大学出版社，2016.10
（国家教师资格考试指导教材）
ISBN 978-7-301-26949-7

Ⅰ.①保… Ⅱ.①王… ②傅… Ⅲ.①学前教育—幼教人员—资格考试—教材 Ⅳ.①G61

中国版本图书馆CIP数据核字（2016）第032597号

| | |
|---|---|
| 书　　　名 | 保教知识与能力（幼儿园） |
|  | BAOJIAO ZHISHI YU NENGLI（YOU'ERYUAN） |
| 著作责任者 | 王俏华　傅建明　主编 |
| 丛书策划 | 姚成龙（yaobianji@163.com） |
| 责任编辑 | 桂　春 |
| 标准书号 | ISBN 978-7-301-26949-7 |
| 出版发行 | 北京大学出版社 |
| 地　　　址 | 北京市海淀区成府路205号　100871 |
| 网　　　址 | http://www.pup.cn　　新浪微博：@北京大学出版社 |
| 电子信箱 | zyjy@pup.cn |
| 电　　　话 | 邮购部62752015　发行部62750672　编辑部62756923 |
| 印　刷　者 | 北京鑫海金澳胶印有限公司 |
| 经　销　者 | 新华书店 |
| | 787毫米×1092毫米　16开本　15.75印张　280千字 |
| | 2016年10月第1版　2019年6月第2次印刷 |
| 定　　　价 | 38.00元 |

未经许可，不得以任何方式复制或抄袭本书之部分或全部内容。
**版权所有，侵权必究**
举报电话：010-62752024　电子信箱：fd@pup.pku.edu.cn
图书如有印装质量问题，请与出版部联系，电话：010-62756370

# 国家教师资格考试指导教材

## 编 委 会

**学术顾问**

丁　钢　华东师范大学终身教授，华东师范大学教育高等研究院院长，中国教育学会副会长

陈向明　北京大学教育学院教授，学术委员会主任，基础教育与教师教育研究中心主任

**常务编委**（按姓名拼音排序）

蔡　春　首都师范大学教育学院副院长，教授

陈建华　上海师范大学教育学系主任，教授

傅建明　浙江师范大学教师教育学院教授

葛明贵　安徽师范大学教育科学学院院长，教授

郝文武　陕西师范大学教育学院教授

何兆华　陕西学前师范学院教务处处长，教授

洪　明　福建师范大学教育学院副院长，教授

侯怀银　山西大学教育科学学院院长，教授

胡金平　南京师范大学教育科学学院副院长，教授

李松林　四川师范大学教育科学学院副院长，教授

刘云杉　北京大学教育学院副院长，教授

龙宝新　陕西师范大学教育学院副院长

卢晓中　华南师范大学教育科学学院院长，教授

孟繁胜　东北师范大学教育学部副部长

瞿亚红　重庆师范大学教育科学学院副院长

桑青松　安徽师范大学教育科学学院副院长，教授

唐汉卫　山东师范大学教育学院院长，教授

王凤秋　哈尔滨师范大学教育科学学院副院长，教授

吴刚平　华东师范大学教育科学学院教授
肖　川　北京师范大学教育学部教授
肖庆伟　闽南师范大学副校长，教授
杨立范　北京大学出版社副总编辑，编审
张景斌　首都师范大学教育学院副院长，教授
钟毅平　湖南师范大学教育科学学院院长，教授
朱德全　西南大学教育学部部长，教授

**编　委**（按姓名拼音排序）

蔡勇强　闽南师范大学教育科学学院副院长，教授
曹　莹　西安文理学院教育学院副院长，副教授
车广吉　东北师范大学政法学院教授
陈国良　闽南师范大学继续教育学院院长，教授
陈焕章　上海师范大学教育学院副教授
陈　鹏　福建教育学院教务处处长，副研究员
邓大河　四川幼儿师范高等专科学校副校长，副教授
邓岳敏　泉州师范学院教育科学学院副教授
冯展极　大庆师范学院外语学院副院长，教授
何　冰　吉林省国试教育咨询有限公司董事长
何华松　九江职业大学师范学院院长，教授
何善平　陕西学前师范学院学前教育系主任，教授
黄　清　闽南师范大学发展规划处处长，教授
黄　重　宁德职业技术学院人文科学系主任，副教授
经柏龙　沈阳师范大学教育科学学院教授
鞠玉翠　华东师范大学教育科学学院教授
李宝良　大庆师范学院继续教育学院院长，教授
廖贵英　九江职业大学学前教育学院院长，教授
林　钢　北京大学出版社福建省教学服务中心主任
刘俊卿　沈阳师范大学教育科学学院教授
舒志定　湖州师范学院教师教育学院院长，教授
宋　祥　东北师范大学文学院教授

| | |
|---|---|
| 汪　明 | 阜阳师范学院教育科学学院院长，教授 |
| 王　葎 | 北京师范大学哲学与社会学学院副教授 |
| 王俏华 | 浙江师范大学杭州幼儿师范学院副教授 |
| 王　祥 | 贵州师范学院教育科学学院教授 |
| 王永胜 | 东北师范大学生命科学学院教授 |
| 魏继宗 | 延安大学教育科学学院副院长，教授 |
| 向　华 | 西安文理学院教育学院教授 |
| 谢先国 | 湖南省中小学教师发展中心科长，湖南师范大学兼职教授 |
| 闫　祯 | 天水师范学院职业培训学院院长，教授 |
| 杨秀莲 | 东北师范大学教师教育研究中心主任，教授 |
| 姚成龙 | 北京大学出版社职业教育编辑部主任 |
| 余清臣 | 北京师范大学教育学部教育基本理论研究院副院长，副教授 |
| 虞伟庚 | 丽水学院教师教育学院副院长，教授 |
| 查晓虎 | 安徽师范大学教育科学学院教授 |
| 张昌勋 | 闽江师范高等专科学校副校长，教授 |
| 张锦坤 | 福建师范大学教育学院院长助理，副教授 |
| 张灵聪 | 闽南师范大学教育科学学院院长，教授 |
| 张永明 | 陇南师范高等专科学校教授 |
| 郑先如 | 龙岩学院教育科学学院院长，教授 |
| 郑燕林 | 东北师范大学计算机科学与信息技术学院副院长，教授 |
| 仲丽娟 | 上海交通大学第二附属中学教师发展中心主任，高级教师 |
| 周兴国 | 安徽师范大学教育科学学院教授 |
| 朱成科 | 渤海大学教师发展学院副院长，教授 |
| 朱晓宏 | 首都师范大学教育学院教育基本理论研究所副所长，教授 |

# 出版前言

中小学和幼儿园教师资格考试（以下简称教师资格考试）是评价申请教师资格的人员是否具备从事教师职业所必需的教育教学基本素质和能力的考试。参加教师资格考试合格是教师职业准入的前提条件。申请幼儿园、小学、初级中学、普通高级中学、中等职业学校教师和中等职业学校实习指导教师资格的人员须分别参加相应类别的教师资格考试。教师资格考试实行全国统一考试。考试坚持育人导向、能力导向、实践导向和专业化导向，坚持科学、公平、安全、规范的原则。

教师资格考试包括笔试和面试两部分。笔试主要考查：申请人从事教师职业所应具备的教育理念、职业道德、法律法规知识、科学文化素养、阅读理解、语言表达、逻辑推理和信息处理等基本能力；教育教学、学生指导和班级管理的基本知识；拟任教学科领域的基本知识，教学设计实施评价的知识和方法，运用所学知识分析和解决教育教学实际问题的能力。

幼儿园教师资格考试笔试科目为"综合素质""保教知识与能力"2科；小学教师资格考试笔试科目为"综合素质""教育教学知识与能力"2科；初级中学、普通高级中学教师和中等职业学校文化课教师资格考试笔试科目为"综合素质""教育知识与能力""学科知识与教学能力"3科；中等职业学校专业课教师和实习指导教师资格考试笔试科目为"综合素质""教育知识与能力""专业知识与教学能力"3科。

为了配合教师资格考试在全国推广后师范院校的课程设置和教学计划的调整，方便师范院校对报名参加教师资格考试的在校学生进行有效指导和系统培训，提高教师资格考试的通过率，方便考生系统复习，提高考试成绩，北京大学出版社组织了全国数十所师范院校的教师及部分中小学、幼儿园一线教师联合编写了这套"国家教师资格考试指导教材"，作为教师资格考试指导课的配套教材使用。

本系列教材充分体现了我国教师职业对综合素质和教育教学能力的要求，以现行考试大纲为编写依据，科学、系统、严谨地阐释大纲对各学段教师考核所要求的知识体系，旨在帮助考生有效备考，提高其自身教育理念、职业道德、科学文化素养以及相关教育教学能力。

本系列教材在编写中着力强调并体现以下特色：

一、教材架构性原则：教材体系清晰完整，知识严谨规范

在编写教材时注意并把握教材的基本属性，即系统性、知识性、科学性和先进性的统一，突出考试标准与考试大纲所要求的知识性和实用性，总体结构、章节布局合理，内容详略得当，繁简适宜，概念、定义、名词等准确、规范。

二、理念先进性原则：反映考试标准、考试大纲所要求的全新教育理念、教育精神、教育方向

本系列教材在观念、内容、文字上鲜明凸显考试标准、考试大纲所传达的时代性、先进性、高度性。针对考生群体学科专业知识已能够基本满足教学需要、科学文化素养已基本达到教育要求的情况，教材特别强调考生群体自身的教育理念、法律意识、组织教育教学的基本知识与能力、教学设计实施及评价的基本方法。

三、基本指导性原则：较为科学地指导考生掌握各学段教育教学的基本素养、基本原理，以及学科专业领域的基本框架、基本知识

本系列教材的重要功能之一是指导考生有效而科学地掌握、运用教师资格考试所要求的教育知识与教学能力，因此，在编写过程中贯彻大纲对于知识、能力"了解、理解、熟练、掌握、运用"等各个层级的要求，在体例设置与内容表达上突出重点，提纲挈领，避免面面俱到式的罗列与堆砌。

四、能力拓展性原则：注重对考生拓展性思维的启发与创造性能力的培养

新的考试标准、考试大纲强调教师要具备"自主发展意识和自我教育的能力"，拓展性思维与创造性能力是自主发展与自我教育的重要构成与体现，教材就此在内容的表达与形式、板块上做出了适当的设置。

五、备考实效性原则：展现便于考生实际学习、备考的学习功能

本系列教材注重把握好素质培养与应试备考之间的平衡，在内容与形式上兼顾教材的考试指导属性，以利考生理顺考试理念、要求，了解考试趋向、动态，熟悉考试内容、方法，掌握考试重点、难点，帮助考生深入学习、有效应考。

六、教材立体化原则：提供多种教学资源，最大限度满足学生学习需要

除了主教材外，我们还精心设计了形成性练习册、网络学习课程、模拟试卷等。

总之，本系列教材作为教师资格考试指导课教材，突出地体现了权威性、系统性、先进性、实用性和指导性等特色。

本系列教材在编写过程中得到了各参编院校和参编老师的大力支持，在此一并表示

感谢。

1. 本系列教材配有由作者提供的教学课件供教师使用，需要者请通过"教师资格考试交流群"（QQ群号：316689173，581389674，572532579）索取。

2. 关注"教师资格考试服务网"（微信公众号：jsfw-pup）公众平台，获取新鲜的考试资讯、权威的考纲解读、全面的考试技巧及复习方法，以及模拟试题，自测练习题等复习资料。

# 目 录

| | | |
|---|---|---|
| 第一章 | 学前儿童发展概述 | (1) |
| | 第一节 学前儿童发展的含义 | (1) |
| | 第二节 学前儿童发展的基本规律 | (4) |
| | 第三节 影响学前儿童发展的因素 | (6) |
| | 第四节 学前儿童发展的理论流派 | (9) |
| 第二章 | 学前儿童的一般发展 | (23) |
| | 第一节 学前儿童发展的年龄特征和发展特点 | (24) |
| | 第二节 学前儿童的身体发育和动作发展 | (29) |
| | 第三节 学前儿童的心理发展 | (31) |
| | 第四节 学前儿童发展的个体差异 | (56) |
| 第三章 | 学前儿童发展的问题 | (63) |
| | 第一节 学前儿童身体发育中的问题 | (63) |
| | 第二节 学前儿童心理发展的常见问题 | (67) |
| | 第三节 学前儿童发展问题的研究方法 | (72) |
| 第四章 | 学前教育原理 | (82) |
| | 第一节 教育概述 | (83) |
| | 第二节 学前教育与学前教育史 | (86) |
| | 第三节 幼儿园教育 | (94) |
| | 第四节 《幼儿园教育指导纲要(试行)》 | (97) |
| | 第五节 我国学前教育改革动态与发展趋势 | (106) |
| 第五章 | 生活指导 | (113) |
| | 第一节 幼儿园一日生活常规 | (114) |

第二节　学前儿童身体发育特点与保健 …………………………… (120)
　　第三节　学前儿童饮食营养及指导 ………………………………… (125)
　　第四节　学前儿童常见疾病及其预防护理 ………………………… (128)
　　第五节　幼儿园常见的安全问题与处理 …………………………… (134)
第六章　游戏活动指导 …………………………………………………… (144)
　　第一节　游戏概述 …………………………………………………… (145)
　　第二节　游戏活动的指导 …………………………………………… (151)
　　第三节　游戏过程中的教师 ………………………………………… (158)
第七章　幼儿园环境创设 ………………………………………………… (166)
　　第一节　幼儿园环境创设的基本原理 ……………………………… (167)
　　第二节　幼儿园常见活动区的环境创设 …………………………… (172)
　　第三节　幼儿园精神环境的营造 …………………………………… (179)
　　第四节　幼儿园的社会环境创设 …………………………………… (183)
第八章　教育活动的组织和实施 ………………………………………… (194)
　　第一节　幼儿园教育活动设计的基本流程 ………………………… (195)
　　第二节　综合性主题活动的设计 …………………………………… (206)
　　第三节　单一教学活动的设计 ……………………………………… (212)
第九章　幼儿园教育评价 ………………………………………………… (220)
　　第一节　幼儿园教育评价概述 ……………………………………… (220)
　　第二节　幼儿园教育评价的基本过程和方法 ……………………… (226)
　　第三节　幼儿园教育评价内容 ……………………………………… (228)

# 第一章　学前儿童发展概述

> **考纲内容**
>
> （1）理解婴幼儿发展的含义、过程及影响因素。
> （2）了解儿童发展理论主要流派的基本观点及其代表人物，并能运用有关知识分析论述儿童发展的实际问题。

> **考纲解读**
>
> 教育的目的在于促进儿童全面充分的发展。促进儿童的发展，首先要了解儿童发展的基本原理，即儿童发展的概念、儿童发展的过程、儿童发展的规律、儿童发展的影响因素等。因此，考纲的内容之一是理解婴幼儿发展的含义、特点和影响因素。这是考试的三个重要知识点。此外，历史上关于儿童发展的问题，有各种各样的见解，因此必须理清儿童发展的几种主要流派，并熟记其代表人物与基本观点。在此基础上能够运用相关原理解释教育现场中的各种现象与问题。本章的知识点主要属于记忆与理解层次，适当注意理论的运用。

## 第一节　学前儿童发展的含义

### 一、人的发展

发展是指事物连续不断地由低级向高级、由旧质到新质的有规律的变化运动过程。而人的发展是指作为复杂整体的个人在从生命开始到生命结束的全部人生中，不断发生的身心两方面的整体的、积极的变化过程。这里的"身"指的是人的身体发展，具体指机体的各种组织系统，如骨骼、肌肉、心脏、神经系统、呼吸系统等正常发育及其体质的增强，它是人的生理方面的发展；这里的"心"指的是人的心理发展，如感觉、知觉、注意、记忆、思维、想象、情感、意志、性格等方面的发展，它是人的精神方面的发展。

人的身体发展和心理发展是相互影响、相互作用的，它们是不可分割的统一体。一方面，身体的发展，特别是神经系统的发展，制约着心理的发展。如果人的身体有缺陷，如大脑发育不正常，那么人的认知、性格、能力等都会受到影响；另一方面，身体的发展也受到人的认识、情感、意志等心理过程和特征的影响。据一项研究资料显示，对于正在成长发育期的少年儿童来说，如果长期处于心理压抑和没有温暖的家庭环境中，其身高会低于遗传身高 2 厘米左右。

人的发展是一个过程。人的发展过程包含下列特点：（1）社会性。马克思曾得出结论，指出人是"一切社会关系的总和"。[①] 因此，在人的发展过程中，个体人的发展必然离不开社会。（2）能动性。人和动物最大的区别就是人是理性的动物，每个人都有主观意志，可以根据自己的需要发展自己。（3）动态性。在人的发展过程中，影响人的发展的因素很多，各种因素对人的发展也产生着动态的变化。（4）活动性。人的发展是在活动中实现的，通过活动把人的潜在素质变成现实素质。

需要区别的是，人的"发展"与"生长""成长""成熟"等概念是不同的。"生长"主要指身体方面的发展，如身高、体重、骨骼构造等机体方面的发育过程；"成长"主要指身体和心理的共同动态变化；"成熟"则是指身体和心理发展的一种状态和程度。

## 二、学前儿童发展

学前教育阶段的儿童通常指的是 6 周岁以前的婴幼儿。学前儿童发展包括婴幼儿的生理发展和心理发展。生理发展指的是婴幼儿的身体的正常发育和体质增强，即婴幼儿的大脑和身体在形态、结构及功能上的生长发育过程，包括大脑的发育、身高和

---

① 马克思，恩格斯. 马克思恩格斯全集：第 3 卷 [M]. 北京：人民出版社，1960.

体重的变化、骨骼和肌肉的发展；心理发展主要指婴幼儿的心理过程和个性心理方面的发展。婴幼儿的心理过程包括认知过程、情绪情感过程和意志过程。个性心理包括个性心理倾向性和个性心理特征两个方面。要准确理解学前儿童发展的概念，必须注意下列几个重要的概念。

（一）转折期与危机期

在儿童心理发展的两个阶段之间，有时会出现心理发展在短时期内急剧变化的情况，称为儿童心理发展的转折期。

儿童在心理发展的转折期，往往容易产生强烈的情绪表现，也可能出现儿童和成人关系的突然恶化。3岁儿童常常出现反抗行为或执拗现象，常常对成人的任何指令都说"不""偏不"，以示反对。

由于儿童心理发展的转折期常常出现对成人的反抗行为，或各种不符合社会行为准则的表现，因此，也有人把转折期称为危机期。

儿童心理发展的转折期，并非一定出现"危机"。转折期是儿童心理发展过程中必然出现的，但"危机"却不是必然出现的。"危机"往往是由于儿童心理发展迅速，而导致心理发展上的不适应。如果成人在掌握儿童心理发展规律的情况下，正确引导儿童心理的发展，化解其一时产生的尖锐矛盾，"危机"会在不知不觉中度过，或者说，"危机期"可以不出现。

（二）关键期

关键期这一概念最早是从动物心理的试验研究中提出的。著名的生态学家劳伦兹在研究小动物发育的过程中发现刚出壳的小鹅（或其他幼雏）会把它们出壳时几小时内看到的活动对象（人或其他东西）当作是母鹅一样紧紧尾随（尾随反应）。这种现象仅在极为短暂的关键期内发生，错过了这个时刻，尾随反应则不能发生，劳伦兹把这段时间称为"关键期"。

儿童心理发展的关键期是指儿童在某个时期最容易学习某种知识技能或形成某种心理特征，一旦过了这个时期，发展的障碍就难以弥补。儿童心理发展的关键期主要表现在语言发展和感知觉方面。资料表明，学前期是儿童学习口语的关键期，如果错过了这个时期，就难以学会人类的语言。印度曾有一个被狼哺育长大的孩子卡玛拉，在7岁后才获救回到人类社会，开始学习人类的语言，但始终不能学会说话。

### （三）敏感期或最佳期

敏感期或最佳期是指儿童学习某种知识和行为比较容易，儿童心理某个方面发展最为迅速的时期。其与关键期的不同在于，错过了敏感期或最佳期，不是不可以学习或形成某种知识或能力，只是与敏感期或最佳期比起来，较为困难或发展比较缓慢。

整体来说，学前期是儿童心理发展的敏感期或最佳期。

### （四）最近发展区

心理学家维果茨基认为，儿童能够独立表现出来的心理发展水平，和儿童在成人指导下所能够表现出来的心理发展水平之间的差距，称为最近发展区。儿童能够独立表现出来的心理发展水平，一般都低于他在成人指导下所能够表现出来的水平。

最近发展区是儿童心理发展潜能的主要标志，也是儿童可以接受教育程度的重要标志。查明儿童心理发展的最近发展区，可以向其提出稍高的，但是力所能及的任务，促进他达到新的发展水平。最近发展区是儿童心理发展每一时刻都存在的，同时，又是每一时刻都在发生变化的。最近发展区因人而异。家长、教师如果时时关注每个儿童，把握好儿童心理发展的最近发展区，并利用之，就可以有效地促进儿童心理的发展。

## 第二节　学前儿童发展的基本规律

学前儿童发展的过程有着自身的特点和规律，基本表现在以下几个方面。

## 一、学前儿童发展的顺序性

学前儿童发展的顺序性是指儿童的身心发展遵循着一定的顺序。在婴幼儿期，人体的发展先从头部开始，然后逐渐延伸到尾部（下肢），即"首尾律"也称"头尾律"；另外，婴幼儿的发展也遵循着"近远律"，也称"中心四周律"，即婴幼儿的发展从靠近头部和躯干的部位先发展，然后是双臂和腿部的有规律动作，最后才是手的精细动作。在心理发展上，学前儿童的心理过程也有自己的发展顺序，如儿童的记忆一般从机械记忆开始发展，逐渐过渡到意义记忆。

## 二、学前儿童发展的阶段性

学前儿童发展的阶段性指的是不同年龄阶段的儿童会表现出身心发展的一般特征或共同特征，即儿童的年龄特征。学前儿童可以分为婴儿期（0~1岁）；幼儿早期，也叫先学前期（1~3岁）；学前期，也称幼儿期（3~6、7岁）。其中幼儿期，又可以分为幼儿初期、中期和晚期。幼儿期儿童的典型思维就是具体形象思维，但幼儿初期和晚期的儿童的思维特征会有一些明显的区别，前者通常带有直观行动的特征，后者可能出现抽象逻辑思维的萌芽。

## 三、学前儿童发展的不平衡性

学前儿童发展的不平衡性是指在儿童发展的过程中，儿童在身心发展上所表现出来的发展起止时间、发展速度以及达到成熟的时期都是不同的。从总体上看，儿童在人生各阶段的发展速度是不均匀的。一般来说，年龄越小，发展的速度越快。幼儿阶段，儿童发展快速；小学阶段，儿童发展较为平缓；青春期是人生中的第二个加速期，之后，人的发展逐渐平缓；老年期则开始出现下降趋势。以儿童的大脑发展为例，新生儿的脑重量约350~400克，1岁时约900克，3岁时约1000克，6岁时约1300克，是成人脑重量的90%。

## 四、学前儿童发展的个体差异性

学前儿童发展的个体差异性是指不同的儿童由于先天素质、内在机能、总体环境及自身的主观能动性的不同，在发展中存在着差别的现象。如有的天资聪颖，有的大器晚成；有的活泼，有的内向；有的音乐素质高，有的逻辑思维能力强等。由于学前儿童发展的个体差异，因而教育中应当根据儿童的特征进行因材施教。

## 五、学前儿童发展的稳定性和可变性

学前儿童发展的稳定性是指在发展过程中,儿童心理发展的年龄特征具有相对的稳定性。几十年前甚至一百年前儿童心理学所揭示的儿童心理发展年龄特征的基本点,至今仍然适用于当代儿童。但是由于儿童心理发展的年龄特征是在一定的社会和教育条件下形成的,不同的社会和教育条件会使儿童心理发展的特征有所变化,这又构成了儿童心理年龄特征的可变性。从儿童个体的角度看,儿童的个性心理特征中有些因素较为稳定,如气质,但有些方面却在不断变化,如需要、动机等。

# 第三节　影响学前儿童发展的因素

影响儿童发展的因素既有主观因素,即儿童心理本身内部的因素,也有客观因素,即儿童心理以外的因素。这两者相辅相成,共同影响儿童的发展。

## 一、主观因素

主观因素是指学前儿童心理本身内部的因素,如儿童的需要、兴趣、能力、努力状况、自我意识等,其中需要是最活跃的因素。

(一)儿童心理本身内部的因素是儿童心理发展的内部原因

遗传和生理成熟是促进儿童发展的自然物质基础,环境和教育是儿童发展的社会条件。前者为儿童的心理发展提供可能性,后者使这种可能性转变为现实性。儿童心理发展还需要儿童自身内部因素的积极参与和努力,因为心理是人脑对客观现实的能动地、主动地反映。如要训练孩子的口语表达能力,最终必须使孩子产生愿意学习说话的需要或愿望。

### (二) 儿童心理的内部矛盾是推动儿童心理发展的根本动力

儿童心理的内部矛盾是指新的需要和旧的心理水平之间的矛盾。新的需要总是否定着已有的心理水平，或者说现有的心理发展水平无法满足日益增长的需要，必须提高现有的心理水平，去满足新的需要，适应环境。如儿童学会了爬，能够在一定范围内自主活动，但随着成长，他又想去探索更多的周围世界，就需要学会走路，才能满足他的探索需要。儿童心理的内部矛盾不断促进儿童朝着更高水平发展。

## 二、客观因素

客观因素是指儿童心理以外的因素，它是儿童发展必不可少的外在条件。

### (一) 生物因素

生物因素包括遗传和生理成熟。

(1) 遗传是指从上代继承下来的与生俱来的生理解剖上的特点，也叫遗传素质，如机体的构造、形态、感官和神经系统的特征等。一方面，遗传为儿童的身心发展提供了可能性，而不是现实性。另一方面，遗传是儿童的身心发展的最基本的自然物质前提，奠定儿童身心发展个体差异的最初基础。遗传素质具有一定程度上的可塑性，随着环境、教育和实践活动的作用，人的遗传素质会发生一些改变。

(2) 生理成熟指身体生长发育的程度或水平，也称生理发展。生理成熟因素对学前儿童发展的作用表现为：第一，生理成熟的程序制约着儿童心理发展的顺序；第二，生理成熟为儿童的心理发展提供物质前提；第三，生理成熟的个别差异，是儿童心理发展的个别差异的生理基础。

著名的成熟论心理学家格塞尔的双生子爬楼梯实验，说明生理成熟是婴幼儿学习的前提。格塞尔让双生子 T 和 C 在不同年龄学习爬楼梯，先让 T 在出生第 48 周起开始训练爬楼梯，每日练习 10 分钟，连续 6 周；而 C 则在出生后第 53 周开始学习，C 仅训练 2 周，就赶上了 T 的水平。

### (二) 社会因素

环境和教育是影响儿童心理发展的社会因素，提供了儿童心理发展的决定性条件，也将遗传提供的可能性转变为现实性。

（1）环境是指儿童生活的周围客观世界，包括自然环境和社会环境。自然环境提供儿童生存所需的物质条件，如阳光、空气、水分等。社会环境则包括儿童所在的家庭环境和社区环境，还包括社会大环境，其中家庭环境对儿童的影响最为突出。人成长的首要环境是家庭，而家庭是一个复杂的环境系统，其中由物、人、关系构成的家庭的结构、人际关系、社会地位、父母的教养方式和期望等都会影响儿童的成长。孩子从婴儿期步入幼儿期，随着年龄的增长，终将由家庭这个小环境步入大社会，接触家庭外的人群和事物。

（2）教育通常指学校教育，在儿童成长中有着非常重要的作用。家庭对儿童成长起着潜移默化的影响，这种影响可能是下意识的、不自觉的，父母自己可能也不清楚究竟想把孩子培养成什么样的人，但学校教育不一样，它对儿童实施的教育影响是有意识、有计划、有明确目的的。学校教育中的教师、同伴、教学内容和校风都会对儿童的发展产生影响。一方面，教育通过教育过程中的人际交往、集体活动等促进儿童的社会化；另一方面，教育也可以促进儿童的个性化。

## 三、主客观因素相互作用

在儿童发展的过程中，生物因素和社会因素相互作用，主观因素和客观因素相互作用，任何单一因素决定论的观点都是错误的。

（一）遗传决定论

遗传决定论的主要代表人物是英国的生物学家高尔顿，他认为，遗传在学前儿童发展中有着决定作用，认为儿童的心理发展是受先天不变的生物因素影响的，认为儿童的智力和品质完全由基因决定，后天是无法改变的，"龙生龙，凤生凤，老鼠的儿子打地洞"就是典型的例子。

（二）环境决定论

环境决定论的主要代表人物是美国的心理学家华生。他认为在儿童发展中起着决定性作用的是儿童生活的环境。他在《行为主义》一书中断言，给我一打健康的没有缺陷的儿童，把他们放在我所设计的环境里面，我可以把他们培养成任何一个我想培养的角色，医生、律师、艺术家、小偷、强盗等，无论他们的天资、爱好、脾气，以及他们祖先的才能、职业和种族如何。这个论断完全否认了儿童的遗传素质、年龄特征以及内部状态的作用。

（三）教育万能论

教育万能论的主要代表人物是英国的教育学家洛克和法国的教育家爱尔维修。他们认为"教育是万能的"，儿童犹如一块"白板"，人类之所以千差万别，就是由于教育之故。爱尔维修否认人与人之间的个别差异，断言人的形成只是教育的结果，人与人之间的才智差异也仅仅是教育造成的，即人受了什么样的教育，就成为什么样的人。他一方面认为，人是环境和教育的产物，改造人必须改造环境；另一方面又认为，人们的偏见统治着世界，改造环境又必须改造人的偏见，即通过教育改造社会，因而主张教育万能。

# 第四节 学前儿童发展的理论流派

## 一、精神分析学派

精神分析心理学派是现代西方心理学的主要流派之一，代表人物是弗洛伊德和埃里克森。

（一）弗洛伊德的心理发展理论

奥地利精神病学家弗洛伊德是精神分析学派的创始人。他认为人格是一个整体，在这个整体之内包含着彼此关联且相互作用的部分。早期，弗洛伊德提出了"二部人格结构"说，即无意识和意识的结构说，实际上他把人的心理机制视为由意识、前意识和潜意识三个系统所构成。晚期，弗洛伊德在《自我与伊底》（1923年）中对他的理论做了修正，提出了新的"三部人格结构"说，即人格是由伊底（本我）、自我和超我三部分组成，分别遵循着快乐原则、现实原则和道德原则。

弗洛伊德认为人们一切追求快乐的欲望，性本能的冲动是人一切心理活动的内在动力。当这种能量积聚到一定程度就会造成机体的紧张，这时机体就要寻求途径释放能量。弗洛伊德将儿童心理发展分为五个阶段。

1. 口唇期（0～1岁）

这个时期的动欲区是嘴。在口唇期的初期（0～8个月），快感主要来自唇与舌的吮吸活动，吮吸本身可产生快感，婴儿不饿时也有吮吸手指的现象就是例证。根据弗洛伊德的观点，一个被"停滞"在口唇期的初期人可能会从事大量的口唇活动，诸如沉溺于吃、喝、抽烟与接吻等，这种人的人格被称为口欲综合型人格。在口唇期的晚期（8个月～1岁），体验的感受部位主要是牙齿、牙床和腭部，快感来自撕咬活动，一个被"停滞"在口唇期晚期的人会从事那些与撕咬行为相等同的活动，如挖苦、讽刺与仇视。这种人的人格被称为口欲施虐型人格。

2. 肛门期（1～3岁）

这个时期动欲区在肛门。在这一时期，儿童必须学会控制生理排泄，使之符合社会的要求，也就是说儿童必须形成卫生习惯。在肛门期，快感主要来自对粪便的排出与克制，如果这一时期出现停滞现象，可能使人格朝着慷慨、放纵、生活秩序混乱、不拘小节或循规蹈矩、谨小慎微、吝啬、整洁两个方向发展，形成"肛门排泄型"或"肛门滞留型"人格。

3. 性器期（3～6岁）

这个时期动欲区在生殖器区域，它是弗洛伊德发展阶段理论中最复杂和争议最大的阶段。在这个阶段里，最显著的两个行为现象是"恋亲情结"和"认同作用"。恋亲情结因儿童性别的不同有"恋母情结"和"恋父情结"之分。根据弗洛伊德的说法，男孩子到了这个年龄，开始对自己的母亲产生一种爱恋的心理和欲求，同时又有消除父亲以便独占母亲的心理倾向。在另一方面，男孩子因为上面所说的一些想法而产生"阉割恐惧"，害怕自己的性器会被父亲割掉。为了应付由此产生的冲突和焦虑，男孩子终于抑制了自己对母亲的占有欲，同时与自己的父亲产生认同作用，学习男性的行为方式，这对个人的成长和社会化极为重要。弗洛伊德认为，与此类似的心理过程和行为反应也在女孩子身上发生，这就是所谓的"恋父情结"。女孩子最后也与母亲发生认同作用，而开始习得女性的行为方式。

4. 潜伏期（6～12岁）

这里所谓"潜伏"，指的是儿童对性器兴趣的消失。这种情形的发生可能与儿童因年龄增大而其生活圈也随之扩大有关。儿童到了这个年龄，他们的兴趣不再局限于自己的身体，对于外界环境，也逐渐有了探索的倾向。由于这个时期的行为少有与身体某一部位快感的满足有直接关系，于是乃有"潜伏"的说法。

5. 青春期（12岁以后）

在这个时期，个人的兴趣逐渐地从自己的身体刺激的满足转变为异性关系的建立与满足，所以又称两性期。儿童这时已从一个自私的、追求快感的孩子转变成具有异性权力的、社会化的成人。弗洛伊德认为这一时期如果不能顺利发展，儿童就可能产生性犯罪、性倒错，甚至患精神病。

弗洛伊德强调"早期经验"在个体发展中的作用。他认为早期经验发生于儿童人格尚未完全发展的时候，更容易产生重大的结果，人格障碍产生的原因之一就是早期经验产生的心理印记或创伤。

（二）埃里克森的心理社会发展理论

埃里克森是美国著名精神病医师，新精神分析派的代表人物。他认为，人的自我意识发展持续一生，他把自我意识的形成和发展过程划分为八个阶段，这八个阶段的顺序是由遗传决定的，但是每一阶段能否顺利度过却是由环境决定的，所以这个理论可称为"心理社会"阶段理论。每一个阶段都是不可忽视的。

1. 婴儿期（0~1.5岁）：基本信任感和不信任感的冲突

此时不要认为婴儿是一个不懂事的小动物，只要吃饱不哭就行，这就大错特错了。此时是基本信任和不信任的心理冲突期，因为这期间孩子开始认识人了，当孩子哭或饿时，父母是否出现则是建立信任感的重要问题。信任在人格中形成了"希望"这一品质，它起着增强自我的力量。具有信任感的儿童敢于希望，富于理想，具有强烈的未来定向。反之则不敢希望，时时担忧自己的需要得不到满足。埃里克森把希望定义为：对自己愿望的可实现性的持久信念，反抗黑暗势力、标志生命诞生的怒吼。

2. 儿童早期（1.5~3岁）：自主感与害羞和怀疑的冲突

这一时期，儿童掌握了大量的技能，如爬、走、说话等。更重要的是他们学会了怎样坚持或放弃，也就是说儿童开始"有意志"地决定做什么或不做什么。这时候父母与子女的冲突很激烈，也就是第一个反抗期的出现，一方面父母必须承担起控制儿童行为使之符合社会规范的任务，即养成良好的习惯，如训练儿童大小便，使他们对肮脏的随地大小便感到羞耻，训练他们按时吃饭，节约粮食等；另一方面儿童开始产生自主感，他们坚持自己的进食、排泄方式，所以训练良好的习惯不是一件容易的事。这一时期孩子会反复使用"我们""不"等语言来反抗外界控制，若父母听之任之，放任自流，这将不利于儿童的社会化。反之，若过分严厉，又会伤害儿童自主感和自我控制能力。如果父母对儿童的保护或惩罚不当，儿童就会产生怀疑，并感到害羞。因此，把握好"度"的问题，才有利于在儿童人格内部形成意志品质。埃里克森把意志定义为：不顾不可避免的害羞和怀疑心理而坚定地自由选择或自我抑制的决心。

3. 学龄初期（3～5岁）：主动感对内疚感的冲突

在这一时期如果幼儿表现出的主动探究行为受到鼓励，幼儿就会形成主动性，这为他将来成为一个有责任感、有创造力的人奠定了基础。如果成人讥笑幼儿的独创行为和想象力，那么幼儿就会逐渐失去自信心，这使他们更倾向于生活在别人为他们安排好的狭窄圈子里，缺乏自己开创幸福生活的主动性。当儿童的主动感超过内疚感时，他们就有了"目的"的品质。埃里克森把目的定义为：一种正视和追求有价值目标的勇气，这种勇气不为幼儿想象的失利、内疚感和惩罚的恐惧所限制。

4. 学龄期（6～12岁）：勤奋感对自卑感的冲突

这一阶段的儿童都应在学校接受教育。学校是训练儿童适应社会、掌握今后生活所必需的知识和技能的地方。如果他们能顺利地完成学习课程，他们就会获得勤奋感，这使他们在今后的独立生活和承担工作任务中充满信心。反之，就会产生自卑。另外，如果人养成了过分看重自己的工作的态度，而对其他方面木然处之，这种人的生活是可悲的。埃里克森说，如果他把工作当成他唯一的任务，把做什么工作看成是唯一的价值标准，那他就可能成为自己工作技能和老板们最驯服和最无思想的奴隶。当儿童的勤奋感大于自卑感时，他们就会获得有"能力"的品质。埃里克森说：能力是不受儿童自卑感削弱的，完成任务所需要的是自由操作的熟练技能和智慧。

5. 青春期（12～18岁）：自我同一性对角色混乱的冲突

这一时期，一方面青少年本能冲动的高涨会带来问题，另一方面更重要的是青少年面临新的社会要求和社会冲突而感到困扰和混乱。所以，青春期的主要任务是建立一个新的同一感或自己在别人眼中的形象，以及他在社会集体中所占的情感位置。这一阶段的危机是角色混乱。这种统一性的感觉也是一种不断增强的自信心，一种在过去的经历中形成的内在持续性和同一感（一个人心理上的自我）。如果这种自我感觉与一个人在他人心目中的感觉相称，很明显这将为一个人的生涯增添绚丽的色彩。埃里克森把同一性危机理论用于解释青少年对社会不满和犯罪等社会问题上，他认为：如果一个儿童感到他所处于的环境剥夺了他在未来发展中获得自我同一性的种种可能性，他就将以令人吃惊的力量抵抗社会环境。在人类社会的丛林中，没有同一性的感觉，就没有自身的存在，所以，他宁做一个坏人，或干脆死人般地活着，也不愿做不伦不类的人，他自由地选择这一切。随着自我同一性形成了'忠诚'的品质。埃里克森把忠诚定义为：不顾价值系统的必然矛盾，而坚持自己确认的同一性的能力。

### 6. 成年早期（18～25岁）：亲密感对孤独感的冲突

只有具有牢固的自我同一性的青年人，才敢于冒与他人发生亲密关系的风险。因为与他人发生爱的关系，就是把自己的同一性与他人的同一性融合一体。这里有自我牺牲或损失，只有这样才能在恋爱中建立真正亲密无间的关系，从而获得亲密感，否则将产生孤独感。埃里克森把爱定义为：压制异性间遗传的对立性而永远相互奉献。

### 7. 成年期（25～65岁）：繁殖感对停滞感的冲突

当一个人顺利地度过了自我同一性时期，以后的岁月中将过上幸福充实的生活，他将生儿育女，关心后代的繁殖和养育。他认为，生育感有生和育两层含义，一个人即使没生孩子，只要能关心孩子、教育指导孩子也可以具有生育感。反之，没有生育感的人，其人格贫乏和停滞，是一个自我关注的人，他们只考虑自己的需要和利益，不关心他人（包括儿童）的需要和利益。在这一时期，人们不仅要生育孩子，同时要承担社会工作，这是一个人对下一代的关心和创造力最旺盛的时期，人们将获得关心和创造力的品质。

### 8. 成熟期（65岁以上）：完善感对绝望感的冲突

这一时期，老人的体力、心理和健康每况愈下，对此他们必须做出相应的调整和适应，所以被称为完善感对绝望感的心理冲突阶段。完善感是一种接受自我、承认现实的感受，一种超脱的智慧之感。如果一个人的自我调整大于绝望，他将获得智慧的品质，埃里克森把它定义为：以超然的态度对待生活和死亡。埃里克森认为，在每一个心理社会发展阶段中，解决了核心问题之后所产生的人格特质，都包括了积极与消极两方面的品质，只有各个阶段都保持向积极品质发展，才能完成这个阶段的任务，逐渐实现了健全的人格，否则就会产生心理危机，出现情绪障碍，形成不健全的人格。

## 二、行为主义心理学派

行为主义是美国现代心理学的主要流派之一，也是对西方心理学影响最大的流派之一。行为主义的发展可以分为早期行为主义、新行为主义和新的新行为主义。早期行为主义的代表人物以华生为首，新行为主义的主要代表人物则为斯金纳等，新的新行为主义则以班杜拉为代表。

（一）华生的行为主义理论

美国心理学家华生在巴甫洛夫条件反射学说的基础上提出了自己的行为主义理论。他认为一切行为都是刺激（S）和反应（R）之间的联结（S—R）。在儿童发展过程中，环境是最重要的影响因素，成人可以通过控制环境刺激与反应的联结，来塑造儿童的行为。他认为人类的行为都是后天习得的，环境决定了一个人的行为模式，无论是正常的行为还是病态的行为都是经过学习而获得的，也可以通过学习而更改、增加或消除，认为查明了环境刺激与行为反应之间的规律性关系，就能根据刺激预知反应，或根据反应推断刺激，达到预测并控制动物和人的行为的目的。

（二）斯金纳的操作性条件反射理论

操作性条件反射这一概念，是斯金纳新行为主义学习理论的核心。斯金纳把行为分成两类：一类是应答性行为，这是由已知的刺激引起的反应，如学生听到上课铃声后迅速安静坐好的行为；另一类是操作性行为，是有机体自身发出的反应，与任何已知刺激物无关，如书写、讨论、演讲等。这种操作性行为的形成过程就是学习，其关键是强化的作用。在教学方面教师充当学生行为的设计师和建筑师，把学习目标分解成很多小任务并且逐个地予以强化，学生通过操作性条件反射逐步完成学习任务。这种强化称为正强化，正强化的性质与奖励相同，但是负强化与惩罚有异。

（三）班杜拉的社会学习理论

美国心理学家阿尔伯特·班杜拉于1977年提出社会学习理论。社会学习理论着眼于观察学习和自我调节在引发人的行为中的作用，重视人的行为和环境的相互作用。所谓社会学习理论，班杜拉认为是探讨个人的认知、行为与环境因素三者及其交互作用对人类行为的影响。班杜拉的主要观点如下。

1. 儿童的社会行为主要是通过观察、模仿他人（榜样）而获得

班杜拉认为，人的行为，特别是人的复杂行为主要是后天习得的，既受遗传因素和生理因素的制约，又受后天经验环境的影响。生理因素的影响和后天经验的影响在决定行为上微妙地交织在一起，很难将两者分开。班杜拉认为行为习得有两种不同的过程：一种是通过直接经验获得行为反应模式的过程，班杜拉把这种行为习得过程称为通过反应的结果所进行的学习，即我们所说的直接经验的学习；另一种是通过观察示范者的行为而习得行为的过程，班杜拉将它称为通过示范所进行的学习，即我们所说的间接经验的学习。

2. 观察学习包括注意、保持、动作再现、动机四个过程

（1）注意过程。

班杜拉认为注意学习的对象是观察学习的第一步，观察学习的方式和数量都由注意过程筛选和确定。什么样的榜样更容易引起人的注意从而加以模仿呢？班杜拉认为，应该从观察者的心理特征、榜样的活动特征和观察者与榜样的关系特征三方面考虑。首先，三方面中，观察者与榜样之间的关系在某些方面对注意的影响更重要。如果榜样与观察者经常在一起，或者二者相似，那么观察者就经常或容易学会榜样行为。如：子女较多地模仿父母，学生较多地模仿教师，斗殴分子则更易于模仿电视剧中的攻击行为，其原因就在于此。其次，观察者的特征，如觉醒水平、价值观念、态度定势、强化的经验也会影响观察学习的注意过程。例如，观察者对榜样行为价值的认识直接影响他是否集中注意观察榜样的行为。如果他认为榜样行为非常重要，注意就会集中；反之，注意则容易分散。这显然是心理因素对行为的影响，班杜拉称之为自我调节。最后，榜样的活动特征，如：行为的效果和价值，榜样人物具有的魅力，示范行为的复杂性和生动性等，也影响注意过程。

（2）保持过程。

学习者对榜样行为的注意是观察学习的第一步，要使榜样行为对学习者的行为发生影响，学习者还必须记住榜样的行为，即将其保持在头脑中。班杜拉认为这种保持过程是先将榜样行为转换成记忆表象，然后记忆表象再转换为言语编码（形成动作观念），最后表象和言语编码同时储存在头脑中，对学习者以后的行为

起指导作用。

（3）动作再现过程。

动作再现过程是将记忆中的动作观念转换为行为，这是观察学习的中心环节。动作再现过程主要包括动作的认知组织、实际动作和动作监控三步。动作的认知组织就是将保持中的动作观念选择出来加以组织。实际动作就是将认知组织的动作表现出来。动作监控是对实际动作的观察和纠正，它分为自我监控和他人监控两种。观念在第一次转化为行为时很少是准确无误的，所以仅仅通过观察学习，技能是不会完善的，需要经过一个练习和纠正的过程，动作观念才能转换为正确的动作。

（4）动机过程。

动机是推动人行动的内部动力。动机过程贯穿于观察学习的始终，它引起和维持着人的观察学习活动。

3. 替代性强化是儿童进行观察学习的关键

人活动的动机来自过去别人和自己在类似行为上受到的强化，包括替代性强化、直接强化与自我强化，其中前两种属于外部强化，第三种属于内部强化。替代性强化是指儿童通过观察到他人的行为及其受到的后果（如奖励或惩罚），从而决定自己类似的行为应当得到加强或削弱。例如，儿童看到别人成功的行为得到肯定，就加强产生同样行为的倾向；反之，看到别人的某种行为受到处罚，自己就会避免那样做。这种榜样可以扩大到电影、电视、小说中的人物。

直接强化就是学习者行为本身受到强化，如教师对取得优秀学习成绩的学生进行表扬。直接强化的作用是明显的，教师常通过运用表扬、评分、升级等强化手段来强化学生的学习行为和控制学生的课堂行为。

自我强化指人依靠信息反馈进行自我评价和调节并以自己确定的奖励来加强和维持自己行为的过程。它是通过成人向儿童提供有价值行为的标准，对达到标准的行为给予表扬，对未达到标准的行为加以批评，使儿童逐渐掌握这种标准，从而用自我肯定或否定的方法对自己的行为做出反应。以后，儿童就形成了自我评价的标准，并用来调节行为。自我强化系统包括自我评价、调节和自己规定的奖励。这里，强调了学习的认知性和学习者的主观能动性。

## 三、日内瓦学派

日内瓦学派是当代儿童心理学和发展心理学中的主要派别，又称皮亚杰学派，为瑞士心理学家 J. 皮亚杰所创立。该学派的主要代表人物也是皮亚杰，其主要工作是通过对儿童科学概念以及心理运算起源的实验分析，探索智力形成和认知机制的发生发展规律。

（一）儿童认知发展阶段理论

皮亚杰认为儿童的心理发展是一个连续的构造，呈现一定的阶段性，并认为阶段的先后顺序是不变的。

1. 感知运动阶段（0~2 岁）

这一阶段婴儿只有动作的智慧，而没有表象与运算的智慧。他们依靠感知运动的手段来适应外部环境。这个阶段的儿童行为发展经过三个层次：本能时期、习惯时期和智慧活动萌芽时期。儿童出生的第一个月处于遗传性反射格式，即本能时期。之后，一些单一的反射动作进行了综合、联结，逐渐形成一些相对固定的习惯，如寻找声源、用眼追随运动的物体等，大约在 9 个月左右开始感知运动智慧的萌芽。如儿童开始发声，并试图将语言和物体进行联结等。

2. 前运算阶段（2~7 岁）

这一阶段儿童的思维特点：首先，以自我为中心，他们很难从别人的观点（角度）看事物，例如，在这一阶段后期可以说出自身的左右，但对对方的左右常常弄错，受自身左右的影响；其次，思维具有不可逆性，缺乏守恒结构；再次，儿童往往借助动作和直观事物进行思维；最后，该阶段的儿童思维往往具有刻板性，注意力不能转移，不善于分配，在概括事物性质时缺乏等级的观念。

3. 具体运算阶段（7~11、12 岁）

这一阶段的基本特点是开始进行心理运算，能在头脑中依靠动作的格式对事物的关系系统进行逆反、互反、传递等可逆运算。具体运算阶段的儿童，虽然在推理上、问题解决和逻辑方面已经超过了前运算阶段的儿童，但其思维还具有局限性，抽象的语言推理还不能进行，离不开具体事物的支持。

### 4. 形式运算阶段（11、12～15岁）

这一阶段儿童已经达到了成人的成熟思维，是认知发展的最高阶段，能在头脑中将形式和内容分开，能根据假设来进行逻辑推理。

## （二）几个重要概念

皮亚杰认为，所有的生物包括人，在与周围环境的作用中都有适应和建构的倾向。一方面，由于环境的影响，生物有机体的行为会产生适应性的变化；另一方面，这种适应性的变化不是被动的过程，而是一种内部结构的积极的建构过程。皮亚杰用适应的观点解释个体发展。

### 1. 图式

图式是指人们适应某一特定情境的内在结构，是皮亚杰用来解释人的认知结构的概念。人最初的图式来源于先天遗传，其结构与功能比较简单。在应付周围环境的过程中，个体不断建构和完善自己的认知结构，形成了一系列图式。其中运算图式是人最重要的图式，它体现着人的智慧发展水平，所谓运算是指智力的或内化的操作，指逻辑推理将一种状态转化成另一种状态。儿童的运算图式在不同的年龄阶段会表现出不同的特点。

### 2. 同化和顺应

皮亚杰认为，发展就是个体在与环境的不断相互作用中其内部心理结构不断变化的过程。所有生物都有适应和建构的倾向。生物有机体的适应机能包括同化和顺应两种过程。同化就是有机体把外界元素整合到一个正在形成或已经形成的结构中，而顺应则是有机体的内部结构受到所同化元素的影响而发生适应性的改变。当有机体面对一个新的刺激情景时，如果主体能够利用已有的图式把刺激整合到自己的认知结构中，这就是同化，而当有机体不能利用原有图式接受和解释当前的刺激情景时，其认知结构由于刺激的影响而发生改变，这就是顺应。

### 3. 平衡

平衡过程是指不断成熟的内部组织在与外界物理和社会环境相互作用中不断调整认识结果的过程，也就是心理不断发展的过程。

## 四、自然成熟理论

美国著名儿童心理学家格塞尔认为，儿童心理发展由生理成熟所规定，有着自己的阶段性和顺序性。他的双生子爬楼梯的实验有力支持了这一观点，说明生理成熟是婴幼儿学习的前提，即发展是遗传因素的主要产物。因为成熟是一个由内部因素控制的过程，呈现出较强的顺序性。外部环境给儿童的发展提供了适当的时机和条件，学习作为一种与外部环境有关的因素，仅在个体成熟时发生，并只是对成熟起到促进作用而已。

**本章知识结构**

**本章小结**

（一）本章主要内容

（1）学前儿童发展的概念，以及转折期与危机期、关键期、敏感期或最佳期、最近发展区等概念。

(2) 学前儿童心理发展的五大基本规律。

(3) 影响学前儿童发展的主客观因素及相互作用。

(4) 学前儿童发展理论的四大流派：

①精神分析学派，包括弗洛伊德的心理发展理论，埃里克森的心理社会发展理论；

②行为主义心理学流派，包括华生的行为主义理论，斯金纳的操作性条件反射理论，班杜拉的社会学习理论；

③日内瓦学派，皮亚杰的儿童认知发展阶段理论；

④自然成熟理论，格塞尔的观点。

（二）本章的重点、难点

本章的重点是儿童发展概念和五大规律，特别是关键期、最近发展区；难点是根据不同的理论观点解释和分析教育现实。

（三）学习时要注意的问题

本章学习时要注意下列几个方面。

(1) 熟记一些关键概念，如人的发展、关键期、最近发展区、精神分析学派等。

(2) 识记并理解学前儿童发展的基本规律及影响因素；识记各大流派的代表人物与主要观点。

(3) 运用各种流派的理念分析教育案例。

(4) 学习时一定要注意识记基本概念，通过案例加深对相应原理的理解，同时能够运用相关原理对保育教育材料进行分析。

## 备考指南

学前儿童发展是幼儿园教师必须掌握的重要内容之一，是幼儿园教师实施学前保教工作的前提。本章内容中，不仅要牢记学前儿童一般发展中的相关知识，包括基本含义、发展规律和影响因素等，重点理解学前儿童身心发展的规律，并将该知识与学前教育的实践结合起来。同时，要熟记学前儿童发展的各种流派，特别注意代表人物、基本观点两大内容。

# 第一章 学前儿童发展概述

## 自测训练

### 一、单项选择题

1. 儿童心理发展受多方面因素的影响，其中影响儿童心理发展的客观因素有（    ）。
    A. 生物因素、环境、教育
    B. 家庭环境、个体、教育
    C. 自然环境、个体、教育
    D. 物理环境、实践、教育

2. 下列关于学前儿童发展的阶段的说法正确的是（    ）。
    A. 有个孩子听到妈妈说："你是个好孩子"，他说："不，我是坏孩子"，这个孩子正处在危机期
    B. 学前儿童教育中提出"跳一跳就摘到桃子"体现的是发展的关键期
    C. 《学记》中说"时过而后学，则勤苦而难成"体现的是最近发展区
    D. 以上说法都不对

3. 美国儿童心理学家格塞尔设计的著名的儿童心理实验是（    ）。
    A. 视崖实验
    B. 双生子爬梯实验
    C. 守恒实验
    D. 早期隔离实验

4. 学前晚期的儿童能够对物体进行分类。例如，区分菜时能把菜分为素菜和荤菜，素菜又能分为白菜、萝卜等，荤菜又能分为肉类、蛋类等。对肉类又可以进行猪肉、牛肉等的划分。这表明学前晚期的儿童具有的显著特征是（    ）。
    A. 形象思维高度发展
    B. 抽象思维开始发展
    C. 语言能力明显提高
    D. 判断能力初步形成

5. 思维往往具有刻板性，注意力不能转移，不善于分配，在概括事物性质时缺乏等级的观念。根据皮亚杰的理论，具有这种特点的儿童处于（    ）。
    A. 感知运动阶段
    B. 前运算阶段
    C. 具体运算阶段
    D. 形式运算阶段

6. 如果儿童上课扮鬼脸是为了得到老师或同学的关注，老师与同学可以不予理睬，不给予其希望得到的强化，那么此类行为就会逐渐减少。这种减少不良行为的方法是（    ）。
    A. 正强化    B. 负强化    C. 惩罚    D. 消退

7. "道而弗牵，强而弗抑，开而弗达"这里的"强"相当于（    ）。

A. 最近发展区　　B. 关键期　　C. 转折期　　D. 敏感期

8. 人的大脑皮层由枕叶（O）→颞叶（T）→顶叶（P）→额叶（F）逐步发展。这说明人的身心发展具有（　　）。

   A. 顺序性　　B. 阶段性　　C. 差异性　　D. 稳定性

9. 认为人类的一切行为都是刺激（S）和反应（R）之间的联结（S—R）。这种理论属于（　　）。

   A. 精神分析心理学流派　　　　B. 行为主义心理学流派

   C. 差异性日内瓦学派　　　　　D. 自然成熟理论

10. 给我一打健康的没有缺陷的儿童，把他们放在我所设计的环境里面，我可以把他们培养成任何一个我想培养的角色，医生、律师、艺术家、小偷、强盗等，无论他们的天资、爱好、脾气，以及他们祖先的才能、职业和种族如何。这种观点属于（　　）。

    A. 遗传决定论　　　　　　　　B. 环境决定论

    C. 教育万能论　　　　　　　　D. 教育无用论

## 二、简答题

1. 简述学前儿童发展的基本规律。
2. 简述影响学前儿童发展的因素。

## 三、论述题

结合实例评价班杜拉的社会观察学习理论。

## 四、材料题

材料：

镜头1：大班十几名幼儿家长联名强烈要求幼儿园大班教汉语拼音、书写汉字、计算等知识。

镜头2：学期末，幼儿园中班教师进行期末考试，考试内容为汉字听写和数学题。

问题：

请运用皮亚杰的认知发展理论分析家长和幼儿园的做法是否合理。

# 第二章　学前儿童的一般发展

### 考纲内容

（1）了解婴幼儿身心发展的年龄阶段特征、发展趋势，能运用相关知识分析教育的适宜性。

（2）掌握幼儿身体发育、动作发展的基本规律和特点，并能够在教育活动中应用。

（3）掌握幼儿认知发展的基本规律和特点，并能够在教育活动中应用。

（4）掌握幼儿情绪、情感发展的基本规律和特点，并能够在教育活动中应用。

（5）掌握幼儿个性、社会性发展的基本规律和特点，并能够在教育活动中应用。

（6）理解幼儿发展中存在个体差异，了解个体差异形成的原因，并能运用相关知识分析教育中的有关问题。

### 考纲解读

幼儿园教育是为了促进儿童体、智、德、美的全面发展，要促进儿童的发展，就必须采用适合儿童的保教方式，因此首先要对儿童的发展规律有个全面的了解，这样才能依据儿童的身心发展特点开展有效的教育活动。具体而言，幼儿园教师必须熟悉婴幼儿身心发展的年龄阶段特征和发展趋势，包括婴幼儿的年龄分期和生理、心理的发展特点；熟记和理解婴幼儿身体发育、动作发展的基本规律和特点。儿童的发展包括身体和心理两个方面，而且两者相互促进，因此，还须熟悉儿童的心理发展规律与特点。具体包括认知发展、情绪情感发展、个性发展、社会性发展等方面。特别注意儿童感知觉、注意、记忆、想象、思维、语言等方面发展特点，这些内容是本章的重要知识点。另外，除了从整体上掌握儿童发展特点，还要明白儿童的发展存在个体差异，要了解儿童发展存在个体差异的原因，并学会运用相关知识解决保教活动中的具体问题。本章涉及的考试知识点极多，复习时应注意在识记、理解的基础上，学会运用基本原理解决实际问题。

# 第一节 学前儿童发展的年龄特征和发展特点

年龄特征是代表同一年龄阶段的人所表现出来的典型特征。学前儿童的年龄特征是0～6岁的学前儿童所特有的不同于成人的特征，包括学前儿童生理发育的年龄特征和学前儿童心理发展的年龄特征。学前儿童生理年龄特征是指与0～6岁学前儿童生理成熟有关的年龄特征。

## 一、学前儿童心理发展的年龄特征

学前儿童心理发展的年龄特征是指0～6岁学前儿童在一定的社会和教育条件下，在每个年龄阶段中形成并表现出来的一般的、典型的、本质的心理特征。

学前儿童心理发展年龄特征具有稳定性和可变性。学前儿童的心理发展以生理发展为基础，年龄越小，生理年龄特征对学前儿童心理发展的制约相对越大，而个体的生理成熟受年龄的影响。但年龄对每个个体的影响是有差异的，因而年龄只在一定程度上制约而不能决定儿童心理发展的特征。

（一）学前儿童的年龄阶段划分

1. 婴儿期（或称乳儿期）：0～1岁

其中可分为：新生儿期0～1月；婴儿早期1～6月；婴儿晚期6～12月。婴儿期是儿童生理发育最迅速的时期，也是个体心理发育最迅速的时期。

2. 先学前期（或称幼儿早期）：1～3岁

3. 学前期（或称幼儿期）：3~6、7岁

其中又可分为：幼儿初期 3~4 岁；幼儿中期 4~5 岁；幼儿晚期 5~6、7 岁。幼儿期是儿童进入幼儿园的时期，又称为学前期。

(二) 学前儿童身心发展的年龄阶段特征

1. 婴儿期（乳儿期）：0~1 岁

这一年是学前儿童心理开始发生和心理活动开始萌芽的阶段，是学前儿童心理发展最为迅速和心理特征变化最大的阶段。这个时期又可分为新生儿期与婴儿时期两个阶段。

(1) 新生儿期（0~1 个月）。

新生儿期具有下列特点。

①有了本能反应。出现了达尔文反射、巴宾斯基反射、莫罗反射和巴布金反射。

达尔文反射：又称抓握反射。触摸婴儿的手掌时，他就会紧握拳头。

巴宾斯基反射：用物体由婴儿脚跟部向前划足掌外侧缘所引起的拇趾背屈、其余 4 趾跖屈及扇形展开的反射性动作。

莫罗反射：是人类婴儿反射的一种，又名惊跳反射。这是一种全身动作，在婴儿仰躺着的时候看得最清楚。婴儿受到突如其来的刺激时，出现惊跳反射，婴儿的双臂伸直，手指张开，背部伸展或弯曲，头朝后仰，双腿挺直，双臂互抱。这种反射在 3~5 个月内消失。

巴布金反射：如果新生儿的一只手或双手的手掌被压住，他会转头张嘴。当手掌上的压力减去时，他会打呵欠。

②条件反射的出现。条件反射的出现，对新生儿的意义很大。无条件反射是一种本能的活动，不是心理活动。而条件反射既是生理活动也是心理活动。儿童通过学习所获得的一切知识和能力都是条件反射活动。条件反射的出现标志着个体心理活动的发生。

③开始认识世界。知觉的发生意味着儿童开始认识世界。刚出生的婴儿，最发达的感觉是味觉。视觉、听觉的集中标志着儿童注意的发生。

④人际交往的开端。婴儿从出生开始，就表现出和别人交往的需要。

(2) 婴儿早期（1~6 个月）。

婴儿早期的发展突出表现在视觉和听觉上。在视听发展的基础上，依靠定向活动来认识世界，眼手动作逐渐协调，开始分辨熟悉的人和陌生的人。具体特点如下。

①视觉和听觉迅速发展。半岁以内的婴儿认识世界主要靠视觉和听觉，2~3 个月

的婴儿对声音反应积极，视线能追随物体。

②手眼动作逐渐协调（4～5个月以后）。手眼协调动作是指眼和手的动作能够配合，手的运动能够和眼球运动（即视线运动）一致，按照视线去抓住所看见的东西。手眼协调动作的发生，大致需经历以下几个阶段：动作混乱阶段→无意抚摸阶段→无意抓握阶段→手眼不协调的抓握→手眼协调的抓握。

③主动招人。5～6个月的孩子会主动去招呼周围的人，以引起成人的注意。

④开始认生（5～6个月）。5～6个月的孩子开始认生。这是婴儿认识能力发展过程中的重要变化。它一方面明显地表现了感知辨别和记忆能力的发展；另一方面，也表现了婴儿情绪和人际关系发展上的重大变化，表现出对亲人的依恋和对熟悉程度不同的人的不同态度。

(3) 婴儿晚期（6～12个月）。

①身体动作迅速发展。

②手的动作开始形成。五指分工动作的发展，出现双手配合、摆弄物体的情况，并能重复连续动作。

③言语开始萌芽。

④依恋关系发展，1岁左右，分离焦虑明显发展。

2. 先学前期（1～3岁）

先学前期的儿童具有下列特点。

(1) 学会直立行走。

(2) 学会使用工具。

(3) 言语和思维的真正发生。2岁左右的儿童喜欢自言自语，喜欢模仿大人说话，思维随着言语和动作显现，能根据性别、年龄在称呼上进行分类。

(4) 自我意识开始发展。2～3岁的儿童出现了最初的独立性。这种独立性的出现，标志着儿童自我意识开始发展。2岁左右的儿童能分清你我，有了初步的自我意识。

3. 学前期（3～6岁）

3～6岁是学前儿童个体心理活动系统形成的奠定时期，也是个性形成的最初阶段。

(1) 幼儿初期（幼儿园小班，3～4岁）。

①最初步的生活自理。3岁左右的儿童，逐渐学会初步的生活自理能力，能进餐、控制大小便，能在成人的帮助下穿衣，能通过语言表达想法和要求，能与他人进行

游戏。

②认知依靠动作或行动。3~4岁的儿童认知主要依靠动作和行动进行，其思维特点是先做后想，而不会想好再做。

③情绪不受理智支配。3~4岁的儿童情绪的作用很大，往往不受理智支配，受兴趣左右，往往只注意自己感兴趣及喜欢的事物。

④爱模仿。模仿是小班儿童学习的主要方式。

(2) 幼儿中期（幼儿园中班，4~5岁）。

①更加活泼好动。反应、动作灵活。

②思维具体形象。能够根据具体的事物进行简单的推断。

③开始接受任务。儿童的有意注意、记忆、想象有较大发展，坚持性行为发展迅速；体现学前儿童最初的责任感开始发展。

④开始自己组织游戏。4岁左右的儿童会自己分工，安排角色并组织游戏。人际关系由亲子关系、师生关系发展到了同伴关系，同伴影响逐步增大。

(3) 幼儿晚期（幼儿园大班，5~6、7岁）。

①好问好学。5~6岁的儿童有强烈的求知欲望和认知兴趣，喜欢探索和动脑筋。

②抽象思维开始萌芽。5~6岁的儿童知道了一些相对的概念，如多少、冷热等，能根据概念进行分类，概念依据的就是事物的本质，对因果关系开始有所了解。

③开始掌握认知方法。5岁左右的儿童已经掌握了一些认知方法，能按照一定的顺序进行观察，如从左到右，从上到下等。

④个性初具雏形。5~6岁的儿童开始有了自己的兴趣和较为稳定的态度。情绪相对稳定，在生活和游戏中形成了对人对事的态度和较为稳定的习惯。大班的儿童开始初步形成自己的个性。

## 二、学前儿童身心发展的特点

(一) 学前儿童生理发展特点

学前儿童生理发展表现出"首尾律"和"中心四周律"的特征。首尾律是指身体发展从头到脚，即头部发育最早，其次是躯干，再是上肢，然后是下肢。中心四周律又称为"近远原则"，首先发展的是靠近中轴的躯干，然后向身体的边缘延伸，即四肢。儿童体内各大系统成熟的顺序是：神经系统最早成熟，骨骼肌肉系统次之，最后是生殖系统。儿童的生长中心点随着年龄增长下移。体围发育的顺序是由上而下，由中心而末梢。

（二）学前儿童心理发展特点

学前儿童心理发展呈现出以下特点：从简单到复杂，从具体到抽象，从被动到主动，从零乱到成体系。

1. 从简单到复杂

儿童最初的心理活动，只是非常简单的反射活动，以后越来越复杂化。这种发展趋势又表现在两个方面：一是从不齐全到齐全；二是从笼统到分化。儿童最初的心理活动是笼统、弥漫而不分化的。无论是认识活动还是情绪，发展趋势都是从混沌或暧昧到分化和明确。也可以说，最初是简单和单一的，后来逐渐复杂和多样化。例如：幼小的婴儿只能分辨颜色的鲜明和灰暗，3岁左右才能辨别各种基本颜色。又如：最初婴儿的情绪只有笼统的喜怒之别，以后几年才逐渐分化出愉快和喜爱、惊奇、厌恶以至妒忌等各种各样的情绪。

2. 从具体到抽象

儿童的心理活动最初是非常具体的，以后越来越抽象和概括化。儿童思维的发展过程就典型地反映了这一趋势。幼小儿童对事物的理解是非常具体形象的。比如，他认为儿子总是小孩，他不理解"长了胡子的叔叔"怎么能是儿子呢？成人典型的思维方式——抽象逻辑思维在学前末期才开始萌芽发展。

3. 从被动到主动

儿童心理活动最初是被动的，其主动性是后来才发展起来的。这种主动性逐渐提高，到成人时便形成极大的主观能动性。儿童心理发展的这种特点主要表现在两个方面，一是从无意向有意发展。如新生儿会紧紧抓住放在他手心的物体，这种抓握动作完全是无意识的，是一种本能活动。随着年龄的增长，儿童逐渐开始出现了自己能意识到的、有明确目的的心理活动。如大班学前儿童不仅能知道自己要记住什么，而且知道自己是用什么方法记住的，这就是有意记忆。二是从主要受生理制约发展到自己主动调节。幼小儿童的心理活动，很大程度上受生理局限，随着生理的成熟，心理活动的主动性也逐渐增长。比如两三岁的孩子注意力不集中，主要是由于生理上不成熟所致,随着生理的成熟,心理活动的主动性逐渐增长。四五岁的孩子在有的活动中注意力集中,而在有的活动中注意力却很容易分散,表现出个体主动的选择与调节。

4. 从零乱到成体系

儿童的心理活动最初是零散杂乱的,心理活动之间缺乏有机的联系。比如,幼小儿童一会儿哭,一会儿笑,一会儿说东,一会儿说西,都是心理活动没有形成体系的表现。正因为不成体系,心理活动非常容易变化。随着年龄的增长,心理活动逐渐被组织起来,有了系统性,形成了整体,有了稳定的倾向,出现每个人特有的个性。

# 第二节 学前儿童的身体发育和动作发展

## 一、身体发育

学前儿童在生长发育过程中,受遗传和环境因素的影响,表现出较大的个体差异,但大体上仍存在一定的发展趋势和规律。

(一)身高和体重的变化

身高和体重是学前儿童身体发育的两个重要指标。学前期是身高与体重急剧变化的时期。

(二)身体比例的变化

新生儿看起来头特别大,新生儿头部的大小已经是成人时头颅大小的70%,占整个身长的1/4。然后,身体部分比例逐步加大。

(三)骨骼发展

出生时婴儿的大多数骨骼都是柔软而有韧性的,因此不易发生骨折。

### （四）肌肉的发展

学前儿童肌肉的发育遵循首尾律和近远原则，头部和颈部的肌肉成熟先于躯干和四肢的肌肉，大肌肉的动作先于精细动作发展，即手臂和腿部的动作先于手指的精细动作发展。

### （五）神经系统的发展

新生儿大脑和神经系统的结构初具雏形，但功能发展不完善。

## 二、动作发展

### （一）从整体到局部规律

儿童最初的动作是全身性的、笼统性的、弥散性的，以后动作逐渐分化、局部化、准确化和专门化，即体现从整体到局部的规律。

### （二）首尾律

儿童动作的发展，先从上部动作开始，再发展到下部动作。婴儿最早出现的是眼部的动作和嘴的动作。上肢动作发展先于下肢动作。婴儿先学会抬头，然后俯撑、翻身、坐、爬，最后学会站和行走，即从离头最近的部位开始发展。

### （三）近远原则

儿童动作的发展先从头部和躯干的动作开始，然后发展到双臂和腿部动作，最后是手的精细动作，即靠近脊椎中央部分（头和躯干）的动作先发展，然后才发展边缘部分（臂、手、腿）的动作。婴儿看见物体时一般先是移动肩肘，用整只手臂去接触物体，然后才会用腕和手指去接触并抓取物体。

### （四）大小规律

儿童动作的发展，先从粗大动作开始，然后学会比较精细的动作。婴儿通常先用整只手臂和手去够物体，然后才会用手指拿东西。粗大的动作也是大肌肉群的动作，包括抬头、翻身、坐、爬、走、跑、跳等。大肌肉动作常常伴随强有力的大肌肉的伸缩和全身神经的活动,以及活动的能量消耗。精细动作指小肌肉的动作,如吃、穿、画画、剪纸、翻书、串珠子等。

(五) 无有规律

儿童的动作最初是从无意动作向有意动作发展,以后则是从以无意动作为主向有意动作为主的方向发展。

# 第三节 学前儿童的心理发展

## 一、学前儿童认知的发展

学前儿童的认知发展包括注意、感知觉、记忆、想象、思维和语言六个方面。

(一) 学前儿童注意的发展

注意是心理活动对某一对象的选择和集中,具有选择性和集中性两个基本特性。注意一般分为无意注意和有意注意。无意注意是事先没有预定目的,不需要意志努力的注意。有意注意,又称为随意注意,有特定目的,需要一定意志努力,是人类所特有的一种注意形式。2岁以后的儿童有意注意开始萌芽。学前儿童注意的发展表现为两个方面:一是定向性注意的发生先于选择性注意的发生;二是无意注意的发生发展早于有意注意的发生发展。

1. 3~6岁儿童注意发展的特征

(1) 3~6岁的儿童无意注意占主导地位,有意注意逐渐发展。引起儿童的无意注意的主要因素是刺激物的物理特征,其次是与兴趣和需要相关联的刺激物。小班儿童的无意注意较突出,不稳定,面对新异的刺激时,很容易转移注意目标。

中班儿童的无意注意进一步发展,比较稳定,儿童对于自己感兴趣的事物能保持较长的注意时间。大班儿童的无意注意高度发展,并且相当稳定。相对于中班儿童,他们对于自己感兴趣的活动，能保持更长时间的注意。

（2）3~6岁的儿童有意注意初步形成，但水平差，稳定性低，依赖成人的组织和引导。小班儿童的有意注意初步形成，需要在成人的帮助下，主动调节自己的注意。中班儿童的有意注意进一步发展。他们可以通过用手指着看书帮助自己提高注意，在适当条件下，注意集中的时间可以达到10分钟左右。注意对象的范围扩大，能够同时注意几种对象。大班儿童的有意注意迅速发展。他们可以长时间地投入某一游戏中，能够遵守游戏规则，可以观察到事物的细节，注意集中时间可达10~15分钟。

2. 注意的规律与学前儿童的活动

教师应灵活应用学前儿童无意注意和有意注意的发展特点，对于年幼的儿童，需要集中注意时，应当尽量避免无关刺激的干扰，不要一次呈现过多的刺激，用完的教具应立即收起。对于年长的儿童，应明确教学目的，除了设计生动形象的教学环节，还需有意强调知识的重要性，激发学前儿童集中注意的自觉性和自制性。

教师还应把握学前儿童的注意时间，优化课堂结构，提高教学质量。单调的教学易引起学前儿童大脑的疲劳，从而分散注意。教师如果能在教学过程中注意联合儿童的视觉、听觉、触觉等感觉和小肌肉运动，如教师不仅注意训练学生的听、说、读、唱，也能结合写、画等小肌肉运动，那么将能有效引起学前儿童的注意、减轻疲劳感，并提高其兴趣。

（二）学前儿童感知觉的发展

感知觉是人生最早出现的认知过程，在学前儿童的认知结构中，感知觉始终占据主导地位。感知觉是一切复杂、高级心理活动的基础，是人认识世界的开端，是一切知识的源泉。

1. 感觉

感觉是人脑对直接作用于感觉器官的客观事物的个别属性反映。感觉是最直接和及时的基本经验，是一切高级心理现象的基础。感觉一般分为视觉、听觉和触觉。

（1）视觉。学前儿童视觉的发展主要表现在视敏度和颜色视觉上。视敏度指个体能精确辨别物体在体积和形状上差别的能力，俗称"视力"。新生儿的视敏度只有成人的1/10，7岁左右是视敏度发展最快的时期。

颜色视觉能力的发展主要表现在掌握颜色辨别与颜色命名之间的关系。3岁之前的儿童可以辨别不同的颜色，但对颜色命名的准确性不高；3~6岁儿童对红、黄、绿

3 种颜色辨认的正确率最高,对其他颜色的辨认及命名能力随年龄增长逐步提高。

(2)听觉。听觉是个体对声音的高低、强弱、品质等特性的感觉。新生儿出生后就能听到声音,5~6 岁的儿童平均能在 55~65 厘米处听到钟表摆动的声音,6~8 岁的儿童在 100~110 厘米处就能听到。

(3)触觉。新生儿的手掌、脚掌和面颊相当敏锐,1 岁时,只用手摸索就能认识规则物体;3~6 岁趋向于用手指摸索物体的外形,触觉能力随着年龄的增长会稳步提高,学前儿童能越来越熟练地用手指探索物体、认识物体。

2. 知觉

知觉是人脑对直接作用于感觉器官的客观事物的整体反映。大致有整体知觉与部分知觉、空间知觉与时间知觉。

(1)整体知觉与部分知觉。4~5 岁的儿童最先关注物体的个别部分;6 岁左右开始关注物体的整体部分,但不够确定;7~8 岁既能看到整体又能看到部分,但不能把整体和部分结合起来,出现了"逻辑上的慢动作";8~9 岁一眼就能看到部分和整体上的关系,实现了二者的统一。

(2)空间知觉。空间知觉主要包括形状知觉、方位知觉和深度知觉。

①形状知觉是个体对物体各部分排列组合的认识。4 岁是儿童形状知觉发展的敏感时期。

②方位知觉是指个体对物体在空间中所处的方向和位置的知觉。在 3 岁时已经可以正确地辨别上下方位,4 岁时则能够正确辨别前后方位。在 5~7 岁时,初步掌握左右方位,不过这时要依靠自己为中心才能完成任务,如儿童能正确辨认自己的左右手,但不能辨认对面人的左右手。7~9 岁时,渐渐掌握左右的相对性(学会以别人的身体为基准判断左右方位),但还不能灵活运用,有时需要依赖自身动作和表象,在辨别时常常犯错。对空间方位的辨别从以自身为中心过渡到以其他客体为中心。由于方位本身具有相对性,儿童从具体的方位知觉上升到方位概念需要经过较长一段时间。

③深度知觉是个体判断自身与物体或物体与物体之间距离的认识。吉布森和沃克发明了"视崖"装置,把儿童放在厚玻璃板的平台中央,平台一侧下面紧贴着方格图案,造成视觉上的"悬崖"。实验时,母亲轮流在两侧呼唤婴儿,实验结果表明,6~14 个月之间的婴儿,大多数只能爬到浅滩,即使母亲在深侧一旁呼唤,婴儿也不愿意爬过去,说明 6 个月以上的婴儿已经具有深度知觉能力。

(3) 时间知觉。时间知觉是个体对客观事物运动过程的先后和时间长短的辨认，即对客观现象的顺序性和延续性的反映。时间是非直观的，我们无法直接感知，总要借助一些媒介来认识它，如太阳升起又落下，月亮阴晴圆缺。

学前儿童的时间知觉发展较迟，5岁儿童的时间知觉不准确、不稳定，不会使用时间标尺；6岁儿童对短时距（如3秒、5秒）判断的准确性和稳定性有所提高，7岁儿童大多能利用时间标尺，长时距知觉的准确性较高。7岁是学前儿童时间观念发生质变的年龄。

3. 感知觉规律在教育中的应用

学前儿童的感知觉能力可以通过活动培养，每次新的感知都是一次有用的经验，教师在日常活动中应引导学前儿童说出自己的感受，多启发学前儿童思考、记忆这些感受，帮助学前儿童正确表达自己的体验。

在园区内，教师可以设定专门的感知觉活动区域，突出主题，投放丰富的材料，按不同年龄儿童感知觉发展的特点引导儿童进行操作。

在户外体育中，要依据儿童知觉发展规律进行示范，如在体育游戏中，要根据儿童方位知觉发展的特点，以儿童为中心做镜面示范。

在课外，教师可以结合相关课程，有针对性地给儿童布置课外感知觉活动作业，如观察秋天树叶颜色的变化，观察家中玩具的形状，感觉自己每天的餐饮食物的味道等。

(三) 学前儿童记忆的发展

记忆是学前儿童认知发展研究中备受关注的领域，研究者主要关注记忆的内容、记忆发展的规律等方面。记忆是个体对其经验的识记、保持和再认。儿童在新生儿期已经出现了记忆。儿童最早出现的是运动记忆，最晚出现的是语词记忆。在学前儿童的记忆中，形象记忆占主导地位，比重最大。

1. 记忆内容

从记忆内容来看，记忆可以分为运动记忆、情绪记忆、形象记忆和词语记忆。学前儿童的记忆内容随着年龄的变化，最早出现的是运动记忆，接着是情绪记忆，而后出现形象记忆，最后出现词语记忆。

运动记忆是指以个体的运动或动作作为识记内容的记忆。这种记忆很大程度上是一种自动化学习，学习的结果不容易消退，在遗忘相当长久后，仍然比较容易恢复。

情绪记忆是指个体对体验过的情绪或情感的记忆。学前儿童对带有情感色彩的东西，容易识记和保持。如对自己喜欢的和讨厌的人或物记忆特别深刻。

形象记忆是以感知过的事物的具体形象为内容的记忆。学前儿童的形象记忆占主导地位，主要依靠表象进行。

语词记忆是以语言材料作为内容的记忆。

2. 3~6岁学前儿童记忆的特点

从整体看，学前儿童的记忆具有以下几方面特征。

（1）以无意记忆为主，有意记忆逐步发展。

（2）以机械记忆为主，识记和遗忘速度快。

（3）以形象记忆为主，语词记忆逐步发展。

（4）记忆不精确，是一种自传体记忆。自传体记忆是婴儿对发生在自己身上的具体事件的记忆。

3. 学前儿童记忆特点在教育中的应用

（1）在游戏、活动中记忆。

学前儿童有一种特殊的记忆恢复（回涨）现象。记忆恢复，是指学习某种材料后，相隔一段时间所测量到的保持量，比学习后立即测量到的保持量要高。在学前儿童的日常生活和游戏中经常可以看到，如讲完故事以后，立即要孩子复述，有时效果不如隔一天的好。如参观动物园后，要孩子立刻说出看见了什么，他们往往说不出，但第二天讲述时孩子讲述的内容会比头一天更多、更生动。

（2）培养学前儿童的有意记忆。

学前儿童的有意记忆需要教师进行专门的训练，事先告知记忆的目的，提醒学前儿童集中注意力，克服外界干扰，并培养学前儿童的意志力。

（四）学前儿童想象的发展

想象是人脑对已经储存的表象进行加工改造，形成新形象的心理过程。想象在1~2岁时开始萌芽，主要通过动作和语言表现出来。

1. 想象的种类

根据产生想象时有无目的意图，可将想象划分为无意想象和有意想象。无意想象是指没有预定目的和计划，只是在一定刺激的影响下，不自觉地创造新形象的想象。

是学前儿童想象的典型形式。有意想象是根据一定的目的，在意识的控制下，自觉进行的想象。

根据有意想象的新颖性、独特性和创造性程度的不同，又可以分为再造想象和创造想象。再造想象指依据语言描述或图画的描绘，在头脑中产生有关事物新形象过程的一种想象。创造想象是不依据现成的描述而在头脑中独立创造出新形象的过程。

2. 学前儿童想象的发展特点

学前期是想象非常活跃的时期。儿童的想象从2岁左右开始发生，其一般规律是：由简单到复杂、由低级到高级、由被动到主动、由凌乱到成体系。主要表现在以下3个方面。

（1）从想象的无意性，发展到出现有意性。

学前儿童的想象基本上是以无意想象为主，到3岁时开始出现有意想象。

（2）从简单的再造想象，发展到出现创造想象。

3岁左右的学前儿童基本上以重现生活经验的再造想象为主；4岁左右，随着知识经验的累积和语言的逐渐丰富，想象有了创造的成分；5岁时，能更多地运用创造想象进行高水平的创造性游戏。学前期再造想象特点是：常常依赖于成人的语言描述，会根据外界情境的变化而变化，并根据实际行动进行想象。

（3）从想象的极大夸张，发展到符合现实的想象。

学前儿童的想象经常脱离现实，往往带有夸张的成分。通常夸大事物的某个部分或特征，如会说"我家的阳台好大呀，像天空一样大"；也经常混淆假想与真实，常常把想象的事情当作真实的事情，如"我妈妈从国外给我买了一个电动飞机，我坐着电动飞机去国外了"，事实上，孩子的妈妈正准备去国外，孩子因渴望玩具而混淆了想象与真实。随着生活经验的积累和认知水平的提高，学前儿童的想象逐渐符合现实逻辑，能够区分想象和现实。

3. 学前儿童的想象特点在教育中的应用

教师应丰富学前儿童的感性经验，让学前儿童多获得可以进行想象加工的"原材料"。在此基础上，教师应启发、鼓励学前儿童大胆进行想象，培养学前儿童敢想、爱想的习惯，不要打击学前儿童想象的积极性，同时进行正确的引导，适当纠正学前儿童过分夸张和以假乱真的想象，使学前儿童的想象符合客观实际。

（五）学前儿童思维的发展

1. 学前儿童思维发展的一般特征

思维是人脑对客观事物间接概括的反映，是借助语言揭示事物本质特征和内部规律的认知活动。学前儿童的思维发展经历了直觉（观）行动思维、具体形象思维和抽象逻辑思维三个层次。

（1）直觉行动思维，也称直观行动思维，是指主要利用直观的行动和动作解决问题的思维。这种思维在动作中进行，离不开学前儿童自身对物体的感知。直觉行动思维是最低水平的思维，在2~3岁儿童身上表现最突出，主要特点是直观性和行动性。儿童的思维在动作中进行，常表现为先做后想、边做边想。动作一旦停止，思维活动也就结束了。事先没有预定的计划和目的，也不会预见行动的后果。

（2）具体形象思维是指利用事物的形象及事物形象之间关系解决问题的思维，是3~6岁学前期儿童典型的思维方式。具体形象思维具有两个特点：具体性和形象性。具体形象思维是在直觉行动思维中孕育出来并逐渐分化的。儿童不再依靠动作而是依靠表象来思考。儿童思考和解决问题的动作开始分离，其内部表象已经可以支配外部行动。从某种意义上讲，真正的思维才开始产生，才真正由"手的思维"转为"脑的思维"。

（3）抽象逻辑思维是指使用抽象的概念或词，根据事物本身的逻辑关系进行判断、推理、解决问题的思维。学前儿童由具体形象思维发展到抽象逻辑思维，是思维发展质变的过程。5岁以后的儿童，明显出现了抽象逻辑思维的萌芽，可以进行初步的综合、比较、概括等高级思维形式。

2. 学前儿童思维形式的发展

（1）学前儿童概念的发展。

概念反映客观事物本质属性，是思维最基本的形式。概念的发展与学前儿童的概括水平密切相关。学前儿童掌握的概念大多属于形象水平，以掌握具体实物为主。学前儿童掌握概念的名称容易，但真正掌握概念则比较困难。学前儿童的概念往往通过对物体的辨别、比较、分类或归类而获得。因而发展学前儿童分类能力相当重要。

分类和归类能力是儿童思维能力的重要方面，对儿童进行分类和归类能力的训练是发展儿童思维能力的重要组成部分。3~6岁的儿童已经具备了初步的分类能力，但其对物体的分类往往根据物体的外部特征和具体情境进行，主要有以下几个特征。

①具体性。学前儿童能根据物体明显的外部特征来进行分类,如根据物体的形状、颜色等。

②情境性。学前儿童能识别不同情境而对事物进行分类,如公园、运动场景等。

③具有一定程度的抽象性。学前儿童能根据物体的某个属性或标记进行分类,如交通工具、学习用品等。

④个体差异性。学前儿童的身心发展具有很大的差异性,因而分类能力也各不相同。

(2) 学前儿童判断的发展。

判断是概念与概念之间的联系,是事物之间或事物与它们的特征之间的联系的反映。判断是肯定与否定概念之间的联系。学前儿童的判断能力已有初步的发展。

学前儿童判断的发展特征:①判断形式以直接判断为主,开始出现间接判断;②判断内容深入化;③判断根据客观化;④判断论据明确化。

(3) 学前儿童推理的发展。

推理是判断与判断之间的联系,是由一个判断或多个判断推断出另一个新的判断的思维过程。学前儿童在其经验可及范围内,已经能进行一些推理,但水平较低。

学前儿童推理的发展特征:①抽象概括性较差,依赖直接感知和经验进行推理;②逻辑性较差;③自觉性较差,答案可能完全不受前提条件或前提本身的内在联系所制约。

(4) 学前儿童理解的发展。

理解是个体运用已有的知识经验去认识事物之间的联系、关系乃至其本质和规律的思维活动。

学前儿童理解的发展特点:①从对个别事物到对事物关系的理解;②从主要依靠具体形象到开始依靠语词的理解;③从情绪性理解到比较客观的理解;④从不理解事物的相对关系到能逐渐理解。

3. 学前儿童思维发展在教育中的应用

3岁前儿童的思维带有直观动作性,他们渴望直接动手解决问题,教师可以依据这一特点教会学前儿童使用工具,如叉子、汤匙等,学前儿童在运用工具的同时,也逐渐学会解决问题。

4～5岁儿童不仅对周围事物兴趣浓厚,而且对事物的前因后果也感兴趣,教师可以提醒这一阶段的儿童在思维过程中特别注意新颖的、他们暂时不熟悉的现象,激发儿童的求知欲和探索欲。教师可以设计按图寻找、按数取放物体、折叠、建造等游戏，培养儿童计划、分类等思维能力的发展，进而培养儿童解决问题的能力。

由于学前儿童已经具备一定的分类和归类能力，教师应当在日常观察中进一步识别每个儿童分类发展的水平，进行有针对性的指导。教师也可以在活动区域投放不同层次的分类材料，针对不同水平的学前儿童进行个别指导。在日常生活中经常组织儿童去发现事物的相同和不同，丰富分类的经验。同时，在个别学习的基础上，教师应当组织合适的教育活动，提升儿童相关的分类经验。

（六）学前儿童语言的发展

学前儿童语言的发展主要包括语音、词汇、句型与语法的发展。

**1. 学前儿童语音的发展**

3~4岁是儿童语音发展的飞跃阶段，在正确的教育环境下，他们几乎可以学会世界各民族语言的发音，研究者将这一阶段的儿童称为"世界公民"。4岁的儿童能基本掌握本民族语言的全部语音。但当儿童掌握母语后，发音趋于稳定，再学习其他方言或新的语音时，就会出现困难和干扰。因此，3岁左右是培养儿童正确发音的关键期。

**2. 学前儿童词汇的发展**

3~6岁儿童的词汇量增长十分迅速，词汇的范围也不断扩大，主要体现在词的类型和词的内容两个方面。儿童一般先掌握实词，即意义比较具体的词，包括名词、动词、形容词等，后掌握虚词。

**3. 学前儿童句型与语法的发展**

1~1.5岁儿童最早掌握的是单词句，即一个词代表一个句子。一岁半的儿童掌握了电报句，即由2个或以上单词组成的不完整句。两岁半左右的儿童开始使用简单句。之后，开始掌握多种句型和复合句。4岁左右的儿童明显出现了语法意识。学前儿童句型和语法的发展特点可以归纳为：

（1）从简单到复杂，从不完整到完整；

（2）从无修饰语到有修饰语，长度由短到长。

**4. 学前儿童语言发展在教育中的应用**

良好的语言环境能够在潜移默化中促进儿童言语能力的提高。

首先，教师需要以身作则，时刻提供正确、规范、清楚的语言，同时为儿童提供丰富的语言刺激，确保每个儿童都有交流的机会。

其次，根据不同年龄学前儿童思维发展水平，教育侧重点不同。3～4岁是口吃的常见期，教师要帮助学前儿童解除紧张。

再次，儿童游戏时往往呈现出自言自语的形式，教师应当注重儿童游戏语言和问题语言的培养。小班儿童应着重培养感知语言的能力，进行听力训练，从而获得良好的倾听能力；中班儿童应重视感知和理解词义，有意培养其积极对话、独白等说话能力；大班儿童教育重点在于培养讲述能力（如看图说话、观察讲述、构图等）和初步的阅读能力。

最后，要注重培养儿童的"前读写"兴趣，注意不要使其产生厌烦心理。

## 二、学前儿童情绪情感的发展

（一）情绪在学前儿童发展中的作用

学前儿童的情绪在其心理活动中有着非常重要的作用，主要表现在以下四个方面。

1. 情绪对动机发展的作用

对于学前儿童来说，情绪的动机作用表现得极为明显，直接影响着学前儿童的各种行为。如喜欢小动物的儿童，就会经常去接近小动物，在接触的过程中，逐渐了解小动物的生活习性，掌握很多关于小动物的常识。这对于那些害怕、讨厌小动物的儿童来说，是很难做到的。学前儿童的行为目的性和受理智支配的程度很低，不能有意识地控制自己去做不愿意做的事，因此，他们比成人更多地受情绪支配。到了学前晚期，情绪对行为的动机作用仍然相当明显。

2. 情绪对认知发展的作用

情绪与认知之间关系密切，一方面，情绪是随着认知的发展而分化和发展的；另一方面，情绪对儿童的认知活动及其发展起着激发、促进作用或抑制、延缓作用。孟昭兰曾经做过实验，研究了不同情绪状态对其智力操作活动的影响，结果如下。

（1）在外界新异刺激作用下，婴幼儿的情绪可以在兴趣与惧怕之间浮动。当这种不稳定状态游离到兴趣一端时，会激发儿童探索活动；当游离到惧怕一端时，则会引起逃避反应。

(2) 愉快情绪有利于婴幼儿的智力操作，而痛苦、惧怕等对婴幼儿智力操作不利。

(3) 同一情绪在不同强度水平时对智力操作效果的影响也不同。过低或过强的情绪水平不如适中的情绪状态，后者才能产生最佳的操作效果。

(4) 愉快情绪强度差异与操作效果间呈倒 U 字相关，即适中的愉快情绪能使智力操作达到最优。

(5) 痛苦、惧怕情绪强度差异与操作效果间呈直线相关，即痛苦、惧怕强度越大，操作效果越差，操作效果随其强度的增加而下降。

总之，不同性质和不同强度水平的情绪对认知活动起着不同程度的推进或破坏的作用，直接影响着智力活动的效果。

3. 情绪与人际交往能力的发展

每一种情绪都有其外部表现，即表情，它是人与人之间进行信息交流的重要工具之一。在婴幼儿与人的交往中，尤占有特殊的、重要的地位。

新生儿几乎完全借助于他的面部表情、动作、姿态及不同的声音表情等，与成人进行着信息交流，相互了解，引起其与成人的交往，或者维持、调整交往。儿童在掌握语言之前，主要是以表情作为交际的工具。在婴幼儿初步掌握语言之后，表情仍是婴幼儿重要的交流工具，它和语言一起共同实现着儿童与成人、儿童与同伴间的社会性交往。

4. 情绪对儿童个性形成的作用

婴幼儿是个性形成的奠基时期，儿童情绪情感对其具有重要影响。儿童在与不同的人、事物的接触中，逐渐形成了对不同人、不同事物的不同的情绪态度。儿童经常、反复受到特定环境刺激的影响，反复体验同一情绪状态，这种状态就会逐渐稳固下来，形成稳定的情绪特征，而情绪特征正是个性性格结构的重要组成部分。

综上所述，可以看到学前儿童的情绪情感对其心理发展具有非常重要而广泛的意义，影响儿童心理的诸多方面的发展。

(二) 学前儿童情绪的发生和分化

观察和研究普遍表明，儿童出生后就有情绪。初生的婴儿即可有情绪反应，如新生儿或哭，或安静，或四肢舞动等，可以称为原始的情绪反应。经过多年的研究，现在人们普遍倾向认为，原始的、基本的情绪是进化来的，是不学就会的、天生的，儿童先天就有情绪反应。这种情绪反应与生理需要是否得到满足有直接关系。学前儿童情绪发展主要体现在三个方面：情绪的社会化、情绪的丰富化和深刻化、情绪的自我调节化。

1. 情绪的社会化

学前儿童最初的情绪与生理需求紧密联系。随着学前儿童的成长，情绪逐渐与社会性适应有关，社会化是学前儿童情绪发展的重要趋势，主要体现在以下三个方面。

（1）情绪中社会性交往的成分不断增加。

学前儿童的情绪活动中，涉及社会性交往的内容，随着年龄的增长而增加。例如，一项研究发现，学前儿童交往中的微笑可以分为三类：第一类，儿童自己玩得高兴时的微笑；第二类，儿童对教师微笑；第三类，儿童对小朋友微笑。这三类中，第一类不是社会性情感的表现，后两类则是社会性的。

（2）引起情绪反应的社会性因素不断增加。

引起儿童情绪反应的原因，称为情绪动因。婴儿的情绪反应，主要是和他的基本生活需要是否得到满足相联系的。例如，温暖的环境、吃饱、喝足、尿布干净等，都常常是引起愉快情绪的动因。1~3岁的儿童情绪反应的动因，除了与满足生理需要有关的事物外，还有大量与社会性需要有关的事物。但总的来说，在3岁前儿童情绪反应动因中，生理需要是否满足是其主要动因。3~4岁学前儿童，情绪的动因处于从主要为满足生理需要向主要为满足社会性需要的过渡阶段。在中大班学前儿童中，社会性需要的作用越来越大。学前儿童非常希望被人注意、被人重视、关爱，要求与别人交往。与人交往的社会性需要是否得到满足，及人际关系状况如何，直接影响着学前儿童情绪的产生。

由此可见，学前儿童的情绪情感与社会性交往、社会性需要的满足密切联系，学前儿童的情绪情感正日益摆脱同生理需要的联系，而逐渐社会化，其与成人（包括教师、家长）和同伴的交往密切联系，社会性交往、人际关系对儿童情绪影响很大，是左右其情绪情感产生的最主要动因。

（3）表情的日渐社会化。

表情是情绪的外部表现。有些表情是生物学性质的本能表现。儿童在成长过程中，逐渐掌握周围人们的表情手段，表情日益社会化。儿童表情社会化的发展主要包括两个方面：一是理解（辨别）面部表情的能力，二是运用社会化表情手段的能力。

表情所提供的信息，对儿童与成人交往的发展与社会性行为的发展起着特别重要的作用。近1岁的婴儿已经能够笼统地辨别成人的表情。例如，对他微笑，他会笑，如果接着立即对他拉长脸，做出严厉的表情，婴儿会马上哭起来。有研究表明，小班儿童已经能够辨认别人高兴的表情，对愤怒表情的识别，则大约在幼儿园中班开始。

学前儿童具有运用社会化表情的能力。富切尔对5～20岁先天盲人和正常人面部表情后天习得性的研究发现，最年幼的盲童和正常儿童相比，无论是面部表情动作的数量，还是表达表情的适当程度，都没有明显的差别，但是，正常儿童的表情动作数量和表达表情的逼真性，都随着年龄增长有进步，而盲童则相反。这说明，先天的表情能力只能保持一定水平，如果缺乏后天的学习，先天的表情能力会下降。盲童由于缺乏对表情的人际知觉条件，其表情的社会化受到了阻碍。研究表明，随着年龄的增长，儿童解释面部表情和运用表情手段的能力都有所增长。一般而言，儿童辨别表情的能力一般高于制造表情的能力。

**2. 情绪的丰富化和深刻化**

情绪的丰富化包括两个方面：一是情绪过程越来越分化，随着年龄的增长，学前儿童相继出现许多高级社会情感，如羡慕、怜悯、嫉妒、骄傲等；二是情绪指向的事物不断增加。

情感的深刻化是指学前儿童情感逐渐从指向事物的表面到指向事物内在的特点。

**3. 情绪的自我调节化**

随着年龄的增长，学前儿童的情绪越来越受到自我意识的支配，学前儿童对情绪过程的自我调节越来越强。这种发展趋势主要体现在以下三个方面。

（1）情绪的冲动性逐渐减少。

在日常生活中，婴幼儿往往由于某种外来刺激的出现而非常兴奋，情绪冲动强烈。儿童的情绪冲动性还常常表现在他用过激的动作和行为表现自己的情绪。比如，学前儿童看到故事中的"坏人"，常常会把它抠掉。随着学前儿童脑的发育及语言的发展，情绪的冲动性逐渐减少。学前儿童对自己情绪的控制，起初是被动的，即在成人要求下，由于服从成人的指示而控制自己的情绪。到幼儿晚期，对情绪的自我调节能力才逐渐发展。成人经常不断的教育和要求，以及学前儿童所参加的集体活动和集体生活的要求，都有利于逐渐养成控制自己情绪的能力，减少冲动性。

（2）情绪的稳定性逐渐提高。

学前儿童的情绪是非常不稳定的，短暂的。随着年龄的增长，情绪的稳定性逐渐提高，但是，总的来说，学前儿童的情绪仍然是不稳定、易变化的。

学前儿童的情绪不稳定，与其情绪情感具有情境性有关。学前儿童的情绪常常被外界情境所支配，某种情绪往往随着某种情境的出现而产生，又随着情境的变化而消失。例如，新入园的儿童，看着妈妈离去时，会伤心地哭，但妈妈的身影消失后，经老师引导，很快就愉快地玩起来。如果妈妈从窗口再次出现，又会引起儿童的不愉快情绪。学前儿童情绪的不稳定还与情绪的受感染性有关。所谓受感染性是指情绪非常容易受周围人的情绪所影响。新入托的一个孩子哭泣着找妈妈，会引起早已习惯了托儿所生活的其他孩子都哭起来。

学前儿童晚期情绪比较稳定，情境性和受感染性逐渐减少，这时期学前儿童的情绪较少受一般人感染，但仍然容易受亲近的人，如家长和教师的感染。因此，父母和教师在学前儿童面前必须注意控制自己的不良情绪。

（3）情绪控制性和掩饰性增加。

婴儿期和幼儿初期的儿童，不能意识到自己情绪的外部表现。他们的情绪完全表露于外，丝毫不加以控制和掩饰。随着言语和学前儿童心理活动有意性的发展，学前儿童逐渐能够调节自己的情绪及其外部表现。

儿童调节情绪的外部表现能力的发展比调节情绪本身的能力发展得早。往往有这种情况，学前儿童开始产生某种情绪体验时，自己还没有意识到，直到情绪过程已在进行时，才意识到它。这时学前儿童才记起对情绪及其表现应有的要求，才去控制自己。幼儿晚期，能较多地调节自己情绪的外部表现。但其控制自己的情绪表现还常常受周围情境的左右。

学前儿童情绪外显的特点有利于成人及时了解孩子的情绪，给予正确的引导和帮助。但是，控制调节自己的情绪表现以至情绪本身，是社会交往的需要，主要依赖于正确的培养。同时，由于幼儿晚期情绪已经开始有内隐性，要求成人细心观察和了解其内心的情绪体验。

（三）学前儿童的基本情绪表现

1. 哭

婴儿出生后最明显的情绪就是哭，哭代表不愉快的情绪。哭最初是生理行为，以后逐步带有社会性。学前儿童的哭主要表现为社会性情绪。

2. 笑

儿童的笑比哭发生得晚，是愉快的表现，可以分为自发性的笑和诱发性的笑；不出声的笑（3~4个月以前的婴儿）和出声的笑；无差别的笑和有差别的笑。4个月前的笑是无差别的笑，4个月左右出现有差别的笑，标志着社会性微笑的发生。

3. 恐惧

恐惧分化经历以下几个阶段：本能的恐惧→与知觉和经验相联系的恐惧→怕生（依恋情绪同时产生，6个月左右）→压力感的产生（如学习、安全等方面的压力）。

（四）学前儿童高级情感的发展

1. 道德感

道德感是由自己或别人的行为举止是否符合社会道德标准而引起的情感。3岁以后儿童的道德感开始发展，主要表现为：自豪感、羞愧感、委屈感、友谊感、同情感等。小班儿童的道德感主要指向个别行为，往往由他人评价而引起。中班儿童不但关心自己的行为是否符合道德标准，还开始关心别人的行为是否符合道德标准。大班儿童道德感局部发展和复杂化，对好人和坏人有着执着的判断。

2. 美感

美感是人根据一定美的标准对事物产生的体验。儿童对美的体验也有一个社会化的过程。婴儿从小喜欢鲜艳悦目的事物以及整洁的环境。幼儿初期，仍然对颜色鲜明的东西、新的衣服鞋袜等产生美感。他们自发地喜欢外貌漂亮的小朋友，而不喜欢形状丑陋的事物。在环境和教育的作用下，学前儿童逐渐形成了自己的审美标准。

3. 理智感

理智感是人根据是否满足认知需要而产生的体验，这是人类社会所特有的高级情感。5岁左右的儿童喜欢提问，并由提问得到满意的回答而感到愉快。6岁左右求知欲望和好奇心迅速发展，喜欢各种智力游戏，或所谓的动脑活动，如猜谜语、下棋等。

（五）学前儿童积极情绪的培养

1. 营造良好的情绪环境

学前儿童情绪的发展主要依靠周围情绪气氛的感染。保持轻松、和谐、愉快的情绪氛围，有助于建立良好的亲子关系和师生关系。

2. 成人情绪自控的示范

成人是学前儿童情绪发生的直接来源。家长和教师要避免喜怒无常,不溺爱,也不要吝啬给予儿童爱。

3. 积极鼓励和引导

对待孩子,家长和教师应当以正面肯定和鼓励为主。耐心倾听孩子说话,正确运用暗示和强化等手段引导孩子情绪的健康发展。

4. 正确理解和表达学前儿童的情感反应

家长和教师应当对学前儿童表现出的所有情绪都保持敏感,同时,对学前儿童正在体验的情绪应当做出非判断性评价,这样才能正确理解学前儿童的情绪反应。

5. 帮助儿童控制情绪

(1)转移法:当儿童闹情绪时,成人有意识地将其注意力转移到其他方面。

(2)冷却法:当儿童情绪十分激动时,采取暂时置之不理的办法,儿童会自己慢慢平息情绪。

(3)消退法:对于消极情绪采用条件反射消退法,即撤销原先可接受的某种行为。并在一段时间内不予以任何强化,此行为的频率自然下降并逐渐消退。

6. 教会儿童调节情绪的方法

(1)反思法:让儿童从反思角度想一想自己的情绪表现是否合适。

(2)自我说服法:当儿童想妈妈伤心地哭泣时,可以教他,"好孩子不哭"。

(3)想象法:当儿童遇到困难或挫折时,引导儿童想象自己是个"男子汉"或"大哥哥""大姐姐",使儿童勇敢起来。

## 三、学前儿童个性的发展

个性是指学前儿童在其生活、实践活动中经常表现出来的、比较稳定的带有一定倾向性的个性心理特征的总和,具有独特性、稳定性和功能性,是一个儿童区别于其他儿童的独特精神面貌和心理特征。学前儿童在与周围世界相互交往过程中,表现出明显的个性倾向性,具体体现在儿童的需要、动机、兴趣等方面。学前儿童的个性还没有完全形成,但个性系统中的某些因素已经有所发展。

（一）学前儿童的自我意识

1. 自我意识概述

自我意识是个体对自己及自己与周围事物关系的认识，是个性和社会性发展的核心概念，具有社会性、能动性和同一性三个特点，是个性形成的重要条件。

自我意识包括三个心理成分：自我认识（自我评价）、自我体验和自我控制。自我认识是对自己的洞察和了解，如"我觉得自己是慢性子"，它是对自己心理活动和行为调节的前提；自我体验指个体对客观事物能否符合人的需要而产生的情绪体验，如自尊、自信等；自我控制是自我意识在意志上的表现，包括自我检查、自我监督和自我控制。

2. 学前儿童自我意识发展的特点

学前儿童自我意识大约2岁后形成，其发展经过生理自我、社会自我、心理自我三个时期。学前儿童的自我意识主要包括自我评价、自我体验、自我控制三个方面。

（1）学前儿童自我评价的特点。

①从轻信成人的评价到自己独立评价（从依从性向独立性发展）；

②从对外部行为的评价到对心理品质的评价；

③从比较笼统的评价到比较细致的评价；

④从带有主观情绪评价到相对客观评价。

（2）学前儿童自我体验的发展。

自我情绪体验在3岁儿童中还不明显，自我情绪体验发生于4岁，5～6岁的儿童大多数已经表现出自我情绪体验。愉快感和愤怒感发展较早，自尊感、羞愧感和委屈感发展较晚。

（3）学前儿童自我控制的发展。

3岁之前学前儿童自我控制能力较弱，4～5岁是学前儿童自控能力发展的转折点，5～6岁学前儿童已经具有一定的自控能力。此时学前儿童情绪具有以下特点：

①情绪的冲动性逐渐减少；

②情绪的稳定性不断提高；

③情绪从外露到内隐。

3. 学前儿童自我意识发展在教育中的应用

在自我意识方面，教师可以通过创设"我""我的家""我的朋友"等主题活动，让学前儿童认识自己，并对自己与周围的人和物建立初步的关系；在自我体验方面，教师可以指导学前儿童将自己的现在与过去进行比较，了解自己的进步和不足，从而使学前儿童能够客观地看待自己，欣赏自己的同时也接纳自己的缺点；在自我控制方面，教师可以指导学前儿童学会自我控制和自我调节，学会控制自己的情绪，调节自己的心态，学会正确的表达方式。教师还应指导儿童有序放置物品、按时间顺序作息等良好的生活习惯。

（二）学前儿童的气质

气质是指一个人所特有的、主要由生物因素决定的、相对稳定的心理活动的动力特征，主要表现在心理活动的速度（反应的快慢）、强度（反应的大小）、灵活性（转换的速度）三个方面。气质是儿童出生后最早表现出来的一种较为明显而稳定的个人特征，是在一切社会文化背景中父母最先能观察到的儿童的个人特点。气质无好坏之分，它能使人的整个心理活动带上独特的个人色彩，制约着心理活动的进行。学前儿童生来就具有个人的气质特点，与其他个性心理特征相比，气质具有较大的稳定性。

1. 气质的分类

个体的气质类型有多种划分标准。传统划分法以古希腊著名医生希波克拉底提出的"体液说"为主。他依据体液的组成部分，把气质分为四种类型：胆汁质、多血质、黏液质和抑郁质。

（1）胆汁质：热情、精力充沛、刚强、讲义气、心直口快、脾气暴躁、没有耐心。

（2）多血质：活泼、灵活、兴趣广泛、能说会道、善于交朋友、情绪不稳定、没有毅力。

（3）黏液质：沉着冷静、思虑周全、喜欢安静、有毅力、较死板、不灵活。

（4）抑郁质：敏锐、有才气、多愁善感、孤独、容易自卑和悲观。

根据学前儿童的气质把学前儿童（主要是婴儿）划分为以下三种类型。

（1）容易型。

学前儿童大多数属于这一类型。他们吃、睡等生理节律有规律，比较活跃，节奏性强。他们容易适应新环境，容易接受新的食物和不熟悉的人，情绪比较积极、稳定、友好、愉快，喜悦的情绪占主导，求知欲强，充满好奇，容易得到成人的关爱，因而在整个学前儿童时期都受到成人的极大关怀和注意。

（2）困难型。

这类婴儿生理节律混乱，睡眠、饮食等技能缺乏规律性，情绪不稳定，易烦躁、爱吵闹，经常哭泣，不易抚慰。对新刺激不易适应，接受变化难，表现为易退缩和易激动。

（3）迟缓型。

这类婴儿不活跃，情绪比较消极，常常是安静地退缩，对新事物适应缓慢。

2. 学前儿童气质的发展

在人的各种个性心理特征中，气质最早出现，但变化却最缓慢。儿童出生时已经具备了一定的气质特点，这些特点在整个学前儿童期相对稳定。但气质也会发生变化，人的高级神经活动具有高度的可塑性。学前儿童的神经系统正处于发育过程中，消极特征的纠正和积极特征的发展将会导致气质类型的改变。某些早期气质类型中的消极特征，通过教师和父母的不断教育可逐渐改正，甚至完全消除。如胆汁质的学前儿童易被激怒、任性，黏液质的学前儿童易孤独、畏缩，这些特质在教师的指导和集体生活的影响下可逐渐改变。

学前儿童气质发展中存在"掩蔽现象"。所谓"掩蔽现象"就是指一个人气质类型没有改变，但是却形成了一种新的行为模式，表现出一种不同于原来类型的气质外貌。

3. 学前儿童气质特点在教育中的应用

气质本身没有好坏之分，教师对学前儿童的气质不应存在任何偏见，不能只偏爱或不喜欢某种气质类型的学前儿童，因为各种气质既有优点又有缺点。如：多血质的学生，有朝气，活泼灵敏，爱交际，但也有变化无常、粗枝大叶、轻浮不稳重的一面。

教育的目的不是设法改变学前儿童原有的气质，而是要扬长避短，使学前儿童在原有气质的基础上建立优良的个性特征。教师应找到适合学前儿童气质类型的教育途径与方法，如对于抑郁质的学前儿童要尽量采取温和、委婉、同情的态度，对他们的要求不能过于严格或急于求成；而对于多血质的学前儿童，有时严厉的批评能让其意识到自己的问题，改正自己的缺点。

（三）学前儿童的性格和能力

1. 性格

性格是人对现实的态度和惯常的行为方式中比较稳定的心理特征。性格是个性中最为重要的心理特征。学前儿童的性格有的表现为合群,有的表现出独立,有的表现出活动能力较强,有的则表现出较强自制性特征。

3~6岁儿童性格的年龄特点表现为:①活泼好动;②喜欢与人交往;③好奇心很强,喜欢提问;④模仿性强;⑤好冲动。

影响学前儿童性格形成的因素通常有:母子关系、自身的气质特点、成人的抚养方式和教育。

2. 能力

能力是个体成功完成某种行动所必须具备的个性心理特征。学前儿童多种能力的发展呈现以下特征:

①操作能力最早表现,并逐步发展;

②口语能力在婴儿期迅速发展;

③模仿能力迅速发展;

④认识能力迅速发展;

⑤创造能力出现萌芽。

## 四、学前儿童的社会性发展

社会性发展是学前儿童心理发展的重要组成部分。学前儿童社会性发展主要包括社会关系和社会性行为。在学前儿童社会性发展过程中,社会关系主要是亲子交往、同伴交往和师幼交往。社会性行为主要有亲社会行为和攻击性行为。

(一)亲子交往

亲子交往是儿童与其主要抚养人(主要是父母)之间的交往,在亲子交往中,依恋和父母的教养方式是两个重要主题。

1. 依恋

依恋指儿童与照顾者之间那种强烈而深厚的情感联系。对儿童来说,依恋是社会性的最早表现,也是学前儿童早期生活中最重要的社会关系。研究者普遍认为,依恋的实质是一种社会性的情感需求,是通过双方的交往和相互强化形成的复杂行为系统。当学前儿童出现分离焦虑和陌生人焦虑时,标志着依恋的产生。

通过"陌生情境实验",可以将学前儿童的依恋分为以下三种类型。

(1) 安全型依恋。

当最初和母亲在一起时，这个类型的儿童很愉快地玩；当陌生人进入时，他们有点警惕，但继续玩，无烦躁不安表现。当把他们留给陌生人时，他们停止了玩，并去探索，试图找到母亲，有时甚至哭。当母亲返回时，他们显得比以前同母亲更亲热。当再次把他们留给陌生人，婴儿很容易被安慰。

(2) 不安全/回避型依恋。

这些儿童对抚养者没什么兴趣，但当抚养者离开房间的时候会大哭。奇怪的是，当抚养者回来的时候他们也不觉得高兴，总是转过身哭着就爬开了，对母亲采取回避态度。

(3) 不安全/抗拒型依恋。

这个类型的孩子表现出很高的分离焦虑。由于同母亲分离，他们感到强烈不安；当再次同母亲团聚时，他们一方面试图主动接近母亲，另一方面又对来自母亲的安慰进行反抗。

2. 教养方式

父母教养方式是父母的教养观念、教养行为与学前儿童情感互动的一种组合方式，这种组合方式相对稳定，反映了亲子交往的实质。

(1) 权威型。

权威型父母以儿童为中心，尊重儿童的意见和观点，控制程度中等，给他们较大的自由空间，允许学前儿童表达自己的想法并做决定。这种情感上偏于接纳和温暖的教养方式，对儿童心理发展带来积极的影响，此种父母养育的学前儿童的自尊感和自信心较强，与人为善、乐观、积极。

(2) 专制型。

专制型父母教养方式的特点是严格但不民主。父母对子女拥有绝对的权威，要求孩子无条件地遵循有关的规则，对学前儿童违反规则的行为表示愤怒，采用严厉的惩罚措施。此种父母养育的学前儿童缺乏主动性，容易胆小、退缩、焦虑，自信心较低，不善于与人交往。

(3) 放纵型。

放纵型父母虽然对儿童充满积极肯定的情感，但缺乏控制。此种父母养育的学前儿童缺乏责任感、自制力和进取心，对困难的任务难以坚持。

(4) 忽视型。

忽视型父母对儿童漠不关心,既缺乏爱的情感与积极反应,又缺少行为的要求和控制,也不会表现出任何期待。此种父母养育的学前儿童较少为他人考虑,容易出现社会适应障碍,有可能在青春期出现不良行为。

3. 营造良好亲子关系的教育建议

父母应尽可能为儿童营造一种平和、积极、温暖的环境,给予儿童足够的关注和呵护,促进儿童形成安全性依恋。由于亲子关系是一种不平等的关系,即亲子关系中父母起主导地位,容易造成儿童的情绪压抑。因此,父母应有意营造一种相对自由、和谐、彼此尊重的关系,可以采用定期的情绪发泄方式,例如,每周让孩子发泄一次,表达自己的看法。

(二) 同伴交往

同伴交往是学前儿童在童年生活中除了亲子交往之外又一重要的社会交往。

1. 学前儿童同伴交往的含义和特点

同伴交往是指年龄相同或心理水平相近的儿童之间的一种共同活动并相互协作的过程。在同伴交往中,交往双方都处于自由、平等和互惠的地位,需要儿童特别关注对方的反应和态度,以保证顺利实现双方的信息交流,完成交往活动。

2. 学前儿童同伴交往的类型

(1) 帕顿的研究。

学前期儿童社会交往的经典研究是帕顿(1932年)对40个孩子所进行的游戏观察研究。她提出了六种类型的社会性参与活动,代表着儿童发展的不同水平。按照儿童的发展水平,这六种类型依次为无所事事、旁观、独自游戏、平行游戏、协同游戏和合作游戏。帕顿的研究数据表明:从2～5岁,协同游戏、合作游戏的数量在上升而独自游戏、旁观和无所事事的行为在下降。

(2) 庞丽娟的研究。

研究儿童的同伴交往类型,主要用"同伴现场提名法",也就是通过同伴对儿童的提名情况,了解某一儿童在同伴社交中的地位。结果表明,儿童的社交地位已经分化,主要有受欢迎型、被拒绝型、被忽视型和一般型。四种类型的基本特征如下。

①欢迎型。受欢迎型儿童喜欢与人交往,在交往中积极主动,且常常表现出友好、

积极的交往行为，因而受到大多数同伴的接纳、喜爱，在同伴中享有较高的地位，具有较强的影响力。从同伴提名分上看，他们的正提名分很高而负提名分很低。

②被拒绝型。被拒绝型儿童和受欢迎型儿童一样，喜欢交往，在交往中活跃、主动，但常常采取不友好的交往方式，如强行加入其他小朋友的活动、抢夺玩具、大声叫喊、推打小朋友等，攻击性行为较多，友好行为较少，因而常常被多数儿童所排斥、拒绝，在同伴中地位低，关系紧张。从同伴提名分上看，他们一般正提名分很低而负提名分很高。

③被忽视型。与前两类儿童不同的是，这类儿童不喜欢交往，他们常常独处或一个人活动，在交往中表现得畏缩，他们既很少对同伴做出友好、合作的行为，也很少表现出不友好、侵犯性行为，因此既没有多少同伴主动喜欢他们，也没有多少同伴主动排斥他们，他们在同伴心目中似乎是不存在的，被大多数同伴所忽视和冷落。这类儿童的正、负提名分都很低。

④一般型。这类儿童在同伴交往中行为表现一般，既不是特别主动、友好，也不是特别不主动或不友好；同伴有的喜欢他们，有的不喜欢他们，他们既非为同伴所特别的喜爱、接纳，也非特别的忽视、拒绝，因而在同伴心目中的地位一般。从提名分上看，这类幼儿的正、负提名分都有一定的得分，两者都处于居中的水平。

上述四种同伴交往类型，在儿童群体中的分布是各不相同的。其中，受欢迎型儿童约占 13.33%，被拒绝型约占 14.31%，被忽视型儿童占 19.41%，一般型儿童占 52.94%。

从发展的角度看，在 4~6 岁范围内，随儿童年龄增长，受欢迎儿童人数呈增多趋势，而被拒绝儿童、被忽视儿童呈减少趋势。

在性别维度上，以上四种类型的分布也是很有意思的。在受欢迎儿童中，女孩明显多于男孩；在被拒型绝儿童中，男孩显著地多于女孩；而在被忽视型儿童中，女孩多于男孩，但男孩也有一定的比例。

3. 教师对学前儿童同伴交往的指导

（1）仔细观察。

指导的前提是深入细致地观察，只有了解儿童的社交地位、被同伴的接纳程度，做到心中有数，才能进行有针对性的指导。教师应注意现场观察儿童与同伴的交往活动，帮助他们建立良好的同伴关系。

(2) 及时指导。

帮助儿童在同伴交往中有良好的体验，从中学会关心、分享及合作。对于儿童在交往中出现的困难，教师应有正确的判断，在儿童需要帮助时及时干预。对于被拒绝型和被忽视型儿童，应创造条件，鼓励他们大胆尝试，帮助他们掌握基本的交往方式和技能策略。

(3) 积极评价。

学前儿童经常以同伴作为参照标准或榜样，根据同伴的行为表现进行自我评价。而能否成为学前儿童的榜样往往来自于教师的评价，他们对教师肯定、表扬过的同伴的行为模仿很快，以求得教师的表扬。因此，教师应注意表扬学前儿童的良好行为。

(三) 师幼交往

师幼交往是幼儿园中最重要的交往，师幼交往的状况直接决定幼儿园保教的质量。其价值主要体现在以下几个方面。

1. 良好师幼交往的作用

(1) 良好积极的师幼交往有助于学前儿童的发展

一方面，良好的师幼交往可以稳定学前儿童的情绪，使学前儿童处于愉快、轻松、和谐的氛围之中，有利于学前儿童的身心健康；另一方面，良好的师幼交往可以促进学前儿童的人际交往能力、语言能力、认知能力等各方面的发展。

(2) 良好积极的师幼交往能够深化教师对学前儿童的认识

良好的师幼交往能够使教师更全面地了解学前儿童，把握学前儿童的身心各个方面，有针对性地对其进行教育，从而有助于提升教师的专业发展水平。

2. 良好师幼交往的建立

(1) 亲近，悦纳学前儿童。

教师应当喜欢并乐于与学前儿童相处，接纳每一个学前儿童，在一定程度上要允许并宽容学前儿童所犯的错误。

(2) 满足学前儿童的发展需要。

教师应当关注觉察学前儿童发展的需要，并满足这些需要。教师应在了解学前儿童的基础上了解学前儿童的需要，并对学前儿童的需要给予积极的回应。

(3) 支持学前儿童的差异性发展。

教师应当尊重学前儿童的发展特点与个体差异，有效地参与和引导学前儿童的行为，形成师幼间的合作和互动，从而更好地促进学前儿童的身心发展。

（四）学前儿童社会性行为的发展

社会性行为指人们在交往活动中对他人或某一事件表现出的态度、言语和行为反应，它在交往中产生，并指向交往中的另一方。根据其目的和动机的不同，学前儿童的社会性行为主要表现为亲社会性行为和反社会性行为中的攻击性行为。

1. 亲社会性行为

亲社会性行为指一个人帮助或打算帮助他人或群体的行为倾向，是儿童道德发展的核心问题，对儿童良好个性的形成也大有裨益。学前儿童的亲社会性行为主要包括同情、关心、分享、合作、谦让、援助等。亲社会性行为是形成和维持良好人际关系的基础，对学前儿童发展具有重要影响。

2. 攻击性行为

攻击性行为是一种以伤害他人或他物为目的的行为，学前儿童的许多攻击性行为并非有明确的敌意，而是为了达到某些目的而对他人造成的伤害。造成儿童攻击性行为的因素有：父母的惩罚，对电视或游戏中情节的模仿，受到挫折。

根据目的不同将攻击性行为分为两类：工具性攻击行为和敌意性攻击行为。

3. 亲社会性行为的培养

（1）移情训练。

具有攻击性的学前儿童通常不关心或意识不到自己的行为对别人带来的伤害。移情训练就是培养学前儿童理解和认知他人的情绪情感，引导学前儿童体验他人的情感状态，从而有利于学前儿童做出亲社会性行为。具体方法包括听故事、角色扮演等。

（2）为学前儿童创造合作的机会。

在幼儿园和家庭中应尽可能地给学前儿童创造各种合作游戏或合作完成任务的机会，让学前儿童在活动与交往的过程中学会合作。

（3）交往技能和行为训练。

许多学前儿童之所以在交往中表现出不恰当的社会行为，往往因为缺乏相应的技能。所以幼儿园和家庭要尽可能地创造机会对儿童进行交往技能的训练。

# 第四节　学前儿童发展的个体差异

学前儿童的个体差异无处不在,也是教师进行教育活动时不可忽视的现象。如有的儿童观察能力强,有的记性好;有的爱动,有的爱说;有的发育早,有的发育晚等。

学前儿童发展的个体差异包括能力(智力)发展的差异,认知风格的差异,性别差异。

## 一、学前儿童能力(智力)发展的差异

### (一) 智力概述

人类的智力问题十分复杂,理论界至今未取得共识。一般来说,智力是指人认识、理解客观事物并运用知识、经验等解决问题的能力,包括记忆、观察、想象、思考、判断等。智力不是由某一种单一因素构成的,它具有多因素、多侧面、多层次的结构。《比纳-西蒙智力量表》是1905年法国心理学家比纳和西蒙制定出的第一个正式的心理测验量表。

儿童具有多种差异,如能力差异、智力结构和性别结构的发展差异等等。加德纳提出的多元智能理论,反映了儿童在智能结构方面的差异。

### (二) 加德纳的多元智能理论

(1) 语言智能。

语言智能是指对语言的听、说、读、写的能力,表现为个人能够顺利而高效地利用语言描述事件、表达思想并与人交流的能力。语言智能高的人语言模仿能力也很强。

(2) 音乐-节奏智能。

音乐-节奏智能是指感受、辨别、记忆、改变和表达音乐的能力,具体表现为个人对音乐美感表现出的包含节奏、音准、音色和旋律在内的感知度,以及通过作曲、演奏和歌唱等表达音乐的能力。

(3) 逻辑-数理智能。

逻辑-数理智能是指运算和推理的能力，表现为对事物间各种关系，如类比、对比、因果和逻辑等关系的敏感，以及通过数理运算和逻辑推理等进行思维的能力。

(4) 视觉-空间智能。

视觉-空间智能是指感受、辨别、记忆、改变物体的空间关系并借此表达思想和情感的能力，表现为对线条、形状、结构、色彩和空间关系的敏感，以及通过平面图形和立体造型将它们表现出来的能力。

(5) 身体-动觉智能。

身体-动觉智能是所有体育运动员，世界奥运冠军们必须具备的一项智力。运用四肢和躯干的能力，表现为能够较好地控制自己的身体，对事件能够做出恰当的身体反应，以及善于利用身体语言表达自己的思想和情感的能力。

(6) 自知-自省智能。

自知-自省智能是指认识洞察和反省自身的能力，表现为能够正确地意识和评价自身的情感、动机、欲望、个性、意志，并在正确的自我意识和自我评价的基础上形成自尊、自律和自制的能力。

(7) 交往-交流智能。

交往-交流智能是指与人相处和交往的能力，表现为觉察、体验他人情绪、情感和意图并据此做出适宜反应的能力，也是情商的最好展现。这种人具有相当的说服力。

(8) 自然观察智能。

自然观察智能是指认识世界、适应世界的能力，是一种在自然世界里辨别差异的能力，如植物区系和动物区系、地质特征和气候，对我们自己身处的这个大自然环境的规律认知，如历史、人体构造、季节变化、方向的确立、磁极的存在，感知灵性空间的超自然科学能力，能适应不同环境的生存能力。

## 二、学前儿童认知风格的差异

(一) 认知风格概述

认知风格是指个体在认知过程中所表现出来的习惯化的行为模式。认知风格与智力无关或相关不大，多是自幼所养成的，在知觉、记忆、问题解决过程中表现出来的态度和表达方式。认知风格是认知过程中的个体差异，是一个过程变量而非内容变量，具有跨时间的稳定性和跨情境的一致性，并且具有两极性和价值中性等特点。

（二）认知风格差异

1. 根据认知是否独立判断，分为场独立型和场依存型

（1）场独立型：受身体内部线索的影响，个体较多地依赖自己内部的参照，不易受外来因素影响和干扰，独立对事物做出判断的认知风格被称为场独立型。

（2）场依存型：个体较多地依赖自己所处的周围环境的外在参照，根据环境的刺激以及他人提示的信息进行判断的认知风格被称作场依存型。

2. 根据认识反应的速度和精确性，分为沉思型和冲动型

（1）沉思型：反应慢，但精确性高。

（2）冲动型：反应快，但精确性差。

3. 根据认知发生的顺序，分为同时型和继时型

（1）同时型：在解决问题时，采取宽视野的方式，同时考虑多种假设，并兼顾到解决问题的各种可能。

（2）继时型：在解决问题时，能一步一步地分析问题，每一个步骤只考虑一种假设或一种属性，提出的假设在时间上有明显的前后顺序。

## 三、学前儿童的性别差异

按照心理文化上的概念，性别差异通常是指特定文化所认定的适于男性和女性的心理特质和行为方式。个体在社会化的过程中，获得性别角色。因而性别差异更多是社会建构的，而非生物遗传的单一影响。性别差异主要源于社会实践和风俗习惯的不同，而不是个体固有的性别属性差异，学前儿童体现在性别角色意识和角色行为上。性别角色是由社会群体为男女制定的一套行为规范，它对个体的行为进行性别的规定，如传统观点认为女孩子小时候就应该玩布娃娃，男孩子就应该玩汽车。学前儿童知道自己的性别，并能理解社会对不同性别的期望，能按社会规定的性别角色行事，这就是学前儿童社会化的过程。性别角色的发展以儿童性别概念的掌握为前提。性别角色行为对学前儿童性别角色和行为起着引导、被模仿和强化作用。

父母和教师在学龄前期，应当淡化儿童性别角色的教育，这对儿童的智力发展和性格发展都大有益处。研究表明，男女双性化教育能促进儿童的智力发展和良好性格的形成。

······ 本章知识结构 ······

······ 本章小结 ······

（一）本章主要内容

（1）学前儿童心理发展经历了从简单到复杂、从具体到抽象、从被动到主动、从零乱到成体系的过程。

（2）学前儿童身体发育和动作发展的基本规律和特点。

（3）学前儿童的认知发展，包括感知觉、注意、记忆、想象、思维、语言等基本概念和发展特征。

（4）哭、笑、恐惧三种基本情绪，道德感、理智感、美感这三种高级情感，以及如何培养学前儿童的积极情绪。

（5）学前儿童的个性发展，包括自我意识、气质、性格、能力等。

（6）学前儿童依恋的类型和父母的教养方式对儿童的影响；促进儿童建立良好的同伴关系和师幼关系；亲社会行为与攻击性行为的基本概念，儿童亲社会行为的培养策略。

（7）学前儿童的个体差异：能力差异、认知风格差异、性别差异。

（二）本章的重点、难点

本章的重点是儿童认知发展的基本规律和特点，儿童个性、社会性发展的基本规律和特点。难点是运用儿童心理发展的基本规律分析教育现实。

（三）学习时要注意的问题

本章学习时要注意下列几个方面。

（1）熟记一些关键概念，如感知觉、记忆、思维、亲社会行为、攻击性行为等。

（2）识记并理解学前儿童发展的基本规律和特点，特别是认知、情绪情感、个性、社会性等方面的发展规律，并能够在教育活动中运用，这是考试的重中之重。

（3）能熟练理解与分辨感知觉、注意、想象、思维、语言、记忆等基本概念，并掌握这些心理特征的发展规律。

（4）学习时一定要注意识记基本概念，通过案例加深对相应原理的理解，同时能够运用相关原理对保育、教育材料进行分析。

### 备考指南

学前儿童发展是幼儿园教师必须掌握的重要内容之一，是幼儿园教师实施学前保教工作的前提。本章内容是考试的重中之重，考生务必牢固掌握。不仅要牢记学前儿童一般发展的相关知识，包括基本概念、发展规律和作用等，还要重点理解学前儿童身心发展的规律，特别是认知发展、个性、社会性发展，并将该知识与学前教育的实践结合起来。同时，要注意儿童的发展存在能力、认知风格、性别等方面的差异，考生要学会具体问题具体分析。

### 自测训练

一、单项选择题

1. 学前儿童自我意识萌芽的重要标志是（　　）。

　　A. 知道自己的形象

B. 知道手脚是自己身体的一部分

C. 能准确表达"我"的愿望

D. 能进行合理的自我评价

2. 学前儿童形象记忆主要依靠( )。

 A. 动作    B. 言语    C. 表象    D. 情绪

3. 情绪情感在幼儿心理活动中起着非常重要的( )。

 A. 适应作用      B. 组织作用

 C. 榜样作用      D. 动力作用

4. 有的学前儿童擅长绘画,有的善于动手操作,还有的很会讲故事。这体现的是学前儿童( )。

 A. 能力类型的差异      B. 能力发展早晚的差异

 C. 能力发展速度的差异     D. 能力水平的差异

5. 婴儿看见物体时,先是移动肩肘,用整只手臂去接触物体,然后才用腕和手指去接触并抓取物体。这反映了学前儿童动作发展中的( )。

 A. 大小规律      B. 近远原则

 C. 头尾原则      D. 从整体到局部规律

6. 学前儿童难以理解反话的含义,是因为学前儿童理解事物具有( )。

 A. 双关性      B. 表面性

 C. 形象性      D. 绝对性

7. 同龄人或心理发展水平相当的个体在交往过程中建立和发展起来的一种人际关系被称作( )。

 A. 同伴关系      B. 亲子关系

 C. 合作关系      D. 逆反

8. "妈妈说我是好孩子"说明学前儿童对自己的评价是( )。

 A. 独立性的      B. 个别方面的

 C. 多层面的      D. 依从性的

9. 一个小女孩看到"夏景"说:"小姐姐坐在河边,天热,她想洗澡,她还想洗脸,因为脸上淌汗。"这个小女孩的想象是达到( )。

 A. 经验性想象      B. 情境性想象

 C. 愿望性想象      D. 拟人化想象

10. 新入园的幼儿，看着妈妈离去时伤心地哭，会引起其他孩子也跟着哭起来，这是幼儿情绪的（　　）。

  A. 受感染性       B. 掩蔽性

  C. 内隐性        D. 稳定性

## 二、简答题

1. 简述学前儿童感知觉发展规律。

2. 简述学前儿童想象的发展趋势。

3. 茵茵已经上了中班，她知道把2个苹果和3个苹果加起来，就有5个苹果。但是问她2加3等于几，她直摇头。根据上述案例简述中班幼儿数学学习的思维特点以及教育的启示。

4. 简述学前儿童言语的发展特点及培养方式。

## 三、论述题

1. 结合实例论述影响学前儿童亲社会行为的因素有哪些？

2. 大班儿童的想象有什么特点？如何根据这些特点实施教育？

## 四、材料题

材料：

星期一，已经上了小班的松松在午睡时一直哭泣，嘴里还不停地念叨："我要打电话叫爸爸来接我。""我要回家。"教师多次安慰，他还一直在哭。教师生气地说："你再哭，爸爸就不来接你了。"松松听后情绪更加激动，哭得更加厉害了。

问题：

请分析上述材料中教师的行为，并提出3种帮助幼儿控制情绪的有效方法。

# 第三章　学前儿童发展的问题

> **考纲内容**
>
> （1）了解幼儿身体发育和心理发展中容易出现的问题或障碍，如发育迟缓、肥胖症、自闭倾向等。
> （2）掌握观察、谈话、作品分析、实验等基本研究方法，能运用这些方法初步了解幼儿的发展状况和教育需求。

> **考纲解读**
>
> 在生长发育过程中，学前儿童或多或少地会出现一些问题。这些问题大约可以分成两大类：身体问题和心理问题。身体方面的问题主要是发育迟缓、肥胖和自闭症等，心理问题主要有多动症、分离焦虑和口吃等。这六大问题是本章的重点，需要理清其概念、特征与治疗方法。为了解决这些问题，促进儿童的正常发育与健康成长，有必要掌握相应的研究方法。所以，研究方法是本章的第二项内容。需要知道研究学前儿童发展的各种方法，熟记各种方法的定义、类别与现实运用。学习时要注意将这些概念性的知识结合现实问题去理解，然后试着运用于解决现实问题。

## 第一节　学前儿童身体发育中的问题

学前儿童发展过程中常常出现一些问题与障碍，从而影响学前儿童身心的健康发展，主要表现为发育迟缓、肥胖症、自闭症等。

## 一、发育迟缓

（一）概念

发育迟缓是指在学前儿童生长发育过程中出现速度放慢或是顺序异常等现象，发病率在6%～8%之间。在正常的内外环境下儿童能够正常发育，但当出现不利于儿童生长发育的因素时均可不同程度地影响其发育，从而造成儿童生长发育迟缓。

（二）表现及治疗

1. 表现

体格发育落后、运动发育落后、语言发育落后、智力发育落后、心理发展落后都是发育迟缓的表现。

2. 原因及治疗

发育迟缓的原因有的是属于先天的遗传因素，如家庭性矮小；有的是自然过程。这类情况一般不需要特殊治疗。另外一些原因则是属于病态的，如染色体异常（唐氏综合征、特纳综合征），代谢性疾病，骨骼疾病，慢性疾病，慢性营养不良性疾病，内分泌疾病等，都有可能导致发育迟缓。还有一种情况是后天外部条件不足引起的，包括营养、家庭环境和教育。针对后天引起的发育迟缓现象，成人应当予以重视，分析原因，然后对症下药。

## 二、肥胖症

（一）概念

小儿单纯性肥胖症是目前世界范围内最受瞩目的营养性疾病之一，体重超过按身高计算的平均标准体重的20%，或者超过按年龄计算的平均标准体重加上两个标准差以上时，即为肥胖症。凡体重超过按身高计算的标准体重的20%～30%者为轻度肥胖，超过30%～50%者为中度肥胖，超过50%者为重度肥胖。

### (二)肥胖症的病因

1. 遗传因素

单纯性肥胖者中有些有家庭发病倾向。父母双方都肥胖,他们所生子女中患单纯性肥胖者比父母双方体重正常者所生子女高 5~8 倍。有学者对 1333 名出生于 1965 年到 1970 年期间的儿童进行了纵向调查也发现,父母一方有肥胖,其所生子女随着年龄的增长,体重超出正常的比值也随之增加。

2. 营养过剩

学前儿童长期摄入能量过多,喜食油腻、甜食,养成过量饮食的习惯。

3. 缺乏运动

每日运动量过少,难以消耗体内能量,使能量不断累积。

4. 心理因素

由于各种原因引起的情绪创伤或心理异常、暴饮暴食,引起内分泌紊乱、代谢失调。

### (三)治疗

学前儿童肥胖的预防和治疗必须获得家庭和社会的支持,可以从以下几个方面着手:

(1) 平衡饮食结构,科学合理膳食;
(2) 积极运动,消耗能量;
(3) 心理矫正,消除消极情绪;
(4) 定期进行体重监测。

## 三、自闭症

### (一)概念

自闭症,即孤独症,是一种广泛性发育障碍的代表性疾病,往往因脑功能异常而引发障碍,常在 3 岁前出现。学前儿童的自闭症是一种较为常见的、严重影响身心健康的疾病。根据美国孤独症学会进行的调查,每出生 166 个婴儿,就会有 1 个自闭症患儿，其中以男性居多，男女比例约 4∶1。据统计，我国 0—14 岁的儿童中自闭症患者约有 30 万。自闭症患者"有视力却不愿和你对视，有语言却很难和你交流，有听力却总是充耳不闻，有行为却总与你的愿望相违……"人们无从解释，只好把他们叫作"星星的孩子"——犹如天上的星星，一人一个世界，独自闪烁。

（二）症状表现

自闭症在临床上主要表现为四大核心症状，即语言障碍、社会交往障碍、兴趣狭窄及刻板重复的行为方式、智能障碍。

1. 语言障碍

自闭症患者言语发育有严重缺陷，通常在两三岁时仍然不会说话，或者在正常语言发育后出现语言倒退，沉默不语，不愿与他人进行交谈。

2. 社会交往障碍

自闭症患者对他人（包括亲人）普遍缺乏情感反应，不能与他人建立正常的人际关系。年幼时即表现出与别人无目光对视，表情贫乏，缺乏对父母、他人的情感期待。

3. 兴趣狭窄与刻板重复的行为方式

自闭症患者极少对外界的事物、活动感兴趣，经常刻板、重复性地进行单一动作或游戏。

4. 智能障碍

少数自闭症患者的智力水平在正常范围，大多数患者表现为不同程度的智力障碍。医学研究表明，发现 50% 左右的自闭症患者为中度以上的智力缺陷（智商小于 50），25% 为轻度智力缺陷（智商为 50～69），25% 智力在正常范围（智商大于 70）。

（三）自闭症的病因

自闭症的病因很复杂，至今仍然没有定论。但有研究者发现可能与以下几种原因有关：

（1）遗传；

（2）感染与免疫；

（3）脑器质性损害；

（4）新陈代谢疾病。

（四）自闭症的治疗

1. 训练干预法

教育和训练是治疗自闭症的最有效和最主要的方法，目标是促进患者语言发育，提高社会交往能力，掌握基本生活技能和学习技能。

2. 药物治疗法

药物可以改善患者的一些情绪和行为症状，如情绪不稳，注意缺陷。自伤和自杀行为、强迫症状以及精神性症状等，有利于维护患者自身和他人的人身安全，顺利实施教育训练及心理治疗。

# 第二节 学前儿童心理发展的常见问题

学前儿童在心理发展过程中，会遇到许多问题和障碍，但学前儿童的大多数心理问题都与其生理、遗传和家庭教养有关。这里选取：多动症、分离焦虑和口吃三种常见问题进行介绍。

## 一、多动症

（一）概念

多动症是一种以注意力集中困难、行为冲动和活动过度为主要症状的综合征。3岁左右出现，男孩比女孩多。由于患儿无法集中注意力，因而多数多动症儿童存在着学习困难的问题。

（二）症状表现

多动症患儿智力正常或接近正常，但学习、行为及情绪方面有缺陷，主要表现为与年龄不相符的注意不易集中，注意广度缩小，不分场合的行动过多以及情绪易冲动等。具体表现为：身体扭动不停，易暴怒并做出不可预料的行为；注意力不能集中，经常妨碍其他儿童；经常撇嘴或生气；经常坐立不安；容易兴奋或冲动，情绪变化激烈；做事有始无终，容易灰心丧气等。

(三) 病因及治疗

1. 病因

患有多动症的学前儿童其病因比较复杂，除了脑组织器质性损伤（大约85%的患儿是由于额叶或尾状核功能障碍导致）、遗传因素（大约40%的患儿的父母，其同胞或亲属在童年也患有此病）、脑部损伤和中毒之外，主要是早期智力过度开发和教育方法不当导致。

研究表明，在多动症患儿的不良家庭教育方式中，家长严格管教者占61.7%，放任不管者占3.5%，过分溺爱者占7.05%。暴力式的家庭管教会加剧患儿的症状发展，并可能导致新的症状，如口吃、挤眉等；对患儿漠不关心、放任自流或溺爱也可能加剧症状。因而，科学合理的教养方式有助于预防和治疗学前儿童的多动症。

2. 治疗

对多动症患者的治疗方式除了药物治疗之外，还有以下几种。

(1) 心理治疗。

对多动症患者进行心理治疗需要通过专业人员进行，包括行为治疗、学习辅导和医护配合等。

(2) 父母培训。

科学合理的教养方式有助于预防和治疗学前儿童的多动症。通过培训，指导父母如何对多动症患儿进行教育和培训，指导家长如何关注、表扬患儿、如何纠正患儿的不良行为，理解患儿的需要，创设良好的环境、进行合理的游戏并积极对患儿的行为进行反馈等。

(3) 能力训练。

对多动症患儿进行一些社会技能、认知技能和躯体技能训练，帮助患儿学会实际社会技巧，正确对待他人以及处理不良情绪和对待挫折等。

# 二、分离焦虑

(一) 概念

分离焦虑是指学前儿童因与亲人分离而引起的焦虑、不安或不愉快的情绪反应，又称离别焦虑,多发病于学龄前期。学前儿童与某个人产生亲密的情感联系后,又要与之分离时,产生伤心、痛苦,以表示拒绝分离。轻度分离焦虑是大多数儿童身上常见的现象,但过分或重度的分离焦虑则容易变成儿童的心理障碍。

(二) 表现

约翰·鲍尔比通过观察把学前儿童的分离焦虑分为三个阶段:
(1) 反抗阶段——号啕大哭,又踢又闹;
(2) 失望阶段——仍然哭泣,断断续续,动作的吵闹减少,不理睬他人,表情迟钝;
(3) 超脱阶段——接受外人的照料,开始正常的活动,如吃东西、玩玩具,但是看见被分离的亲人时又会出现悲伤的表情。

(三) 原因

(1) 环境的巨大变化。

学前儿童从家庭迈入幼儿园,环境有了巨大的改变,被称为"心理断乳期"。首先,学前儿童的生活规律和生活习惯的改变。幼儿园有相对固定的一日生活时间表,而学前儿童在家中的生活规律并不一定与此相符。因此在入园之初,学前儿童不习惯固定化的生活制度。其次,成人与学前儿童的关系发生改变。学前儿童入园之初,见到的教师和小伙伴是陌生的面孔,容易使学前儿童感到不安全。再次,陌生的活动室环境。当学前儿童初次踏入活动室时,活动室的环境对他来讲是完全陌生的和新鲜的。这在使学前儿童感到好奇和新鲜的同时,也会引起他的恐慌和不安。最后,要求的提高。在幼儿园中教师要求学前儿童具备一定的独立和自理能力,包括自己吃饭、自己穿脱衣裤、自己上床睡觉、能控制大小便、自己游戏、遵守一定的规则等。这些要求都会使学前儿童感到一种挑战和压力。

(2) 家庭的因素。

家长的教养方式是学前儿童入园适应快慢的重要因素。实践证明,在平时不娇惯孩子,注重学前儿童独立能力的培养,鼓励孩子探索新环境和与新伙伴一起玩的家庭,其学前儿童入园的适应期就较短,学前儿童的情绪问题也较少。而那些娇宠溺爱、一切包办代替的家庭中的孩子则需要较长的适应期。甚至有一些孩子由于环境的巨大差异和转折而出现情绪和生理上的问题。如有的孩子因过分哭闹和情绪的不安,而出现夜惊、梦魇或者腹泻、生病等问题。

(3) 学前儿童自身个性与以往经验。

研究证明，在入园之前有与家长分离经验的学前儿童比较容易适应幼儿园的生活。性格外向、活泼大胆的孩子则要比那些性格内向、安静胆小的孩子更容易适应幼儿园的生活。

(四) 治疗

有5%~8%的儿童"分离焦虑"特别严重，对于这部分儿童，如何引导他们，使之乐于在家中谈论幼儿园，是疏解其"分离焦虑"的第一步。

不要生硬地正面灌输，可以采取一些出其不意的办法，比如，"小魔王曲奇也要上幼儿园了，你猜他是怎么去的呢？是乘坐巫婆的飞行毯去幼儿园，还是骑着狮子王去幼儿园？或者是踩着杂技车去幼儿园？"每晚上床时，还可以讨论一下："如果小魔王曲奇是踩着杂技车去幼儿园，还会有哪些事情发生呢？"一旦儿童对这类故事产生了期待感，他同样也会对幼儿园产生期待感，对幼儿园的排斥和抗拒心理，就被打破了。

诊断分离焦虑要在儿童3岁以上，治疗上要首先找出有关因素，并给予辅导和短期心理治疗。抗焦虑药只宜在严重时短期服用。对于个别有严重焦虑症状、影响到饮食和睡眠并且躯体症状明显的儿童，可以考虑使用抗焦虑药物进行治疗，以苯二氮䓬类药物治疗较好，副作用较少，但一定要在有经验的儿童心理医生的指导下服用。

## 三、口吃

(一) 概念

口吃（俗称"结巴""磕巴"）是一种言语障碍，表现为言语频繁地与正常流利的人在频率和强度上不同且非自愿地重复（语音、音节、单词或短语）、停顿、拖长、打断。它也包括言语前的反常犹豫或停顿（被口吃者称为"语塞"）和某些语音的拖长（通常为元音）。口吃的许多表现不能被他人观察到，这包括对特定音素（通常为辅音）、字和词的恐惧，对特定情景的恐惧、焦虑、紧张、害羞和言语中"失控"的感觉。它牵涉遗传、神经、生理、发育、家庭和社会等诸多方面，是非常复杂的语言失调症。

（二）症状

口吃的表现形式也多样化，多数患儿初期仅有言语症状，部分严重患者可有唇、下颌、颈部肌肉痉挛、舌肌震颤、跺脚、眨眼、转头等因生理紧张而产生的各种伴随动作。此时，父母的态度、社交受挫、精神压力等因素可促使口吃不断加重及伴随动作增多。

口吃的常见症状有：首字难发型、语词重复型、言语不畅型等。有时学前儿童为了逃避和摆脱口吃的核心行为，即结巴的、不正常的语言表达形式，会表现出各种不正常动作和行为，如眨眼、跺脚、清喉咙、面部抽搐、咬手指以及说话故意停顿，或逃避某些容易使自己感到压力、说话结巴的场合等。

（三）原因及矫治

口吃形成的原因，有情感和认知两个方面。它既包括了口吃给患儿所带来的恐惧、焦虑、压力、羞耻、内疚、挫折等负面感觉和情绪，也包括了由此导致的患儿对口吃、对自己、对整个人生和世界的看法和认知。随着年龄的增长，患儿还可能出现焦虑不安、害羞等情绪，容易被激怒，不愿参加集体活动，上课不敢发言，不喜欢交往，变得孤独、退缩。如不予矫治，最终可导致顽固性口吃。

口吃的形成和周围人的态度有关。所以首先要向患儿以及周围人讲述口吃的性质与成因，要求老师、家人、同学尊重患儿人格，不嘲笑、戏弄患儿。其次与患儿讲话时要保持心平气和、不慌不忙，使患儿受到感化，而养成从容不迫的讲话习惯。听口吃者讲话要耐心听完、不可打断，不当面议论其病态。口吃严重时，不强求其讲话，以避免紧张，并转移对其口吃的注意。

鼓励患儿树立战胜口吃的信心，培养沉着、开朗的性格，鼓励患儿积极参加社会活动和人际交往，减轻由口吃产生的神经质和心理障碍。

# 第三节 学前儿童发展问题的研究方法

## 一、观察法

（一）概念

观察法是学前儿童心理研究最基本的方法。观察法是有目的、有计划地观察学前儿童在日常生活、游戏、学习和劳动中的表现，包括言语、表情和行为，并根据观察结果分析儿童心理发展规律和特征的一种研究方法。

（二）种类

根据不同的分类标准可将观察法划分为不同种类。

1. 根据观察者的参与程度划分

根据观察者是否直接参与儿童的活动，可分为参与式观察和非参与式观察。参与式观察是观察者以某种身份参加到儿童活动中，在和儿童的共同活动中观察儿童。非参与式观察要求观察者以旁观者的身份观察儿童的心理行为表现。

2. 根据观察者与儿童的接触程度划分

根据观察者是否直接接触到儿童，可分为直接观察和间接观察。直接观察是研究者直接和儿童相接触获得现场信息的观察。间接观察是通过感知与儿童有关的事物的变化情况来推测儿童的心理的观察，如通过玩具的磨损程度来判断儿童对玩具的兴趣。

3. 根据观察记录的特点划分

根据观察记录特点的不同，可分为叙述观察、取样观察和评定观察。叙述观察是指详细记录所观察的儿童心理活动事件的观察，有日记描述法、轶事记录法、连续记录法、样本描述法等。取样观察是依据一定的标准选定儿童某一行为进行观察记录的观察，如事件取样法和时间取样法。评定观察是按照既定的评价指标对儿童的行为进行的针对性观察，如核对表评定和等级评定等。

**4. 根据观察过程的性质划分**

根据观察过程的性质，可分为正式观察和非正式观察。正式观察是一种有严谨结构、周密计划和一定条件控制的观察。非正式观察是指在自然状态下的观察，是随机的、自然的，结构是松散的，又称为自然观察。

（三）应用

**1. 观察设计**

进行观察研究通常要进行观察设计，观察设计通常包括三个步骤：

(1) 确定观察内容；

(2) 选择观察策略；

(3) 制定观察记录表。

**2. 注意事项**

(1) 观察前观察者要做好准备。

观察前必须要明确目的，并制订好观察计划，包括考虑好采用什么样的方式来记录等。

(2) 观察时尽量使学前儿童保持自然状态。

制订观察计划时，必须充分考虑到观察者对被观察学前儿童的影响，要尽量使学前儿童保持自然状态，最好不要让学前儿童意识到自己是被观察的对象。

(3) 观察记录要求详细、准确、客观。

观察记录不仅要记录行为本身，还应记录行为的前因后果。为了使记录准确、迅速，可以采用适当的辅助手段，如录音、录像等，也可以依据事先设计好的表格记录。

(4) 观察应排除偶然性。

观察一般应在较长时间内系统地、反复地进行。通常需要两个观察者同时分别评定，避免学前儿童行为评定中的主观性。

（四）观察法的优缺点

观察法主要的优点是在自然状态下学前儿童的言行反映真实自然，研究者获取的资料比较真实。其缺点是观察资料的质量容易受到观察者的能力及其他心理因素的影响。另外，观察法只能被动记录学前儿童的言行，不能进行主动选择或控制的研究。因此，观察法得出的结果一般只能说明"是什么"，而难以解释"为什么"。

## 二、实验法

（一）概念

实验法是根据研究目的，通过控制和改变儿童的活动条件（自变量），以发现由此引起心理现象的规律性变化（因变量），从而揭示特定条件与心理现象之间的联系的方法。

（二）分类

研究学前儿童心理常用的实验法有两种，即实验室实验法和自然实验法。

1. 实验室实验法

实验室实验法是在特殊装备的实验室中，利用专门的仪器设备进行心理研究的一种方法。其主要优点是能严格控制条件，可以重复进行，可以通过特定的仪器探测一些不易观察的情况，从而取得有价值的科学材料。实验室试验法的缺点是学前儿童在实验室环境中往往会产生不自然的心理状态，由此导致所得的实验结果有一定的局限性。

运用实验室实验法进行研究应当考虑以下几点：

（1）学前儿童心理实验室内的布置，应当接近学前儿童的日常生活环境；

（2）实验室试验应当通过学前儿童所熟悉的活动进行，如游戏；

（3）实验开始前应先让学前儿童熟悉环境主试人员；

（4）实验指导语应当简洁、肯定，学前儿童能听得懂；

（5）实验进行过程中应充分考虑学前儿童的情绪和生理状态；

（6）实验记录应当考虑到学前儿童表达能力的特点。

2. 自然实验法

自然实验法是在自然情景中，通过控制某个条件或变量进行儿童心理研究的一种方法。自然情境是指儿童处于日常生活、游戏、学习和劳动等正常活动之中。自然实验法的优点是儿童的心理状态比较自然，研究者可以通过控制某个变量进行实验，所得数据较为真实。其缺点是自然活动场景中经常会出现无法预料或无法控制的因素,从而影响实验的效度。

教育心理实验法是自然实验法的一种重要形式。把学前儿童心理研究和教育过程结合起来,研究者可以比较不同的教育条件下对儿童心理发展的影响。研究者通过实验组和对照组的比较,测查某种变量对因变量的影响。

(三) 实验法的运用

1. 实验前精心准备

具体包括下列内容:明确实验目的、建立研究假说、确定理论框架、控制实验变量、做好实验设计。

2. 实验中客观记录

严格按照实验设计进行实验,全面观测实验过程,客观记录实验数据与相关信息。

3. 实验后统计分析

选择统计工具,明确变量指标,科学处理与分析数据,得出科学结论,撰写实验报告。

## 三、谈话法

(一) 概念

谈话法是通过与学前儿童交谈,来研究他们的各种心理活动的一种方法,也是研究儿童心理的常见方法。谈话的形式可以是自由的,但内容要围绕研究者的目的展开。谈话者应有充足的理论准备,非常明确的目的以及熟练的谈话技巧。

(二) 分类

学前儿童发展中的谈话法大致可以分成以下五类。

(1) 摄入性谈话。主要是为了收集资料而进行的谈话,目的是了解学前儿童的基本信息。

(2) 鉴别性谈话。通过交谈和观察,确定使用什么测验和鉴别测验。

(3) 治疗性谈话。针对学前儿童的异常行为而进行的谈话。

(4) 咨询性谈话。是对学前儿童提出建议性的谈话。

(5) 危机性谈话。在特殊情况下发生的意外事件情况下进行的干预性谈话。

(三) 谈话法的运用

采用谈话法，应注意以下几点：

(1) 应当根据研究的目的和谈话对象的特点拟定谈话的话题和内容；

(2) 谈话的话题和内容要求是学前儿童能够回答和乐于回答，并能从中分析出他们的心理活动；

(3) 跟学前儿童进行谈话时，必须随机应变，随时提出足以了解有关学前儿童心理状态的具有灵活性而又恰当的问题；

(4) 谈话的过程和结果应当由研究者本人或共同工作者做详细的记录，如用录音机记录则更为方便、可靠。

## 四、调查法

调查法是研究者通过对家长、教师或其他熟悉儿童的人进行调查，以了解学前儿童心理的一种研究方法。调查法可以采用当面访问的形式，也可以采取书面调查的方法。书面调查通常采用问卷的方式，当面访问一般是访谈法。

(一) 问卷法

1. 概念

问卷法是通过由一系列问题构成的调查表收集资料以测量人的行为和态度的心理学基本研究方法之一。研究者根据一定的目的编制问卷，并将调查问题标准化。运用问卷法研究学前儿童的心理，所问对象主要是与学前儿童有关的人，即请被试按拟定的问卷进行口头回答和书面回答。书面问卷可以直接用于年龄较大的儿童。对不识字的学前儿童可以采用口头问答方式。

2. 结构

(1) 题目。

(2) 问卷说明和填写说明。

(3) 问题。

(4) 结束语。

问题是问卷的主体,一般有开放式和封闭式两种。开放式问题调查者不提供任何可供选择的答案,由被调查者自由答题,这类问题能自然、充分地反映调查对象的观点、态度,因而所获得的材料比较丰富、生动,但统计和处理所获得的信息的难度较大。可分为填空式和回答式。封闭式问题的后面同时提供调查者设计的几种不同的答案,这些答案既可能相互排斥,也可能彼此共存,让调查对象根据自己的实际情况在答案中选择。它是一种快速有效的调查问卷,便于统计分析,但提供选择答案本身限制了问题回答的范围和方式,这类问卷所获得的信息的价值很大程度上取决于问卷设计自身的科学性、全面性的程度。可以分为是否式、选择式和评判式。

3. 使用要求

(1) 不提敏感性、刺激性问题;

(2) 避免暗示效应;

(3) 问题的备选答案尽可能穷尽;

(4) 问题表述通俗易懂,没有歧义和模糊词语;

(5) 选项中不要出现"和""或"等多层意思。

问卷法的优点是可以在较短的时间内获得大量资料,所得资料便于统计,较易做出结论。但编制问卷不太容易,题目的信度和效度都需要经过检验。

(二) 访谈法

1. 概念

访谈,就是研究性交谈,是以口头形式,根据被询问者的答复搜集客观的、不带偏见的事实材料,以准确地说明样本所要代表的总体的一种方式。尤其是在研究比较复杂的问题时,需要向不同类型的人了解不同类型的材料。访谈法收集信息资料是通过研究者与被调查对象面对面直接交谈的方式实现的,具有较好的灵活性和适应性。访谈广泛适用于关于学前儿童个性、个别化研究。

2. 分类

根据有无访谈提纲,将访谈法分为结构式访谈、非结构式访谈、半结构式访谈三种。结构式访谈是指研究者完全按照既定的访谈提纲进行访谈程序及事项;非结构式访谈是研究者根据自己的需要随机向被访者提出问题,并记录访谈结果的研究方式;半结构式访谈是研究者根据访谈提纲进行提问,也会随机增加或减少一些访谈提纲中的问题,以更好地达到研究目的。

3. 优缺点

优点:灵活,能深入访谈者内心,可观察表情、动作等体态语言,能加深了解,促进问题解决。

缺点:费时间,费精力。

## 五、作品分析法

1. 定义

作品分析法是通过分析儿童的作品,如手工作品、图画、作业等,去了解儿童的心理特点或某一方面的能力的方法。

2. 分类

作品分析法中的作品多种多样,一般包括作业、日记、作文、绘画作品、考试卷、手工作品等。在学前教育领域以手工作品、绘画作品和日常作业为主。

3. 运用

作品分析法的运用一般包括六个步骤。

(1) 确定主题(或研究目标)。即确定分析什么问题,如儿童想象力的发展问题。

(2) 界定关键概念。即根据研究主题界定核心概念。如想象力,是研究再造想象还是创造想象?儿童是小班儿童、中班儿童还是大班儿童?诸如此类的问题都要给出一个操作性定义。

(3) 选择作品。作品的选择可以根据作品的不同来源选择,如选择手工、绘画等;可以根据日期选择,如选择几个月内的作品,一个学期的作品或一学年的作品。

(4) 确定分析维度与分析类目。根据研究目标确定分析维度,并不断细化直到可以分析为止。如想象可以分解为想象的新颖性、独特性和创造性等。

(5) 数据采集与分析。根据确定的维度与选择好的作品进行统计分析。

(6) 描述分析结果。

# 第三章 学前儿童发展的问题

## 本章知识结构

## 本章小结

（一）本章主要内容

（1）儿童身心发展中的两类问题：身体发育与心理发展问题。

（2）发育迟缓、肥胖症、自闭症、多动症、分离焦虑、口吃的含义、特征和成因。

（3）儿童发展问题的研究方法：观察法、实验法、调查法、谈话法、作品分析法的概念、分类与应用。

（二）本章的重点、难点

本章的重点是儿童发展中常见的身心问题以及这些问题的症状、成因、对策；难点是根据不同的研究方法解决儿童发展中的问题。

（三）学习时要注意的问题

本章学习时要注意下列几个方面。
（1）熟记一些重要概念，如自闭症、多动症、分离焦虑等。
（2）识记并理解学前儿童发展的问题以及症状、成因、对策。
（3）识记研究儿童发展问题的各种方法，了解这些方法的定义、分类、特点等。
（4）运用各种研究方法分析儿童身心发展中的各种问题。

## 备考指南

学前儿童发展的问题是幼儿园教师必须掌握的重要内容之一，是幼儿园教师实施学前保教工作的前提。本章内容中，要牢记学前儿童发展的六种基本问题，包括概念、症状、成因、对策等。重点理解研究学前儿童发展的五种方法，准确把握其内涵、类别与优缺点，同时要将该知识与学前教育的实践结合起来，能够运用这些知识分析教育案例，为儿童发展中的各类问题提供相应的对策。学习时，可以用列表法将知识点进行归纳整理，使各自的特点清楚地呈现出来，特别注意各种问题与各种研究方法的区别。此外，可以结合身边熟悉的事件或人物进行识记与理解。

## 自测训练

### 一、单项选择题

1. 口吃是一种语言障碍，学前儿童的口吃表现为多种症状。下面各项中属于口吃的典型症状的是（　　）。

    A. 牛牛在幼儿园不愿意说话，也不愿意和其他小朋友一起玩耍

    B. 小刚经常重复说话句末的词语，说话时小脸涨红，结结巴巴

    C. 飞飞和别人谈话时喜欢咬手指

    D. 豆豆回答不出老师的提问时，急得大哭

2. 导致幼儿发育迟缓可能有先天的原因也可能有后天的原因，下面不属于导致幼儿发育迟缓的原因的是（　　）。

    A. 先天性矮小　　B. 染色体异常　　C. 营养不良　　D. 心理阴影

3. 一般而言，小儿肥胖症的判断标准是：幼儿体重超过按身高计算的平均标准体重的（　　）。

    A. 20%　　　　B. 25%　　　　C. 30%　　　　D. 35%

4. 小明的体重超过同身高、同性别儿童的标准体重的30%～50%。据此，可以判断小明属于（　　）。

    A. 轻度肥胖　　B. 中度肥胖　　C. 重度肥胖　　D. 极度肥胖

5. 凯凯体型很胖，平时非常爱吃零食，不爱运动。作为幼儿园的老师应该（　　）。

    A. 鼓励凯凯多参加运动

B. 完全不让凯凯吃零食

C. 冷落凯凯，让他知道身材肥胖不讨人喜欢

D. 只让凯凯吃蔬菜

6. 自闭症在临床上主要表现的核心症状有社会交往障碍、兴趣狭窄、刻板重复的行为方式和（　　）。

   A. 行为障碍　　B. 生活障碍　　C. 语言交流障碍　　D. 生存障碍

7. 自闭症的病因很复杂，至今仍然没有定论。以下不属于引起病症的原因的一项是（　　）。

   A. 基因的遗传　　B. 其他幼儿影响　　C. 感染与免疫　　D. 脑器质性损害

8. 王小山被同伴们称为"星星的孩子"——犹如天上的星星，一人一个世界，独自闪烁。这类幼儿不愿意和他人交流，兴趣狭窄，语言表达不流畅。王小山可能得了（　　）。

   A. 肥胖症　　　B. 自闭症　　　C. 发育迟缓　　　D. 多动症

9. 奇奇经常坐立不安，学习时注意力不集中，还容易发脾气，爸爸妈妈指出他的错误他就撅嘴生气。面对这种情况，父母正确的做法是（　　）。

   A. 顺着他的做法，不然会导致情况恶化

   B. 强行制止他的不良行为，及时批评纠正错误

   C. 一切顺其自然，不对他的行为做任何干涉

   D. 耐心纠正他的错误，并正确引导

10. 王老师在某幼儿园与小朋友们一起活动、一起游戏、一起吃饭……然后将小朋友们的各种行为表现记录下来进行认真的分析。王老师采用的研究方法是（　　）。

    A. 观察法　　　B. 实验法　　　C. 谈话法　　　D. 作品分析法

## 二、简答题

1. 简述学前儿童肥胖症的症状及原因。
2. 简述学前儿童发育迟缓的原因。
3. 简述运用实验室实验法的注意事项。

## 三、论述题

1. 结合具体实践中的案例，论述使用观察法时应当注意的事项。
2. 对于有分离焦虑的幼儿，作为幼儿园老师应如何处理？

# 第四章　学前教育原理

## 考纲内容

（1）理解教育的本质、目的和作用，理解教育与政治、经济和人的发展的关系，能够运用教育原理分析教育中的现实问题。

（2）理解幼儿教育的性质和意义，理解我国幼儿教育的目的和任务。

（3）了解中外幼儿教育发展简史和著名教育家的儿童教育思想，并能结合幼儿教育的现实问题进行分析。

（4）理解学前教育的基本原则，理解幼儿园教育的基本特点，能对教育实践中的问题进行分析。

（5）理解幼儿园班级管理的目的和意义。

（6）掌握《幼儿园教育指导纲要（试行）》在幼儿园教育活动的目标、内容、实施和评价上的基本观点和要求。

（7）了解我国幼儿教育的改革动态与发展趋势。

## 考纲解读

学前教育原理部分是考纲的重要内容之一，主要考察考生对学前教育理论知识的应用能力。通过本章学习，考生应掌握教育基本理论和学前教育基本原理，理解教育的本质、目的、作用以及与政治、经济、人的发展的关系，了解学前教育的性质、特点、基本原则，并能熟记一些教育家以及他们的教育思想。此外，要理解幼儿园以游戏为基本活动的依据、幼儿园环境创设的重要性、幼儿园班级管理的目的和意义，并了解我国幼儿教育的改革动态与发展趋势。

## 第一节 教育概述

### 一、教育的本质、目的和作用

(一) 教育的概念和性质

1. 概念

教育是指能增进人类知识,促进人身心发展的社会活动。教育有广义和狭义之分,广义的教育是指能够增进人的知识和技能,影响人的身心的活动;狭义的教育专指学校教育,即教育者根据一定的社会要求和受教育者的发展规律,有目的、有计划、有组织地对受教育者的身心施加影响,期望受教育者发生预期变化的活动。

2. 特点

教育是一种有目的地培养人的社会活动,具有以下三个方面的特点:

(1) 教育是一种社会活动;

(2) 教育是有意识、有目的地对受教育者施加影响的过程;

(3) 教育这种活动中存在教育者、受教育者以及教育影响三种要素之间的相互关系。

(二) 教育的目的

1. 概念

广义的教育目的是指人们期望受教育者通过教育在身心诸方面发生一定的变化,或者产生一定的结果。狭义的教育目的是国家把受教育者培养成什么样的人才的总的要求,是国家为培养人才确定的质量规格和标准。

2. 作用

教育目的具有三个方面的作用:

(1) 导向作用：为教育者、受教育者和学校教育活动指明方向。

(2) 激励作用：激励教育者和受教育者为实现共同的目标而努力。

(3) 评价作用：是衡量和评价教育效果的依据和标准。

3. 教育目的论

(1) 社会本位论。从社会发展需要出发，注重教育的社会价值；主张教育目的是培养合格的公民和社会成员。

(2) 个人本位论。个人本位论的支持者重视人的价值、个性的发展及其需要，把人的个性发展及需要的满足视为教育的价值所在；教育的根本在于使人的本性、本能得到自然发展，使其需要得到满足；主张应当按照人的本性和发展的需要来确定教育目的。

(3) 人文主义目的观。人文主义教育目的观认为，人性是美好的，并且是永恒不变的，教育的本质和根本目的就是培育人性。在教育中强调尊重儿童，注意儿童身心的全面发展，要求自由平等和个性解放，始终把人的价值和人自身的完善放在教育价值的首要位置。

(4) 科学主义目的观。科学主义目的观是以社会的需要尤其是物质需要为出发点，以社会物质生产和科技进步为中心的关于教育目的功利主义主张。科学主义在某种程度上说是人文主义异化的产物。

4. 我国的教育目的

1995年，第八届全国人民代表大会第三次会议通过了《中华人民共和国教育法》，规定教育要"培养德、智、体等方面全面发展的社会主义事业的建设者和接班人"。

(三) 教育的作用

1. 教育的宏观功能——促进社会发展

个体社会化是社会再生产的重要前提。教育作为传播知识与文化的重要渠道，是社会发展的重要基础。

2. 教育的微观功能——促进个体身心发展

教育对个体发展起主导作用。教育是一种有目的地培养人的活动，教育目的体现了培养人的方向，也就是个体发展的方向。学校教育系统性地影响了个体的身心发展。

## 二、教育与政治、经济、人的发展的关系

（一）教育与政治

1. 政治对教育的影响

（1）政治决定教育目的与教育内容。

（2）政治影响教育制度和政策。

（3）政治影响教育的领导权与受教育的权利。

（4）政治影响教育财政分配。

2. 教育对政治的促进

（1）维系社会政治稳定。

（2）促进社会政治变革。

（二）教育与经济

1. 经济对教育的制约

（1）经济发展是教育发展的物质基础。

（2）经济发展决定教育发展的规模和速度。

（3）经济发展引发的经济结构的变革影响教育结构的变化。

（4）经济发展水平制约教育的内容和手段。

2. 教育对经济的促进

（1）教育具有完成劳动力的社会"再生产"的功能。

（2）教育具有知识"再生产"的功能。

（3）教育具有更新知识与社会生产技术的功能。

（4）教育是提高劳动生产率的核心手段。

（三）教育与人的发展

教育促进人的身心发展，使得个体不断地完善自己，达到适应社会生活的要求，完成个体的社会化过程。其中，学校教育是系统性地、有目的地对个体的各个方面的

发展施加教育影响，引导并促进个体全面发展。

教育在人的发展中起主导作用：

（1）教育是一种有目的地培养人的活动，它规定着人的发展方向。

（2）学校教育对人的影响比较全面、系统和深刻。

（3）学校教育是通过专门培训出来的教师所进行的活动，对学生的作用更加直接有效。此外，教育又必须适应人的发展。教育要适应个体发展的顺序性与阶段性，同时还要适应个体发展的差异性。

# 第二节 学前教育与学前教育史

## 一、学前教育概述

（一）学前教育的性质与原则

1. 概念

学前教育是以学龄前儿童（即从初生到小学前）为对象的教育活动。在广义上，学前教育就是指从初生到入小学前（6周岁）的教育（甚至还可以包括胎教）；在狭义上，学前教育专指3~6岁的幼儿园教育。学前教育主要包括家庭学前教育和社会学前教育（主要形式为托幼机构）。

2. 性质

（1）基础性。学前教育是基础教育的重要组成部分，是我国学校教育和终身教育的奠基阶段。

（2）公益性。学前教育作为公共教育事业的重要组成部分，具有显著的公益性。

（3）保教性。教育性是学前教育与其他教育共有的属性，保育性是学前教育本身特有的属性，应在学前教育阶段保教统一、保教结合。保教性是学前教育固有的性质。

（4）专业性。受教育者为特定年龄的儿童，教育实践中具有很强的专业性。

(二) 学前教育的目标与任务

1. 学前教育总目标

《幼儿园工作规程》中明确规定：幼儿园保育和教育的主要目标是实行保育和教育相结合的原则，对儿童实施体、智、德、美诸方面全面发展的教育，促进其身心和谐发展，具体表现为：

(1) 促进身体正常发育和技能的协调发展，增强体质，培养良好的生活习惯、卫生习惯和参加体育活动的兴趣；

(2) 发展智力，培养正确运用感官和运用语言交往的基本能力，增强对环境的认识，培养有益的兴趣和求知欲望，培养初步的动手能力；

(3) 萌发爱家乡、爱集体、爱劳动、爱科学的情感，培养诚实、自信、好问、友爱、勇敢、爱护公物、克服困难、讲礼貌、守纪律等良好的品德行为和习惯，以及活泼、开朗的性格；

(4) 培养初步的感受美和表现美的情趣和能力。

2. 学前教育的任务

(1) 对儿童实施保育和教育。

2001年《幼儿园教育指导纲要（试行）》规定学前教育的任务是"为幼儿一生的发展打好基础。"《关于幼儿教育改革与发展的指导意见》指出学前教育要"尊重儿童的人格尊严和基本权利，为儿童提供安全、健康、丰富的生活和活动环境，满足儿童多方面发展的需要；尊重儿童身心发展的特点和规律，关注个体差异，使儿童身心健康成长，促进体、智、德、美等全面发展。"由此可见，学前教育的根本任务是促进学前儿童身心和谐发展，而保育与教育是实现学前儿童身心发展的基本途径，所以保育与教育是学前教育的基本任务也是首要任务。

(2) 为家长工作学习提供方便。

学前教育机构不仅是一个教育机构，也是一个社会服务机构。1979年《城市幼儿园工作条例（试行草案）》中指出，学前教育的任务是"减轻家长在教育孩子方面的负担，使他们能够安心生产、工作和学习"。因此，学前教育负有为家长参加工作、学习提供方便的任务。

(3) 为进入小学学习打好基础。

2016年《幼儿园工作规程》明确规定：学前教育是"基础教育的重要组成部分，

是学校教育制度的基础阶段""幼儿园和小学应当密切联系，互相配合，注意两个阶段教育的相互衔接"。这就决定了学前教育的任务之一是为儿童进入正规学校学习做好准备。这种准备包括三个方面：①生活方面的准备；②心理方面的准备；③学习方面的准备。

（三）学前教育的基本原则

1. 全面发展的原则

教育必须促进儿童体、智、德、美诸方面全面发展，不能偏废任何一个方面，尽量在课程和活动中促进儿童多层次、多角度、多学科的全面发展。

2. 发展适宜性原则

学前教育方案在充分参考和利用现有儿童发展研究成果的基础上，为每名儿童提供适合其年龄特点和个别差异的课程及教育教学实践。它包括两层含义：一是年龄适宜性，二是个体适宜性。

3. 主体性原则

儿童是学习的主体，只有儿童积极参与、主动建构，课程才能内化为他们的学习经验，促进其身心发展。发挥主体性原则，要尊重儿童人格、尊重儿童需要、激发儿童的主动性。

4. 以游戏为基本活动的原则

游戏是学前教育机构的基本活动。游戏最符合儿童身心发展的特点，是儿童最愿意从事的活动，最能满足儿童的需要，具有其他活动所不能替代的教育价值。

5. 保教合一原则

在教育工作的同时，重视对儿童身体上的照顾和保护，确保儿童真正能健康、全面地发展。我国《幼儿园工作规程》中提到，幼儿园的任务是实行"保教"相结合的原则，对幼儿进行德、智、体、美等方面全面发展的教育。

6. 独立自主性原则

培养儿童学会依靠自己的经验和能力进行活动，让儿童体验和认识到独立自主地生活的乐趣。充分尊重儿童的主体性、独立性，让儿童凭借自己的经验和能力主动进行各种活动。

## 二、中外学前教育史

（一）教育事件

1903年，湖北巡抚端方在武昌创办了中国第一所幼儿教育机构——湖北幼稚园（1904年《奏定学堂章程》颁布以后，改名为武昌蒙养院）。

1904年，颁布《奏定学堂章程》，即癸卯学制，其中的《奏定蒙养院章程及家庭教育法程》，是我国第一个学前教育的法规。它将公共幼儿教育的机构定名为蒙养院，保育教导3—7岁的儿童，确定了蒙养院制度。

1912年，蔡元培主持下制定的"壬子癸丑学制"将蒙养院改称蒙养园，收受未满6岁的儿童。

1922年，教育部制定《学校系统改革令》，即壬戌学制，将蒙养院改称幼稚园，规定收受6岁以下儿童。

1923年，陈鹤琴在南京创办我国第一所幼教实验中心，即私立南京鼓楼幼稚园。

1951年，中华人民共和国政务院公布《关于改革学制的决定》，制定了中华人民共和国第一个学制，规定实施幼儿教育的机构名称从幼稚园改为幼儿园。

1981年，教育部颁布《幼儿园教育纲要（试行草案）》，国家教育委员会颁发了《幼儿园工作规程》（1996年正式施行），规程进一步拉开了改革的帷幕。

1989年，国家教育委员会颁发《幼儿园管理条例》，用法规的形式规定了幼儿园的任务、管理以及保教工作。

2001年，教育部制定了《幼儿园教育指导纲要（试行）》。

2010年，党中央、国务院颁布的《国家中长期教育改革和发展规划纲要》把学前教育专列一章，提出了到2020年基本普及学前教育的目标。着重强调积极发展学前教育，着力解决当前存在的"入园难"问题，满足适龄儿童入园需求，促进学前教育事业科学发展。

2012年2月，教育部颁布《幼儿园教师专业标准（试行）》，规定了国家对于合格幼儿园教师专业素质的基本要求及其开展保教活动的基本规范，成为幼儿园教师培养、准入、培训、考核等工作的重要依据。这是我国有史以来颁布的第一个幼儿园教师专业标准。

2012年9月,教育部出台《3—6岁儿童学习与发展指南》,从健康、语言、社会、科学、艺术五个领域描述幼儿的学习与发展,提出3—6岁各年龄段儿童学习与发展目标和相应的教育建议,以有针对性地指导幼儿园和家庭实施科学的教养。

(二) 教育家及教育思想

1. 外国教育家

(1) 夸美纽斯。

夸美纽斯(1592—1670)是捷克斯洛伐克的大教育家,著有多部重要的教育书籍如《大教学论》《母育学校》《世界图解》等。其中1632年出版的《大教学论》是近代资产阶级教育理论的奠基之作。同年出版的《母育学校》是历史上第一本学前教育学专著,详细论述了学前教育的重要性、胎教以及学前教育的内容。夸美纽斯认为,每个家庭都是一所母育学校,孩子的母亲是最主要的教师,强调母亲在教育中的作用。夸美纽斯主张使所有的人通过接受教育而获得广泛、全面的知识。他拟定了百科全书式的启蒙教育大纲,编写了世界上第一部针对幼儿的语言启蒙教材——《世界图解》。

夸美纽斯主张:在体育方面,让孩子愉快并有规律地生活,给孩子活动的自由;在德育方面,让孩子学习有关德行的初步知识,并养成好的习惯,从而成为一个有理性的人;在智育方面,认为智育的中心任务就是训练孩子的感觉;在劳动方面,要求训练孩子从事最基本的手工艺劳动。

夸美纽斯坚持教育适应自然的原则,要求教育符合儿童的身心发展特点和教学的客观规律,提倡循序渐进等诸多教育理念,主张班级授课。夸美纽斯对近代教育产生了重要影响,被尊崇为"教育史上的哥白尼"和"现代教育之父"。

(2) 洛克。

洛克(1632—1704)是英国教育家、哲学家,著有《教育漫话》,全面详细地论述了包括幼儿教育在内的整个教育思想体系,提出了著名的"白板说"。洛克认为人来到这个世界的时候,心灵如同一块白板,没有任何标记和观念,人的一切知识都是后天得来的,都是建立在经验的基础上。根据这种观点,洛克认为,人的发展是由教育决定的,而不是由先天的遗传决定的。他肯定了环境和教育对人的巨大影响,但忽视了儿童的遗传和主观能动性对个人发展的影响,没有意识到环境、教育、遗传、个人主观能动性之间的辩证关系。

洛克明确指出,教育的目的就是培养绅士,即有德行、有学问、有能力、有礼貌的人。为了实现绅士教育的目的,洛克设计了一整套具体的实施办法,为儿童安排了包括德育、智育、体育在内的教育内容,强调体育是基础、道德第一,并且详细提出了各项教育的要求和方法。

(3) 卢梭。

卢梭(1712—1778)是法国教育家,著有《爱弥儿》,主张教育应遵循儿童发展的自然规律,顺应儿童的天性。他要求顺应儿童身心自然发展的特点来进行教育,主张让儿童从生活中学,通过观察获得直接经验,主动地进行学习,反对让儿童被动地接受成人的说教或单纯从书本上进行学习。教师的职责不在于教给儿童种种知识和灌输种种观念,而是慎重地对儿童接触的事物加以选择,引导儿童直接从外界事物、周围环境中学习。

卢梭的教育原则包括:①正确看待儿童,反对将儿童看成是缩小的成人,尊重儿童的独立地位,让儿童充分使用大自然赋予他们的一切本性;②考虑到儿童的一切身体的需要,对他们进行帮助,使这些方面的需要得到满足;③只有当儿童真正需要时才去帮助他们,不能依从他们没有道理的欲望。

教育方法上,卢梭主张:①为了使儿童的身体能够得到自然的发展,从儿童一出生就要给予他们充分的活动自由;②保育与锻炼应该遵循自然规律;③自然发展中人最先成熟的是感觉,所以他主张早期开始感官教育。

(4) 裴斯泰洛齐。

裴斯泰洛齐(1746—1827)是瑞士教育家,著有《林哈德与葛笃德》《葛笃德怎样教育自己的子女》《母亲读物》《数的直观教学》和《天鹅之歌》等著作。

他的主要教育思想为:①第一次明确提出教育心理化的思想,认为教学过程与儿童心理的自然发展相一致;②将教育适应自然作为最基本的教育原则;③倡导爱的教育,认为教育的主要原则是爱;④明确地提出教学过程的基本要素,认为数目、形状和语言是一切教学的最初的、最简单的要素。

(5) 福禄贝尔。

福禄贝尔(1782—1852)是德国教育家,著有《人的教育》《幼儿园教育学》《母亲与儿歌》等著作。1837 年他在德国的勃兰根堡创立的"幼儿学校"(1840 年改名为"幼儿园"),是世界上第一个以"幼儿园"命名的幼儿教育机构,他也被称为"幼儿园之父"。1861 年,《幼儿园教育学》的出版标志着学前教育学成为一门独立的学科。

他的主要思想有:①倡导自由教育,认为人的天性是善的,出生时善的本质已处于萌芽状态，人的发展是这种内在的善的本质的发展；②幼儿的行为是其内在生命形式的表现，是由内在的动机支配，教育的目的在于唤醒人的内在精神本性；③在教育史上第一个承认游戏的教育价值，而且他专门制作了用于幼儿学习的玩具，取名为"恩物"，意为"神赐之物"。

（6）杜威。

杜威（1859—1952）是美国教育家，著有《民主主义与教育》《我的教育信条》《学校与社会》《明日之学校》等著作，美国进步教育运动的主要代表，被誉为"创立美国教育的首要人物"。

杜威的主要思想有：①教育即生长，教育即生活，教育即经验的不断改造，教育是个人在社会生活中与人接触、相互影响、逐步扩大和改进经验、养成道德品质和习得知识技能；②在反对传统的灌输式教育方法的基础上，杜威提出了"从做中学"原则，这一原则是杜威全部教学理论的基本原则，在他看来，做中学也就是从活动中学、从经验中学；③提出"儿童中心主义"思想，认为教育应该把重心放在儿童的身上，以儿童为中心，即尊重儿童的本性来熟悉儿童，尊重自我指导学习，尊重作为学习的刺激和中心活动，教育的措施围绕儿童来组织。

（7）蒙台梭利。

蒙台梭利（1870—1952）是意大利教育家，著有《童年的秘密》《蒙台梭利教育方法》《儿童的发现》等著作。1907 年在罗马贫民窟创立"儿童之家"，通过创设利于儿童发展的环境对有缺陷的儿童进行训练和教育，并获得成功，之后，她将这套方法用于智力正常儿童，形成了独具特色的"蒙台梭利教学法"。

她主要的教育思想有：①认为儿童存在着与生俱来的"内在的生命力""吸收性的心灵"，在这种发自内心的内在驱动力影响下，儿童不断地探索环境，教育的任务是激发和促进儿童"内在潜力"的发展；②认为感觉练习是初步的、基本的智力活动，重视感官训练和智力发展；③发展的"敏感期"，儿童心理的发展有各种敏感期，处于敏感期的阶段，某个领域学习特别容易而迅速，过了特定的时期，其敏感性则会消失；④教育的根本原则是使儿童获得自由，使儿童的天性得以自然地表现，幼儿的学习应是自愿的、非强制性的，教师的作用在于为儿童提供符合其身心发展的环境。

（8）皮亚杰。

皮亚杰（1896—1980）是瑞士心理学家、日内瓦学派的创始人，主要著作有《儿童的言语和思维》《儿童智慧的起源》《儿童心理学》《结构主义》《发生认识论导论》等。

皮亚杰主要的教育思想有：①智力是一种适应形式，具有动力性的特点，随着环境和有机体自身的变化，智力的结构和功能必然不断变化，以适应变化的条件；②强调活动的重要性，动作是主客体的桥梁，知识来源于动作；③根据思维能力的差异，对儿童发展进行了阶段性的划分，感知运动阶段（0~2岁）、前运算阶段（2~7岁）、具体运算阶段（7~11、12岁）和形式运算阶段（11、12~15岁）；④制约儿童心理发展的因素主要有四种，即成熟、物体经验、社会经验和平衡化；⑤认为知识的获得是儿童主动探索和操纵环境的结果，学习是儿童进行发明与发现的过程，教育的真正目的并非增加儿童的知识，而是设置充满智慧、刺激的环境，让儿童自行探索，主动学习知识。

（9）维果茨基。

维果茨基（1896—1934）是苏联著名的心理学家，"文化-历史"学派的创始人之一。他的主要思想有：①高级心理机能是社会历史发展的产物，反对将复杂的高级心理机能分解成简单的成分；②语言是人类为了组织思维而创造的一种最关键的工具，儿童可以凭借语言与他人相互作用，进行文化与思想的交流；③提出最近发展区的概念，最近发展区是指实际的发展水平与潜在的发展水平之间的差距，前者由儿童独立解决问题的能力而定，后者则是指在成人的指导下或是与能力较强的同伴合作时儿童能够解决问题的能力；④他认为教学促进发展，教学应该走在发展的前面。

（10）霍华德·加德纳。

霍华德·加德纳（1943—　）是哈佛大学心理学教授，在对传统的以语言和梳理逻辑为核心的智力理论批判的基础上，提出著名的"多元智能（多元智力）"理论。他认为每个人身上相对独立存在着与特定的认知领域和知识领域相联系的八种智能，即语言智能、节奏智能、数理智能、空间智能、动觉智能、自省智能、交流智能和自然观察智能。

2. 中国教育家

（1）陶行知。

陶行知（1891—1946）是我国著名的人民教育家，我国平民幼稚教育理论的首创者和实践的开拓者，主要著作有《创造的儿童教育》《创设乡村幼稚园宣言》《幼稚园之新大陆》。

陶行知主要的教育思想有：①特别重视学前教育的重要性，认为凡人生之态度、习惯、倾向，皆可在幼稚时代建立适当基础；②幼儿教育应面向普通大众，指出当时的幼儿教育有"外国病""花钱病""富贵病"；③主张解放儿童的创造力，儿童在封建礼教的束缚下,身心得不到充分的发展,更需要强调发展儿童潜在的创造力;④主张教学做合一,倡导因材施教,根据生活的需要而教,通过生活实践去教学。

(2)陈鹤琴。

陈鹤琴(1892—1982)是我国现代著名教育家、儿童心理学家,1923年创办了我国最早的幼儿教育实验中心——南京鼓楼幼稚园,一生致力于探索幼儿教育的中国化、平民化、科学化。

陈鹤琴的主要教育思想:①认为幼儿教育是一切教育的基础,重视幼儿教育的重要性;②强调"做"为主,在做中教,做中学,做中求进步;③根据当时幼儿园各科教学相互孤立、相互脱节而提出了"整个教学法"(所谓"整个教学法",就是把儿童所应该学的东西结合在一起,完整地、有系统地教授);④反对埋没人性的、读死书的死教育,提出"活教育"思想,指出"大自然,大社会,都是活教材""活教育的课程是把大自然、大社会作为出发点,让学生在自然和社会中学习";⑤反对以教师为中心或儿童为中心的倾向,强调教师对幼儿的指导作用;⑥提倡适合国情的幼儿教育,反对照搬外国教材、教法;⑦指出儿童教育是幼儿园与家庭共同的责任,提倡家庭与幼儿园的配合。

(3)张雪门。

张雪门(1891—1973),著名教育家,1918年创立宁波星萌幼稚园。20世纪30年代,与陈鹤琴有"南陈北张"之称。

张雪门的主要教育思想:①认为儿童身心的发展与环境密不可分,儿童身心并不能单独发展,主要依靠周围环境;②提出幼儿园行为课程,主张课程是经验,不应当把课程仅看作书本知识,而应当把技能知识、兴趣、道德、风俗、礼节种种经验都包括在课程里;③课程植根于生活,它从生活而来,从生活而开展,也从生活中结束;④主张采取单元设计的方法,打破各种学科的界限;⑤根据儿童的能力、兴趣和需要组织教学。

## 第三节 幼儿园教育

### 一、幼儿园教育工作原则

(1)体、智、德、美诸方面的教育应互相渗透,有机结合。遵循儿童身心发展的规律，符合儿童的年龄特点，注重个体差异，因材施教，引导儿童个性健康发展。

（2）面向全体儿童，热爱儿童，坚持积极鼓励、启发诱导的正面教育。

（3）合理地综合组织各方面的教育内容，并渗透于儿童一日生活的各项活动中，充分发挥各种教育手段的交互作用。

（4）创设与教育相适应的良好环境，为儿童提供活动和表现能力的机会与条件。以游戏为基本活动，寓教育于各项活动之中。

## 二、游戏为基本活动

游戏是学前教育机构的基本活动。游戏具有内在动机、积极情绪体验等特点，其特性符合儿童身心发展的特点，最能在各个方面满足儿童的需要，所以具有其他活动所不能替代的教育价值。对于学前儿童来说，游戏既是基本权利，又是一种学习，它是一种更重要、更适宜的学习。幼儿园教育要充分发挥游戏对儿童发展的作用，保证游戏的时间和空间，提供丰富的游戏材料，使儿童充分自主、愉快地游戏，通过游戏促进身心发展。

## 三、班级管理的目的和意义

班级管理是学前教育机构管理的核心工作，指教师与行政人员，按照儿童身心发展规律和保教工作的工作规律，通过组织、计划、实施、评估、调整等环节，将人、财、物、时间、空间、信息等各要素合理组织起来，为实现学前教育目标而进行的组织管理活动。班级管理是搞好幼儿园管理的基础工程，是提高保教质量的重要保证。

幼儿园班级管理的内在目的是促进幼儿各方面的发展，外在目的是形成办园特色和品牌。按幼儿在园活动分类，幼儿园班级管理一般由生活管理和教育管理两个方面组成。其工作过程可以分为三个环节：制订班级工作计划、班级工作的组织与实施、班级工作的总结与评估。

## 四、幼儿园教育与小学教育的关系

（一）幼儿园小学化的危害

1. 小学的教育方法不适合学前儿童

学前教育以游戏为主，主要目的是激发儿童的创造性和学习兴趣，而不是一味"灌输"知识。小学教育有考试的要求，在教育方法上更多地采用严格的集体教学，方法较为单一枯燥。不符合学前儿童天性的教学方法会伤害学前儿童的学习积极性和学习兴趣。

2. 小学的学习内容不适合学前儿童

直接向儿童传授小学阶段才应该接受的具体教科书知识，违背了学前儿童身心发展的特点。学前阶段应该更加着重在游戏中培养孩子的探索精神、好奇心、人际交往能力、想象力、观察力，以及良好的生活习惯等能力。将小学的文字符号知识简单粗暴地向幼儿灌输不利于学前儿童的身心健康和全面发展。

3. 学习要求不同

幼儿园的学习要求比较宽松，主要以儿童自己的游戏和自主学习为主，但小学的学习中有专门的考试用于测评儿童的学习效果。小学化的测评不适合学前儿童的身心发展特点，给儿童带来心理压力，对培养儿童的学习兴趣产生负面影响。

（二）大班做好入学准备

幼儿园和小学虽然同属于基础教育，但在教育任务、内容、形式、方法、作息制度及常规管理等方面都存在较大差异。儿童从幼儿园到小学是一个渐进的、过渡适应的过程。衔接工作会直接影响儿童入学后的适应、今后的健康成长和可持续发展。具体而言，入学前需要做好以下几个方面的准备：

(1) 培养入学意识，培养幼儿向往入学的感情，激发良好的入学动机和学习态度十分重要；

(2) 培养社会适应能力，具体内容包括主动性、人际交往能力、规则意识和任务意识；

（3）培养学习适应能力，培养幼儿的口语表达、阅读兴趣以及小肌肉协调等方面的能力，为学校的学习提供基础；

（4）培养生活适应能力，帮助幼儿形成规律的作息，在生活中独立自主。

# 第四节 《幼儿园教育指导纲要（试行）》

为进一步贯彻第三次全国教育工作会议和全国基础教育工作会议精神，落实《国务院关于基础教育改革与发展的决定》，推进幼儿园实施素质教育，全面提高幼儿园教育质量，教育部决定从2001年9月起开始试行《幼儿园教育指导纲要》。

## 一、总则

幼儿园教育是基础教育的有机组成部分，是学校教育制度和终身教育的奠基阶段。幼儿园教育应为每一个幼儿的近期和终身发展奠定良好的素质基础。

幼儿园应与家庭、社会密切配合，共同为幼儿创造一个良好的成长环境。

幼儿园是幼儿生活和学习的重要场所。幼儿园教育应丰富幼儿的生活，满足他们身心发展的需要，帮助他们度过快乐而有意义的童年。

幼儿园教育应充分尊重幼儿作为学习主体的经验和体验，尊重他们身心发展的规律和学习特点，以游戏为基本活动，引导他们在与环境的积极相互作用中得到发展。

幼儿园教育应充分照顾幼儿的个体差异，为每一个幼儿提供发挥潜能的机会，促使他们在已有水平上得到应有的发展。

## 二、教育内容

幼儿园教育的内容是广泛的、启蒙性的，可按照幼儿学习活动的范畴相对划分为健康、社会、科学、语言、艺术五个方面。各方面的内容都应包含知识技能、情感态度、活动方式方法等多维度的目标。幼儿实际的学习是综合的、整体的，幼儿园教育内容范畴的划分是相对的,教育过程中应依据幼儿的学习特点进行整合处理,以使幼儿通过真实而有意义的活动生动、活泼、主动地学习,获得完整的经验,促进身心全面和谐的发展。

(一) 健康

1. 目标

(1) 身体健康,在集体生活中情绪安定、愉快。

(2) 生活、卫生习惯良好,有基本的生活自理能力。

(3) 知道必要的安全保健常识,学习保护自己。

(4) 喜欢参加体育活动,动作协调、灵活。

2. 内容与要求

(1) 建立良好的师生、同伴关系,让幼儿在集体生活中感到温暖,心情愉快,形成安全感、信赖感。

(2) 与家长配合,根据幼儿的需要建立科学的生活常规,培养幼儿良好的饮食、睡眠、盥洗、排泄等生活习惯和生活自理能力。

(3) 教育幼儿爱清洁、讲卫生,注意保持个人和生活场所的整洁和卫生。

(4) 密切结合幼儿的生活进行安全、营养和保健教育,提高幼儿的自我保护意识和能力。

(5) 开展丰富多彩的户外游戏和体育活动,培养幼儿参加体育活动的兴趣和习惯,增强体质,提高对环境的适应能力。

(6) 用幼儿感兴趣的方式训练基本动作,提高动作的协调性、灵活性。

(7) 在体育活动中,培养幼儿坚强、勇敢、不怕困难的意志品质和主动、乐观、合作的态度。

3. 指导要点

(1) 幼儿园必须把保护幼儿的生命和促进幼儿的健康放在工作的首位。树立正确的健康观念,在重视幼儿身体健康的同时,还要高度重视幼儿的心理健康。

(2) 既要高度重视和满足幼儿受保护、受照顾的需要,又要尊重和满足他们不断增长的独立要求,避免过度保护和包办代替,鼓励并指导幼儿自理、自立的尝试。

(3) 健康领域的活动要充分尊重幼儿生长发育的规律,严禁以任何名义进行有损幼儿健康的比赛、表演或训练等。

（4）培养幼儿对体育活动的兴趣是幼儿园体育的重要目标，要根据幼儿的特点组织生动有趣、形式多样的体育活动，吸引幼儿主动参与。

（二）语言

1. 目标

（1）乐意与人交谈，讲话礼貌。

（2）注意倾听对方讲话，能理解日常用语。

（3）能清楚地说出自己想说的事。

（4）喜欢听故事、看图书。

（5）能听懂和会说普通话。

2. 内容与要求

（1）创造一个自由、宽松的语言交往环境，支持、鼓励、吸引幼儿与教师、同伴或其他人交谈，体验语言交流的乐趣，学习使用适当的、礼貌的语言。

（2）培养幼儿注意倾听的习惯，发展语言理解能力。

（3）鼓励幼儿大胆、清楚地表达自己的想法和感受，尝试说明，描述简单的事物或过程，发展语言表达能力和思维能力。

（4）引导幼儿接触优秀的儿童文学作品，使其感受语言的丰富和优美，并通过多种活动帮助幼儿加深对作品的体验和理解。

（5）培养幼儿对生活中常见的简单标记和文字符号的兴趣。

（6）利用图书、绘画和其他多种方式，引发幼儿对书籍、阅读和书写的兴趣，培养前阅读和前书写技能。

（7）提供普通话的语言环境，帮助幼儿熟悉、听懂并学说普通话。少数民族地区还应帮助幼儿学习本民族语言。

3. 指导要点

（1）语言能力是在运用的过程中发展起来的，发展幼儿语言的关键是创设一个能使他们想说、敢说、喜欢说、有机会说并能得到积极应答的环境。

（2）幼儿语言的发展与其情感、经验、思维、社会交往能力等其他方面的发展密切相关，因此，发展幼儿语言的重要途径是通过互相渗透的各领域的教育，在丰富多彩的活动中去扩展幼儿的经验，提供促进语言发展的条件。

(3) 幼儿的语言学习具有个别化的特点，教师与幼儿的个别交流、幼儿之间的自由交谈等，对幼儿语言发展具有特殊意义。

(4) 对有语言障碍的儿童要给予特别关注，要与家长和有关方面密切配合，积极地帮助他们提高语言能力。

(三) 社会

1. 目标

(1) 能主动地参与各项活动，有自信心。

(2) 乐意与人交往，学习互助、合作和分享，有同情心。

(3) 理解并遵守日常生活中基本的社会行为规则。

(4) 能努力做好力所能及的事，不怕困难，有初步的责任感。

(5) 爱父母长辈、老师和同伴，爱集体、爱家乡、爱祖国。

2. 内容与要求

(1) 引导幼儿参加各种集体活动，体验与教师、同伴等共同生活的乐趣，帮助他们正确认识自己和他人，养成对他人、社会亲近、合作的态度，学习初步的人际交往技能。

(2) 为每个幼儿提供表现自己长处和获得成功的机会，增强其自尊心和自信心。

(3) 提供自由活动的机会，支持幼儿自主地选择、计划活动，鼓励他们通过多方面的努力解决问题，不轻易放弃克服困难的尝试。

(4) 在共同的生活和活动中，以多种方式引导幼儿认识、体验并理解基本的社会行为规则，学习自律和尊重他人。

(5) 教育幼儿爱护玩具和其他物品，爱护公物和公共环境。

(6) 与家庭、社区合作，引导幼儿了解自己的亲人以及与自己生活有关的各行各业人们的劳动，培养其对劳动者的热爱和对劳动成果的尊重。

(7) 充分利用社会资源，引导幼儿实际感受祖国文化的丰富与优秀，感受家乡的变化和发展，激发幼儿爱家乡、爱祖国的情感。

(8) 适当向幼儿介绍我国各民族和世界其他国家、民族的文化，使其感知人类文化的多样性和差异性，培养理解、尊重、平等的态度。

3. 指导要点

（1）社会领域的教育具有潜移默化的特点。幼儿社会态度和社会情感的培养尤应渗透在多种活动和一日生活的各个环节之中，要创设一个能使幼儿感受到接纳、关爱和支持的良好环境，避免单一呆板的言语说教。

（2）幼儿与成人、同伴之间的共同生活、交往、探索、游戏等，是其社会学习的重要途径。应为幼儿提供人际交往和共同活动的机会和条件，并加以指导。

（3）社会学习是一个漫长的积累过程，需要幼儿园、家庭和社会密切合作，协调一致，共同促进幼儿良好社会性品质的形成。

（四）科学

1. 目标

（1）对周围的事物、现象感兴趣，有好奇心和求知欲。

（2）能运用各种感官，动手动脑，探究问题。

（3）能用适当的方式表达、交流探索的过程和结果。

（4）能从生活和游戏中感受事物的数量关系并体验到数学的重要和有趣。

（5）爱护动植物，关心周围环境，亲近大自然，珍惜自然资源，有初步的环保意识。

2. 内容与要求

（1）引导幼儿对身边常见事物和现象的特点、变化规律产生兴趣和探究的欲望。

（2）为幼儿的探究活动创造宽松的环境，让每个幼儿都有机会参与尝试，支持、鼓励他们大胆提出问题，发表不同意见，学会尊重别人的观点和经验。

（3）提供丰富的可操作的材料，为每个幼儿都能运用多种感官、多种方式进行探索提供活动的条件。

（4）通过引导幼儿积极参加小组讨论、探索等方式，培养幼儿合作学习的意识和能力，学习用多种方式表现、交流、分享探索的过程和结果。

（5）引导幼儿对周围环境中的数、量、形、时间和空间等现象产生兴趣，建构初步的数学概念，并学习用简单的数学方法解决生活和游戏中某些简单的问题。

（6）从生活或媒体中幼儿熟悉的科技成果入手，引导幼儿感受科学技术对生活的影响，培养他们对科学的兴趣和对科学家的崇敬。

(7) 在幼儿生活经验的基础上，帮助幼儿了解自然、环境与人类生活的关系。从身边的小事入手，培养初步的环保意识和环保行为。

3. 指导要点

(1) 幼儿的科学教育是科学启蒙教育，重在激发幼儿的认识兴趣和探究欲望。

(2) 要尽量创造条件让幼儿实际参加探究活动，使他们感受科学探究的过程和方法，体验发现的乐趣。

(3) 科学教育应密切联系幼儿的实际生活进行，利用身边的事物与现象作为科学探索的对象。

(五) 艺术

1. 目标

(1) 能初步感受并喜爱环境、生活和艺术中的美。

(2) 喜欢参加艺术活动，并能大胆地表现自己的情感和体验。

(3) 能用自己喜欢的方式进行艺术表现活动。

2. 内容与要求

(1) 引导幼儿接触周围环境和生活中美好的人、事、物，丰富他们的感性经验和审美情趣，激发他们表现美、创造美的情趣。

(2) 在艺术活动中面向全体幼儿，要针对他们的不同特点和需要，让每个幼儿都得到美的熏陶和培养。对有艺术天赋的幼儿要注意发展他们的艺术潜能。

(3) 提供自由表现的机会，鼓励幼儿用不同艺术形式大胆地表达自己的情感、理解和想象，尊重每个幼儿的想法和创造，肯定和接纳他们独特的审美感受和表现方式，分享他们创造的快乐。

(4) 在支持、鼓励幼儿积极参加各种艺术活动并大胆表现的同时，帮助他们提高表现的技能和能力。

(5) 指导幼儿利用身边的物品或废旧材料制作玩具、手工艺品等来美化自己的生活或开展其他活动。

(6) 为幼儿创设展示自己作品的条件，引导幼儿相互交流、相互欣赏、共同提高。

3. 指导要点

(1) 艺术是实施美育的主要途径，应充分发挥艺术的情感教育功能，促进幼儿健全人格的形成。要避免仅仅重视表现技能或艺术活动的结果，而忽视幼儿在活动过程中的情感体验和态度的倾向。

（2）幼儿的创作过程和作品是他们表达自己的认识和情感的重要方式，应支持幼儿富有个性和创造性地表达，克服过分强调技能技巧和标准化要求的偏向。

（3）幼儿艺术活动的能力是在大胆表现的过程中逐渐发展起来的，教师的作用应主要在于激发幼儿感受美、表现美的情趣，丰富他们的审美经验，使其体验自由表达和创造的快乐。在此基础上，根据幼儿的发展状况和需要，对表现方式和技能技巧给予适时、适当的指导。

## 三、组织与实施

（1）幼儿园的教育是为所有在园幼儿的健康成长服务的，要为每一个儿童，包括有特殊需要的儿童提供积极的支持和帮助。

（2）幼儿园的教育活动，是教师以多种形式有目的、有计划地引导幼儿生动、活泼、主动活动的教育过程。

（3）教育活动的组织与实施过程是教师创造性地开展工作的过程。教师要根据《幼儿园教育指导纲要（试行）》，从本地、本园的条件出发，结合本班幼儿的实际情况，制订切实可行的工作计划并灵活地执行。

（4）教育活动目标要以《幼儿园工作规程》和《幼儿园教育指导纲要（试行）》所提出的各领域目标为指导，结合本班幼儿的发展水平、经验和需要来确定。

（5）教育活动内容的选择应遵照《幼儿园教育指导纲要（试行）》第二部分的有关条款进行，同时体现以下原则：

①既适合幼儿的现有水平，又有一定的挑战性；

②既符合幼儿的现实需要，又有利于其长远发展；

③既贴近幼儿的生活来选择幼儿感兴趣的事物和问题，又有助于拓展幼儿的经验和视野。

（6）教育活动内容的组织应充分考虑幼儿的学习特点和认识规律，各领域的内容要有机联系，相互渗透，注重综合性、趣味性、活动性，寓教育于生活、游戏之中。

（7）教育活动的组织形式应根据需要合理安排，因时、因地、因内容、因材料灵活地运用。

(8) 环境是重要的教育资源，应通过环境的创设和利用，有效地促进幼儿的发展。

①幼儿园的空间、设施、活动材料和常规要求等应有利于引发、支持幼儿的游戏和各种探索活动，有利于引发、支持幼儿与周围环境之间积极的相互作用。

②幼儿同伴群体及幼儿园教师集体是宝贵的教育资源，应充分发挥这一资源的作用。

③教师的态度和管理方式应有助于形成安全、温馨的心理环境；言行举止应成为幼儿学习的良好榜样。

④家庭是幼儿园重要的合作伙伴。应本着尊重、平等、合作的原则，争取家长的理解、支持和主动参与，并积极支持、帮助家长提高教育能力。

⑤充分利用自然环境和社区的教育资源，扩展幼儿生活和学习的空间。幼儿园同时应为社区的早期教育提供服务。

(9) 科学、合理地安排和组织一日生活。

①时间安排应有相对的稳定性与灵活性，既有利于形成秩序，又能满足幼儿的合理需要，照顾到个体差异。

②教师直接指导的活动和间接指导的活动相结合，保证幼儿每天有适当的自主选择和自由活动时间。教师直接指导的集体活动要能保证幼儿的积极参与，避免时间的隐性浪费。

③尽量减少不必要的集体行动和过渡环节，减少和消除消极等待现象。

④建立良好的常规，避免不必要的管理行为，逐步引导幼儿学习自我管理。

(10) 教师应成为幼儿学习活动的支持者、合作者、引导者。

①以关怀、接纳、尊重的态度与幼儿交往。耐心倾听，努力理解幼儿的想法与感受，支持、鼓励他们大胆探索与表达。

②善于发现幼儿感兴趣的事物、游戏和偶发事件中所隐含的教育价值，把握时机，积极引导。

③关注幼儿在活动中的表现和反应，敏感地察觉他们的需要，及时以适当的方式应答，形成合作探究式的师生互动。

④尊重幼儿在发展水平、能力、经验、学习方式等方面的个体差异，因人施教，努力使每一个幼儿都能获得满足和成功。

⑤关注幼儿的特殊需要，包括各种发展潜能和不同发展障碍，与家庭密切配合，共同促进幼儿健康成长。

(11) 幼儿园教育要与0~3岁儿童的保育、教育以及小学教育相互衔接。

## 四、评价

(1) 教育评价是幼儿园教育工作的重要组成部分，是了解教育的适宜性、有效性，调整和改进工作，促进每一个儿童发展，提高教育质量的必要手段。

(2) 管理人员、教师、儿童及其家长均是幼儿园教育评价工作的参与者。评价过程是各方共同参与、相互支持与合作的过程。

(3) 评价的过程，是教师运用专业知识审视教育实践，发现、分析、研究、解决问题的过程，也是其自我成长的重要途径。

(4) 幼儿园教育工作评价实行以教师自评为主，园长以及有关管理人员、其他教师和家长等参与评价的制度。

(5) 评价应自然地伴随着整个教育过程进行。综合采用观察、谈话、作品分析等多种方法。

(6) 儿童的行为表现和发展变化具有重要的评价意义，教师应视之为重要的评价信息和改进工作的依据。

(7) 教育工作评价宜重点考察以下方面：

①教育计划和教育活动的目标是否建立在了解本班儿童现状的基础上；

②教育的内容、方式、策略、环境条件是否能调动学习的积极性；

③教育过程是否能为儿童提供有益的学习经验，并符合其发展需要；

④教育内容、要求能否兼顾群体需要和个体差异，使每个儿童都能得到发展，都有成就感；

⑤教师的指导是否有利于儿童主动、有效地学习。

(8) 对幼儿发展状况的评估要注意以下方面：

①明确评价的目的，了解儿童的发展需要，以便提供更加适宜的帮助和指导；

②全面了解儿童的发展状况，防止片面性，尤其要避免只重知识和技能，忽略情感、社会性和实际能力的倾向；

③在日常活动与教育教学过程中采用自然的方法进行，平时观察所获得的具有典型意义的儿童行为表现和所积累的各种作品等，是评价的重要依据；

④承认和关注儿童的个体差异，避免用统一的标准评价不同的儿童，在儿童面前

慎用横向的比较；

⑤以发展的眼光看待儿童，既要了解现有水平，更要关注其发展的速度、特点和倾向等。

## 第五节 我国学前教育改革动态与发展趋势

### 一、《国家中长期教育改革和发展规划纲要（2010—2020年）》

2010年5月党中央、国务院颁布的《国家中长期教育改革和发展规划纲要（2010—2020年）》在学前教育方面指出如下几点。

（1）基本普及学前教育。学前教育对幼儿身心健康、习惯养成、智力发展具有重要意义。遵循幼儿身心发展规律，坚持科学保教方法，保障幼儿快乐健康成长。

（2）明确政府职责。把发展学前教育纳入城镇、社会主义新农村建设，建立政府主导、社会参与、公办民办并举的办园体制。

（3）重视发展农村学前教育。努力提高农村学前教育普及程度。采取多种形式扩大农村学前教育资源。

### 二、《国务院关于当前发展学前教育的若干意见》

2010年11月国务院颁布的《国务院关于当前发展学前教育的若干意见》（以下简称《意见》），指明了学前教育发展的方向，主要内容如下。

（1）把发展学前教育摆在更加重要的位置，坚持学前教育的公益性和普惠性。

（2）多种形式扩大学前教育资源，加大学前教育投入。大力发展公办幼儿园，提供"广覆盖、保基本"的学前教育公共服务。

（3）多种途径加强幼儿教师队伍建设。加快建设一支师德高尚、热爱儿童、业务精良、结构合理的幼儿教师队伍。

（4）加强幼儿园的安全监管和收费管理。健全各项安全管理制度和安全责任制度，严防事故发生。加强收费监管，坚决查处乱收费。

（5）完善工作机制，加强组织领导。教育部门要完善政策，制定标准，充实管理、教研力量，加强学前教育的监督管理和科学指导。

## 三、《3—6岁儿童学习与发展指南》

2012年10月9日由教育部正式颁布《3—6岁儿童学习与发展指南》，提出以下四大原则。

（1）关注儿童学习与发展的整体性。儿童的发展是一个整体，要注重领域之间、目标之间的相互渗透和整合，促进儿童身心全面协调发展，而不应片面追求某一方面或几方面的发展。

（2）尊重儿童发展的个体差异。儿童发展是一个持续、渐进的过程，同时也表现出一定的阶段性特征。每个儿童在沿着相似进程发展的过程中，各自的发展速度和到达某一水平的时间不完全相同。要充分理解和尊重儿童发展进程中的个别差异，支持和引导他们从原有水平向更高水平发展，按照自身的速度和方式到达《3—6岁儿童学习与发展指南》所呈现的发展"阶梯"，切忌用一把"尺子"衡量所有儿童。

（3）理解儿童的学习方式和特点。儿童的学习是以直接经验为基础的，在游戏和日常生活中进行的。要珍视游戏和生活的独特价值，创设丰富的教育环境，合理安排一日生活，最大限度地支持和满足儿童通过直接感知、实际操作和亲身体验获取经验的需要，严禁"拔苗助长"式的超前教育和强化训练。

（4）重视儿童的学习品质。儿童在活动过程中表现出的积极态度和良好行为倾向是终身学习与发展所必需的宝贵品质。要充分尊重和保护儿童的好奇心和学习兴趣，帮助儿童逐步养成积极主动、认真专注、不怕困难、敢于探究和尝试、乐于想象和创造等良好的学习品质。忽视儿童学习品质培养，单纯追求知识技能学习的做法是短视而有害的。

## 四、《幼儿园教师专业标准（试行）》

为促进幼儿园教师专业发展，建设高素质幼儿园教师队伍，2012年教育部根据《中华人民共和国教师法》，特制定《幼儿园教师专业标准（试行）》（以下简称《专业标准》)。

幼儿园教师是履行幼儿园教育工作职责的专业人员，需要经过严格的培养与培训，具有良好的职业道德，掌握系统的专业知识和专业技能。《专业标准》是国家对合格幼儿园教师专业素质的基本要求，是幼儿园教师开展保教活动的基本规范，是引领幼儿园教师专业发展的基本准则，是幼儿园教师培养、准入、培训、考核等工作的重要依据。

（一）基本理念

1. 幼儿为本

尊重幼儿权益，以幼儿为主体，充分调动和发挥幼儿的主动性；遵循幼儿身心发展特点和保教活动规律，提供适合的教育，保障幼儿快乐健康成长。

2. 师德为先

热爱学前教育事业，具有职业理想，践行社会主义核心价值体系，履行教师职业道德规范。关爱幼儿，尊重幼儿人格，富有爱心、责任心、耐心和细心；为人师表，教书育人，自尊自律，做幼儿健康成长的启蒙者和引路人。

3. 能力为重

把学前教育理论与保教实践相结合，突出保教实践能力；研究幼儿，遵循幼儿成长规律，提升保教工作专业化水平；坚持实践、反思、再实践、再反思，不断提高专业能力。

4. 终身学习

学习先进学前教育理论，了解国内外学前教育改革与发展的经验和做法；优化知识结构，提高文化素养；具有终身学习与持续发展的意识和能力，做终身学习的典范。

（二）实施建议

（1）各级教育行政部门要将《专业标准》作为幼儿园教师队伍建设的基本依据。根据学前教育改革发展的需要，充分发挥《专业标准》的引领和导向作用，深化教师教育改革，建立教师教育质量保障体系，不断提高幼儿园教师培养培训质量。制定幼儿园教师准入标准，严把幼儿园教师入口关；制定幼儿园教师聘任（聘用）、考核、退出等管理制度，保障教师合法权益，形成科学有效的幼儿园教师队伍管理和督导机制。

（2）开展幼儿园教师教育的院校要将《专业标准》作为幼儿园教师培养培训的主

要依据。重视幼儿园教师职业特点，加强学前教育学科和专业建设。完善幼儿园教师培养培训方案，科学设置教师教育课程，改革教育教学方式；重视幼儿园教师职业道德教育，重视社会实践和教育实习；加强从事幼儿园教师教育的师资队伍建设，建立科学的质量评价制度。

（3）幼儿园要将《专业标准》作为教师管理的重要依据。制定幼儿园教师专业发展规划，注重教师职业理想与职业道德教育，增强教师育人的责任感与使命感；开展园本研修，促进教师专业发展；完善教师岗位职责和考核评价制度，健全幼儿园绩效管理机制。

（4）幼儿园教师要将《专业标准》作为自身专业发展的基本依据。制定自我专业发展规划，爱岗敬业，增强专业发展自觉性；大胆开展保教实践，不断创新；积极进行自我评价，主动参加教师培训和自主研修，逐步提升专业发展水平。

## 本章知识结构

## 本章小结

（一）本章主要内容

（1）教育的本质、目的与作用。

(2) 中外学前教育的主要事件，以及著名学前教育家的著作与观点。

(3) 学前教育五大领域的目标与六大基本原则。

(4) 幼儿园与小学衔接的具体要求。

(5)《幼儿园教育指导纲要（试行）》的基本内容。

(6)《国家中长期教育改革和发展规划纲要（2010—2020年）》《国务院关于当前发展学前教育的若干意见》《3—6岁儿童学习与发展指南》《幼儿园教师专业标准》等文件的相关内容。

（二）本章的重点、难点

中外学前教育发展过程中的典型事件与教育家的主要思想；学前教育的性质与原则；幼儿园教育的原则；幼儿园与小学的衔接；《幼儿园教育指导纲要（试行）》《国家中长期教育改革和发展规划纲要（2010—2020年）》《国务院关于当前发展学前教育的若干意见》《3～6岁学习与发展指南》《幼儿园教师专业标准》等文件中的各类知识点。难点是运用教育家们的理论解释现实问题。

（三）学习时要注意的问题

本章学习时要注意下列几个方面：

(1) 理解教育的本质，理解教育在社会发展、人的发展中的作用；

(2) 识记学前教育发展中的重大事件与教育家的主要思想；

(3) 识记幼儿园教育的目标，理解幼儿园教育的基本原则；

(4) 识记四个文件中的相关内容，了解我国学前教育改革的趋势。

## 备考指南

本章内容在教师资格证考试中占有较大的比例，学习时要注意下列几个方面。概述部分可以根据教育的本质、教育与社会、教育与人的关系这三个基本点入手，识记相关知识点，并理解教育对社会与人发展的具体作用；史实部分，主要是熟记重要的知识点，能够区分各教育家之间观点的差异；幼儿教育部分则主要是理解与运用，即用相关的原则去解释教育现象；四个文件的复习可以用图表方式进行梳理，然后对照记忆，主要把握学前教育的未来发展趋势。本章有较多的客观的知识点，所以一般以识记为主，主要用客观题的方式进行考核。

# 第四章 学前教育原理

## 自测训练

### 一、单项选择题

1. 陶行知的生活教育理论注重"教学做"合一,强调(　　)。
   A. 做是中心　　B. 学是中心　　C. 教与学是中心　　D. 教是中心

2. 下列选项中,对幼儿园教育质量影响最小的是(　　)。
   A. 经费投入　　B. 师幼互动　　C. 教师学历　　D. 高档园舍

3. 幼儿教师选择保育教育内容最主要的依据是(　　)。
   A. 幼儿发展　　B. 社会需求　　C. 学科知识　　D. 教师特长

4. 《国家中长期教育改革和发展规划纲要（2010—2020年）》提出要重点发展(　　)。
   A. 农村学前教育　　B. 城镇学前教育　　C. 特色学前教育　　D. 特殊学前教育

5. 1923年,陈鹤琴在南京创办我国第一所幼教实验中心,其全称是(　　)。
   A. 怀德幼稚园
   B. 湖北武昌蒙养院
   C. 中国福利幼稚园
   D. 私立南京鼓楼幼稚园

6. 下列有关幼小衔接的说法,正确的是(　　)。
   A. 儿童入学适应困难,是因为幼儿园教育过于游戏化
   B. 幼小衔接完全是幼儿园的责任
   C. 幼儿园的幼小衔接工作不仅仅在大班,小中班也应该开展
   D. 幼小衔接主要是教儿童拼音、认字等内容

7. 从科学知识取向转向儿童经验取向的代表性教育著作是(　　)。
   A. 《理想国》
   B. 《爱弥儿》
   C. 《大教学论》
   D. 《林哈德与葛笃德》

8. 某教师针对不同发展水平的儿童提供了不同难度的操作材料,这遵循了(　　)。
   A. 全面发展原则
   B. 发展适宜性原则
   C. 保教合一原则
   D. 独立自主性原则

9. 根据《幼儿园教育指导纲要（试行）》规定,幼儿园体育的重要目标是(　　)。
   A. 培养运动人才
   B. 获得比赛奖项
   C. 培养幼儿对体育的兴趣
   D. 训练技能

10. 提出"教育即生活"的教育家是(　　)。

A. 卢梭　　　　B. 杜威　　　　C. 蒙台梭利　　　　D. 福禄贝尔

二、简答题

1. 简述教育家陶行知的学前教育思想。

2. 简述幼儿园教育与小学教育的主要区别。

三、论述题

结合实践论述幼儿园教育的基本原则。

四、材料分析题

材料：

实习生小赵发现，在保教活动中，教师总是请某几个儿童发言，结果导致某些儿童茫然端坐，从不举手。她疑惑地询问一个不举手的儿童，得到的回答是："反正举了手老师也不会请我。"

问题：

请从学前教育原则和教育公平的视角论述上述现象。

# 第五章　生活指导

## 考纲内容

（1）熟悉幼儿园一日生活的主要环节，理解一日生活的教育意义。

（2）了解生活常规教育的要求与培养幼儿良好生活、卫生习惯的方法。

（3）了解幼儿卫生保健常规、疾病预防、营养等方面的基本知识。

（4）了解幼儿园常见的安全问题和处理方法，了解突发事件如火灾、地震等的应急处理方法。

## 考纲解读

本章的主要内容是日常生活基本知识、保健类知识、营养类知识、疾病预防类知识与基本的安全知识五大内容。就考试层次而言，识记、理解、运用三个层次全部包含。基本的知识点有：日常生活部分，主要包括一日生活的环节、生活常规的培养，以及生活常规养成的意义三个方面；保健部分，主要包括儿童身体发育特点与保健，儿童生长发育规律与评价指标两个方面的内容；营养部分，要求了解儿童所需要的基本营养的构成，如何合理安排膳食以及良好饮食习惯的养成等内容；疾病预防部分，要求了解常见的疾病和传染病的预防及护理；安全知识部分，要求掌握常见的意外事件的处理方法等内容。此外，还需要考虑如何运用相关知识解决实际问题。

# 第一节 幼儿园一日生活常规

## 一、幼儿园一日生活常规的主要环节

(一) 晨间接待

晨间接待是一天工作的开始,关系到幼儿是否能在幼儿园度过安全、愉快的一天,关系到教师是否能顺利地完成保教任务,达到教育目标。

1. 保教人员的常规

(1) 在儿童入园前做好活动室内外清洁工作及开窗通气。

(2) 以饱满的精神、热情的态度、亲切的话语去迎接每一位入园的儿童。与家长沟通,了解儿童在家情况,耐心倾听家长的嘱托。

(3) 引导儿童放好相关物品。

(4) 晨间检查。晨检是保健医生对每个儿童进行认真、细心的观察,认真做好一摸:是否发烧;二看:喉部、皮肤和精神;三问:饮食、睡眠、大小便情况;四查:仔细观察幼儿有无携带不安全物品,发现问题及时处理。

(5) 值日生工作的组织与指导(中、大班设值日生),前一天做好值日生的交接工作(值日生要有标记),叮嘱其第二天提前到园。

2. 学前儿童的常规

(1) 衣着整洁,愉快地来园接受晨检。

(2) 能用普通话主动地、有礼貌地向老师、同伴问候,向家长说再见。

(3) 不带危险品、零食入园,将自己的随身物品整齐地摆放在固定的地方。

(4) 学会告诉老师自己的身体有无不舒服的感觉。

(5) 积极投入晨间活动。

## （二）晨间活动

晨间活动是幼儿园一日活动中不可缺少的一个环节，教师可根据气候情况安排户外或室内的活动。晨间活动形式多样，如小型建构活动、阅读活动、体育活动、美工活动、音乐活动、自选活动等。

1. 保教人员的常规

（1）准备好玩具、材料和体育活动器械，带领儿童观察，与儿童交谈等。

（2）激发儿童积极参加锻炼的兴趣，不仅能关注全体，更要照顾个别。

（3）注意儿童的活动量和活动的安全。及时检查儿童服饰、情绪，活动后护理。

（4）早操前十分钟，让儿童收拾整理玩具、材料，做好参加早操活动的准备。

2. 学前儿童的常规

（1）喜欢参加体育锻炼，乐意与同伴交换或合作使用体育器具。

（2）热身后能知道脱去外套，并放在指定的位置。

（3）活动后能整理、摆放玩具、器具。

## （三）升国旗、做早操

早操是幼儿园在早晨开展的、以基本体操为主要内容的一种体育组织形式，也是幼儿园一日活动中不可或缺的一个环节，是全园幼儿都参与的锻炼活动。

1. 保教人员的常规

（1）做好早操前的准备工作，服装、鞋子、轻器械、场地等的准备。

（2）保教人员要以身作则，与幼儿共同参加升国旗仪式。

（3）保教人员精神饱满，动作示范规范、熟练、有力。

（4）注意基本动作的练习和操节变换，活动密度适合。

（5）注意安全，避免碰撞，保持距离，对儿童不当的行为给予提示。

2. 学前儿童的常规

（1）依次自然地进入活动场地。

（2）尊敬国旗，升旗时立正，注视国旗，行注目礼。

（3）听从指挥做操，精神饱满、情绪愉快、姿势正确、动作整齐。

（4）用完轻器械后放回原处，注意爱护。

### (四) 如厕、喝水

**1. 保教人员的常规**

(1) 指导儿童正确使用手纸、整理衣裤，便后流水洗手。

(2) 指导儿童安全有序地取水，并观察饮水量，保证日饮水量达 400~600 毫升。

(3) 提醒幼儿按需如厕。

**2. 学前儿童的常规**

(1) 学会自理大小便。

(2) 便后会用手纸自前向后擦屁股，用肥皂、流水洗手，整理服装，不在厕所逗留。

(3) 排队轮流洗手，方法正确。不玩水，并用自己的小毛巾擦手。

(4) 用自己的茶杯喝水，用后放回固定的地方。

### (五) 集中教学活动

幼儿园集中教学活动是面向全体幼儿的、统一的集体活动，是幼儿园教学活动最普遍的组织形式，是教师有目的、有计划地组织进行有效学习的活动过程，也是幼儿一日活动中非常重要的一个环节。

**1. 保教人员的常规**

(1) 做好教育活动前的准备工作，包括环境准备、制订教育活动计划、教具和学具准备。

(2) 注意培养儿童正确的体姿，保护儿童的视力和嗓子。

**2. 学前儿童的常规**

(1) 活动前，逐渐转入安静状态。

(2) 在老师的指导启发下，逐渐养成动脑、动手和手脑并用的习惯。

(3) 在活动过程中，积极思考，踊跃发言或提问，不干扰别人，不和其他小朋友发生争执，不影响活动秩序。

### (六) 区域活动

区域活动，是幼儿以快乐和满足为目的，以操作、摆弄为途径的自主性学习活动，也是幼儿一日生活中日趋重要的环节之一。

1. 保教人员的常规

（1）创设与教育教学相匹配的区角，提供丰富的玩具材料。

（2）区角材料的摆放符合游戏的要求和幼儿易取易放的原则。

（3）尊重儿童意愿，以引导者的角色，及时给予其指导与帮助。

（4）鼓励儿童自主商讨、制定规则，并用适当的方式进行记录。

（5）活动结束时引导儿童开展必要的评价，分享经验和快乐。

2. 学前儿童的常规

（1）选择自己喜欢的区角活动，不随意更换游戏材料，遵守各区的游戏规则。

（2）积极尝试操作各种区域材料，遇事能积极思考、尝试自己解决问题。

（3）积极与同伴交流、协调、分享、合作；能爱护和整理玩具和材料。

（七）游戏活动与体育活动

1. 保教人员的常规

（1）均匀安排创造性游戏与规则性游戏。

（2）准备充足的游戏材料，符合安全、卫生和教育要求。

（3）尊重儿童意愿，适时介入、适当指导。

2. 学前儿童的常规

（1）能主动参与游戏，与同伴友好协作，注意安全。

（2）在老师指定的场地内游戏，共同商讨并遵守游戏规则。

（3）会收拾整理玩具。

（4）在体育活动中，注意力集中，遵守规则，巩固和提高动作的技能。

（八）进餐活动

1. 保教人员的常规

（1）鼓励儿童独立进餐，吃完自己的一份饭菜。

（2）提醒儿童进餐速度及食量适当，对特殊者给予个别照顾。

（3）提醒儿童饭后漱口、擦嘴。

（4）组织儿童进行餐后活动。

2. 学前儿童的常规

(1) 安静进餐，保持桌面、地面和衣服整洁。

(2) 不挑食，不剩饭菜，不过量进食，养成良好的进餐习惯。

(3) 正确使用餐具。餐后漱口并用自己的餐巾擦嘴，将餐具放到指定地点。

(九) 睡眠与起床

1. 保教人员的常规

(1) 创设温馨、舒适的睡眠环境。

(2) 指导并帮助儿童有顺序地穿脱鞋、衣、裤，并折叠放在固定地点。

(3) 随时巡视观察，纠正睡姿和习惯，照顾有特殊需要的儿童。

(4) 起床时观察儿童的情绪，指导并帮助其穿衣、梳洗、检查着装。

2. 学前儿童的常规

(1) 保持安静，不高声讲话或嬉笑喧闹，脚步放轻，进入午睡室。

(2) 有顺序地穿脱衣裤，衣物放在指定的地方，能自己盖好被子。

(3) 不带玩具上床，养成良好的睡姿与习惯。

(4) 起床后自己学习叠被子，穿衣、裤、鞋，乐意帮助同伴。

(十) 离园

1. 保教人员的常规

(1) 清理儿童衣物用品，做好离园的整理工作。

(2) 稳定儿童情绪，开展形式多样的游戏活动。

(3) 主动与家长交流当日儿童在园的一日生活情况，做好与家长的交接工作。

(4) 引导儿童在离开教室时主动与同伴和老师道别，将小椅子、玩过的玩具和材料送回固定的位置。

(5) 遇到陌生人来接，必须马上联系家长，确认接送者的身份。

(6) 儿童离园后，要做好活动室的清洁卫生，关好门窗。

2. 学前儿童的常规

(1) 愉快地离园回家，带好回家用品。

(2) 有礼貌地同老师、小朋友告别。

## 二、幼儿园一日生活常规的养成

幼儿园一日生活常规可以通过有意识的教育活动、日常生活中的随机教育和渗透性教育、生活环境的隐性教育、家园一致的言传身教等途径去培养。具体而言，在培养幼儿一日常规时应该注意下列几个方面。

（一）建立良好的师幼关系

亲其师而信其道，所以首先要建立良好的师幼关系，让学前儿童信赖教师，这样教师提出的要求就容易让儿童所接受。良好的师幼关系具有互动性、发展性、分享性、民主性和平等性等特点。

（二）创设宽松的环境氛围

为学前儿童创设宽松、民主、自由的精神环境，让他们在轻松自由的氛围中生活，感受教师的爱。作为教师应该明白，一日常规不是用来管教、限制儿童活动的，而是用来帮助儿童更自由地生活在集体中。

（三）规则要求要符合儿童的年龄特点

一日常规要根据年龄特点分层提出、循序渐进。各年龄阶段的常规具有一致性，但同样的常规对不同年龄阶段的儿童的具体要求并不相同，是螺旋式上升的。

（四）创造机会让儿童多练习

充分的、多次的实践练习是常规养成的关键。所以，教师应尽最大的努力创造条件，为儿童提供练习的机会。

（五）榜样示范，做儿童的表率

学前儿童以具体形象思维为主，教师和小朋友们的言行都会给他们造成各种各样的影响。所以，教师必须时时、事事、处处规范自己的言行举止，给儿童做出表率。另外，可以让儿童向儿童学习、儿童教儿童学习，这是常规培养的有效方法。

### （六）保教人员间保持一致

教师之间密切配合、要求一致、持之以恒是做好常规工作的基础。每位教师都要对常规有一个统一的认识，坚持统一的标准。另外，在保教活动的任何一个环节都要注意常规的训练。

### （七）家园合作形成教育合力

家庭是幼儿园重要的合作伙伴，应本着尊重、平等、合作的原则，争取家长的理解、支持和主动参与。家庭与幼儿园形成教育合力是培养儿童一日常规的关键，有了家长的支持和配合，常规培养才能收到良好的效果。

## 第二节 学前儿童身体发育特点与保健

### 一、身体各系统发育特点与保健

学前儿童身体因处于不成熟状态和生长发育过程中，决定了他们各器官、系统在形态、结构和功能等方面有别于成年人。

#### （一）运动系统特点与保健

**1. 骨骼**

腕骨出生时全部为软骨，以后逐渐钙化，到10岁左右才能全部钙化；骨盆还没长结实；易发生"青枝骨折"；不良的体姿可能导致"脊柱生理性弯曲"。

**2. 肌肉**

容易疲劳；大肌肉发育早，小肌肉发育晚。

**3. 关节和韧带**

肘关节较松，容易造成"牵拉肘"；容易形成"扁平足"。

4. 保健要点

(1) 培养正确的姿势，防止骨骼畸形。

(2) 积极开展户外活动和体育活动，促进骨骼生长。

(3) 合理安排膳食和生活，保证营养供给。

(二) 呼吸系统发育与保健

1. 呼吸系统的发育

(1) 鼻是呼吸道的起始部分，是保护肺的第一道防线。鼻腔对空气起着清洁、湿润和加温的作用。咽是呼吸和消化系统的共同通道，分别与鼻腔、口腔和喉腔相通。学前儿童的咽鼓管粗、短、直，呈水平位。当咳嗽、擤鼻涕时，容易受压力作用将口咽部的细菌、病毒通过咽鼓管推入中耳，引发中耳炎。

(2) 学前儿童呼吸系统的鼻、咽、喉、气管、支气管的防疫功能比较薄弱，易发生呼吸系统疾病；肺泡数量少，含气量少，肺容量小，组织的弹性比较差，易感染肺炎。年龄越小呼吸频率越快，呼吸节律不齐，这与他们的呼吸中枢发育不完善有关。

2. 保健要点

(1) 养成用鼻呼吸的习惯，不要用嘴呼吸。

(2) 教会正确擤鼻涕和打喷嚏的方法。

(3) 保护嗓子，不大声喊叫。

(4) 养成专心吃饭的好习惯，不边吃边说话。

(5) 保持室内通风换气，开展户外活动和体育锻炼。

(三) 消化系统发育与保健

1. 牙齿

学前儿童乳牙一般在6~7个月萌出，最迟不应晚于1岁。2岁半左右全部长齐，共20颗。6岁左右萌出第一恒磨牙，又称六龄齿，然后乳牙顺序脱落，换上恒牙，共28颗或32颗。

乳牙的生理功能：

(1) 咀嚼食物，帮助消化；

(2) 促进颌骨的发育；

(3) 有助于口齿伶俐;

(4) 有助于恒牙的顺利萌出。

乳牙的保护:

(1) 从出生到2岁半是乳牙发育的重要时期,因此不可缺少营养和阳光;

(2) 适宜的刺激;

(3) 避免外伤;

(4) 漱口和刷牙。

2岁左右,饭后可用清水漱口。到3岁左右就该学着刷牙了。

2. 流涎

6～7个月的婴儿,唾液分泌增加,但口腔浅,婴儿还不会及时把口水咽下去,所以常流涎口外,叫"生理性流涎"。

3. 消化功能逐渐增强

由于学前儿童生长发育快,代谢旺盛,对营养物质的需求多,而消化系统发育尚不成熟,容易发生消化功能紊乱和营养缺乏,应该注意对消化器官的保护。

4. 保健要点

(1) 做好学前儿童牙齿的保护工作。定期检查牙齿,发现问题及时处理;教给儿童正确的刷牙方法。

(2) 建立合理的饮食制度,教育儿童要细嚼慢咽,不暴饮暴食。

(3) 培养儿童定时排便的习惯。要让儿童懂得多吃蔬果、多喝水、多运动的好处。

(四) 神经系统发育与保健

1. 学前儿童神经系统发育的特点

(1) 脑量迅速增加。新生儿的脑量是350克,6个月时达到600克,1岁时达到900克,3岁时达到1000克,6岁时达到1200克,而成人的脑量为1450克。可见学前期的儿童脑量增加极为迅速。

(2) 中枢神经系统的发育。中枢神经系统的发育顺序是先皮下,后皮质。新生儿出生时,脊髓和延髓的发育已经基本成熟,但小脑的发育很差;大脑皮质的发育随着年龄的增长而逐步成熟。

(3) 高级神经活动的特点。兴奋过程占优势,条件反射建立少,第一信号系统发育早于第二信号系统发育。

（4）脑细胞的耗氧量大。神经系统的耗氧量大于其他系统；学前儿童脑耗氧量为全身耗氧量的50％，而成人为20％；学前儿童脑的血流量占心排血量的比重大；学前儿童对缺氧十分敏感，对缺氧的耐受性差。

（5）可利用的能量来源单一。大脑工作的能量只有糖提供。

2．保育要点

（1）精心安排丰富、适宜的活动，刺激神经系统的发育。

（2）保证充足的睡眠，促进神经系统发育的进一步完善。

（3）根据大脑活动的规律，合理制定生活制度、安排各项活动。

（4）合理的营养供应有利于神经系统的正常发育。

（5）注意用脑卫生，保持室内空气清新。

（五）感觉器官发育与保健

1．眼的发育与保健要点

（1）3岁前是视觉发育的敏感期，提供适宜的视觉刺激，促进儿童视觉发展。

（2）5岁以前有生理性远视。要经常远眺或看绿色植物，减少视觉疲劳。

（3）婴幼儿晶状体的弹性好，调节范围广。注意科学用眼，预防近视。

（4）对眼的保护要注意活动室的科学采光，光线要来自左上方，避免强光直射眼睛。

（5）保持正确的坐姿，座椅的尺寸要符合不同年龄段儿童的身体发育要求。

（6）定期检查视力以便及时发现眼部问题，及时进行干预。

2．耳的发育与保健要点

婴幼儿的辨别能力不如成人精细，但其辨别能力会随年龄增长而提高。听觉方面除了要求听见"声音"，还要求能辨别声音的差异。此外，人的平衡感、旋转能力的发展，也与耳的结构有密切关系。耳的保健要点如下。

（1）洗头、洗澡时注意避免污水进入耳朵。

（2）避免噪声对幼儿的危害。噪声不仅对人的听觉造成不良刺激，甚至对人的神经系统也会造成不良刺激，使人感到不适、烦躁。

（3）加强听力练习，促进幼儿辨别声音的能力。

（4）加强平衡练习，提高幼儿的抗眩晕能力。

3. 皮肤的发育与保健要点

学前儿童的皮肤对温度变化敏感，散热和保温功能均不及成人。人体的皮肤有感觉触觉、压觉、痛觉、温觉、冷觉等变化的能力，同时，它还有保护人体器官、调节体温、排泄（汗液、皮脂）吸收作用。皮肤的保健要点如下。

（1）保持皮肤的清洁，让幼儿经常洗头、洗澡、剪指甲，洗手是保持清洁卫生的重要方法。

（2）保持皮肤的完整性。幼儿皮肤保护机能差，对外界的各种刺激（冷、热、光照、化学物质、蚊虫叮咬等）敏感，易感染。

（3）要选择儿童专用护肤品，冬季要注意防裂、滋润。

（4）衣物的选择尽可能透气吸汗，经常更换衣服，保持清洁卫生。

（5）让儿童知道多喝水、多运动可以促进皮肤的代谢，使皮肤保持弹性。

## 二、学前儿童生长发育规律与评价指标

（一）学前儿童生长发育规律

儿童的生长发育状况，是反映其健康状况的一面镜子。生长发育包括体格发育和心理精神的发育两部分。学前儿童具有以下共同的发展特征。

（1）生长发育既有连续性又有阶段性。

（2）生长发育的速度不是直线上升的，而是呈波浪式。

（3）各器官系统的发育呈现不均衡。

（4）生长发育按一定程序进行。

（5）每个儿童的体格发育有其自身的特点。

（二）生长发育评价指标

1. 形态指标

生长发育形态指标反映学前儿童身体外形的变化，其中使用最广泛的是身高、体重和头围。

2. 生理功能指标

体检常用的生理功能指标有血压、心率、脉搏、肺活量、握力、背肌力、新陈代谢率、体温等。学前儿童常用的生理功能指标为脉搏、体温。

3. 生化指标

生化指标是反映机体内代谢活动的指标，学前儿童常用的生化评价指标为血红蛋白、转氨酶、胆红素等。

4. 心理行为发育指标

心理行为发育指标是指反映儿童心理活动、个性特征、行为特点的指标。主要采用量表对儿童心理综合发展水平或某一单项发展水平进行评价。常用的量表有斯坦福-比纳智力量表、韦氏儿童智力量表、儿童行为量表、康奈尔儿童多动症量表、感觉统合调查表、儿童心理健康与行为问题量表等。

（三）定期健康检查

《托儿所幼儿园卫生保健工作规范》规定要对儿童做定期体格检查，全面了解儿童的生长发育及健康状况，定期评价儿童体格发育水平。一般，1岁以内每3个月检查一次，1周岁做一次总的健康评价。1~3岁每半年检查一次，3岁做一次总的健康评价。3~6岁每年检查一次，6岁做一次总的健康评价。托幼园所工作人员接受健康检查的频率是每年一次。

# 第三节　学前儿童饮食营养及指导

## 一、幼儿对营养素的需求

营养素是指食物中所含能够维持生命和健康并促进机体生长发育的化学物质。营养素按其功能和化学结构一般分为六大类，即蛋白质、脂类、碳水化合物、矿物质、维生素和水。其中，蛋白质、脂类和碳水化合物均可在体内产生热能，供给机体的能量需要，故又称为三大产热营养素。

（一）蛋白质

蛋白质具有构造新细胞、新组织，修补组织，调节生理，提供热能等四大功能。膳食中长期缺乏蛋白质，会影响儿童的生长发育和智力发展。蛋白质的来源广泛，各种动物性食物如牛、羊、猪、兔等家畜肉，鸡、鸭、鹅等禽肉，鱼类等水产品，蛋类及奶产品，大豆及其制品均为蛋白质的良好来源，不仅蛋白质含量高，而且蛋白质的营养价值也高，属于优质蛋白质。

（二）脂类

脂类包括中性脂肪和类脂质两部分。一般所说的脂肪是指狭义的脂肪，即中性脂肪。脂类是人体的"热量仓库"，具有供给和储存能量；保护机体的内脏器官，维持体温；改善食物的感官性状和食品风味，增进食欲，增加饱腹感；促进溶性维生素的吸收利用等作用。

（三）碳水化合物

碳水化合物是一类价廉物美的营养素，其所具有的功能价值独特。它是构成机体组织的重要成分，是人体最主要、最经济、最合理的热能来源，每日由碳水化合物供给热能应占总热能的50％以上。碳水化合物具有解毒、保护蛋白质的作用。碳水化合物是神经系统和心脏的主要能量来源。

（四）矿物质（无机盐）

人体所需的矿物质有几十种，包括钙、镁、钾、钠、磷、氯、硫、铁、锌、碘、铜、硒、氟等，它们参与机体的构成、调节体内代谢，是儿童生长发育所需的重要营养素，儿童容易缺乏的矿物质主要有钙、铁、锌、碘。

（五）维生素

维生素是维持人体正常生命活动所必需的营养素，在物质代谢中起着重要的作用。但维生素既不参与机体组织的构成，也不提供热能，人体需求量少（以微克为计量单位），大多不能在体内合成，必须从食物中获取。儿童容易缺乏的几种维生素有维生素 A、维生素 D、维生素 $B_1$、维生素 C。

(六) 水

水是构成身体组织细胞的主要成分；水是机体物质代谢所必不可少的溶液媒介，机体内一切化学变化必须有水参与才能进行；水是血液和尿液的主要成分，具有运输营养物质和排泄的功能；水是体腔、关节、眼球等器官良好的润滑剂。比如泪液可防止眼球表面干燥，关节滑液对关节起润滑作用，人体通过血液循环将体内代谢产生的热量运送到体表去散发，以保持体温的相对恒定。儿童对水的需要量相对比成人多。

## 二、幼儿园的膳食管理

(一) 合理安排幼儿膳食原则

1. 合理安排膳食时间

一般混合食物在胃中停留约为 4 小时，故两餐之间的间隔以 4 小时为宜。1 岁半以后每日可进食 4 次，三餐及午后一次点心，每次进餐时间不应少于 20～30 分钟，要求孩子细嚼慢咽，专心吃饭，不拖延。

2. 注意膳食搭配

学前儿童的膳食中，蛋白质所供热能应占总热能的 12%～15%，脂肪所供热能占总热能的 20%～30%，糖类所供热能占总热能的 50%～60%。膳食中优质蛋白占蛋白质总量的 1/3～1/2 为好。配膳时要注意：粗细粮搭配，米面搭配，荤素搭配，谷类与豆类搭配，蔬菜五色搭配，干稀搭配。

3. 合理采用烹调方法

由于学前儿童咀嚼能力尚弱，肠胃消化能力较差，食物宜碎、软、细、烂，不宜食粗硬的食物，且少吃油煎、油炸的食物。2 岁以后可逐渐吃些耐嚼的食物，肉、菜可切成小丁、小片或细丝。3 岁以前，吃的食物应去骨、去刺、去核，不宜吃刺激性强的食物，如酸、辣、麻的食物。

4. 食物的选择

食物选择要保证新鲜、优质，避免变质、被污染。平衡膳食应选择四大类食物：

（1）含优质蛋白质的食物，如牛奶、鸡蛋、瘦肉、鱼、禽肉、豆制品等；（2）富含维生素、无机盐和膳食纤维的食物，如蔬菜、水果；（3）高热量食物，如粮食、薯类、白糖、油等；（4）调味品，如盐、酱油、醋等。

（二）学前儿童饮食行为习惯培养

（1）建立合理的饮食制度，培养儿童认真吃正餐的习惯。保证儿童在吃好正餐的前提下才能满足他们的零食要求，否则就要限制零食的供给。

（2）学前儿童饮食要定时、定位、定量，食前有准备。要培养儿童在座位上安静进餐的习惯，而不应该听凭孩子边走边吃或边看电视边吃饭。

（3）要养成饮食多样化的习惯，不挑食、不偏食。

（4）要细嚼慢咽，不要狼吞虎咽。

（5）注意饮食卫生，讲究进餐礼仪。进餐前要做好准备（餐前洗手，帮助擦桌子、摆碗筷）；不吃不干净的食物；咀嚼、喝汤时不发出大的声响，不在饭菜中挑挑拣拣，不浪费食物；吃饭时不大声说话、不玩闹；餐后要收拾好自己的碗筷并放在规定的地方，餐后要擦嘴、漱口、洗手，餐后不做剧烈运动。

# 第四节 学前儿童常见疾病及其预防护理

## 一、常见疾病及其预防护理

（一）肺炎

肺炎是由细菌或病毒或某些疾病引起的肺部炎症，常见于冬、春季。表现为发烧、咳嗽、气喘等症状。

预防及护理：（1）加强体育锻炼，增强体质，是预防肺炎的重要措施；（2）要保持室内空气新鲜，日照充足，温度、湿度适宜；（3）感冒流行季节，不频繁出入公共场所，若要出门需戴口罩；（4）为患儿提供清淡、营养、易消化的饮食；让患儿卧床休息，减少活动。

（二）佝偻病

佝偻病是指由于学前儿童体内缺乏维生素 D，引起全身钙、磷代谢失常的一种慢性营养性疾病，是 3 岁以下儿童的常见疾病。佝偻病早期表现为神经兴奋性增高，易激怒、烦躁、多汗、夜惊、睡眠不安等；活动期出现骨骼改变，囟门闭合延迟等症状。

主要病因：

（1）接触日光不足；

（2）生长过快；

（3）疾病的影响；

（4）饮食不合理。

预防及护理：

（1）合理饮食，多食富含维生素 D 和钙质的食物，提倡母乳喂养；

（2）早产儿、低体重儿、双胞胎应在医生的指导下补充维生素 D；

（3）及时治疗易导致佝偻病的疾病。

（三）缺铁性贫血

缺铁性贫血是由于体内缺乏铁元素，致使血红蛋白合成减少而发生的贫血。其症状表现为：心慌、气促、头晕、耳鸣、精神不振、注意力不集中、易激动等。

主要病因：

（1）先天储铁不足；

（2）饮食中铁的摄入量不足；

（3）生长发育过快；

（4）疾病的影响。

预防及护理：

（1）注意孕母的营养，多吃含铁丰富的食物；

（2）提倡母乳喂养，合理添加辅食；

（3）合理安排幼儿饮食，培养良好的饮食习惯，多吃含铁丰富的食物，如蛋黄、猪肝、猪血、木耳、海带等；

（4）及时治疗各种肠道疾病和寄生虫病。

（四）腹泻

腹泻俗称"拉肚子"，多发生于夏、秋季节。其症状表现为：腹痛，可伴有发热；大便次数增多，易产生脱水。

主要病因：

（1）喂养不当；

（2）食物或食具被病菌污染；

（3）某些疾病引起的消化功能紊乱；

（4）气候变化因素等。

预防及护理：

（1）合理喂养，为幼儿提供卫生、清洁的食物和食具；

（2）鼓励学前儿童进行适宜的锻炼，增强其抵抗能力；

（3）及时治疗某些易引起消化功能紊乱的疾病；

（4）口服补液盐，预防脱水；

（5）为幼儿提供易消化、有营养、清淡的食物；

（6）注意腹部保暖，每次腹泻后应清洗屁股。

（五）肥胖症

肥胖症是一种热能代谢障碍，是由于饮食过量或喂养不当、缺乏运动等引起的体重超过正常20%以上的一种慢性营养性疾病。肥胖症所带来的危害不可忽视，易出现呼吸不畅、易感疲乏；延续到成人期易导致高血压、心脏病、糖尿病等疾病。

主要病因：

（1）遗传因素；

（2）摄入食物过多，运动过少；

（3）内分泌失调；

（4）心理因素，心理异常或有精神创伤可能会引起食欲异常。

预防及护理：

（1）适当增加运动量；

（2）注意饮食结构，减少高脂肪、高热量食物的摄入，多食蔬菜、水果和豆类食物；

(3) 解除心理负担，应多关心幼儿，多和他们沟通交流，解除他们的心理负担；

(4) 定期进行体重监测。

(六) 龋齿

龋齿是牙组织逐渐被破坏的一种疾病。它是学前儿童最常见的牙病。

主要病因：

(1) 牙齿结构的缺陷；

(2) 食物残渣滞留；

(3) 口腔中细菌的破坏作用。

预防及护理：

(1) 多晒太阳，注意营养，多晒太阳可以保证牙齿的正常钙化，增强牙齿的抗龋能力；

(2) 氟化防龋，可以使用含氟牙膏来预防龋齿；

(3) 注意口腔卫生，早晚刷牙，饭后漱口，少吃甜食；

(4) 定期检查口腔，至少每半年检查一次牙齿。

# 二、常见传染病及其预防护理

(一) 流行性感冒

流行性感冒是由流行性感冒病毒感染引起的急性呼吸道传染病，流行性较强。其传播途径主要为空气飞沫传播和接触传播。多发生于冬、春季节，也可发生在夏季。

预防及护理：

(1) 接种流感病毒疫苗；

(2) 注重户外活动和体育锻炼；

(3) 加强营养，提高抵抗疾病的能力；

(4) 流感流行期间，减少学前儿童外出次数；

(5) 保持室内空气新鲜，光照充足，温度、湿度适宜。

### (二) 麻疹

麻疹是由麻疹病毒感染引起的急性出疹性传染病。其传播途径主要为空气飞沫传播和直接接触传播。多见于冬、春季节。

预防及护理：

(1) 接种麻疹病毒活性疫苗；

(2) 对接触者检疫 3 周；

(3) 保持室内空气新鲜，光照充足，温度、湿度适宜；

(4) 饮食应清淡、易消化、有营养，多让患儿饮白开水。

### (三) 水痘

水痘是由水痘病毒引起的急性传染病。其主要传播途径为空气飞沫、接触、母婴传播。水痘的传染性极强，易感者接触后 90% 发病。多发生于冬、春两季。

预防及护理：

(1) 开窗通风，保持室内空气新鲜；

(2) 远离水痘患者；

(3) 若接触患者应进行检疫；

(4) 保持皮肤清洁，勤剪指甲，内衣要勤换洗。

### (四) 百日咳

百日咳是由百日咳杆菌引起的急性呼吸道传染病。其传播途径主要为空气飞沫、接触传播。该病多见于 5 岁以下的婴幼儿，以冬、春季节为多。

预防及护理：

(1) 接种百白破三联疫苗；

(2) 加强体育锻炼和户外活动，提高抵抗力；

(3) 注意对空气、物品进行消毒，消除病原体；

(4) 保持室内空气新鲜，阳光充足；

(5) 提供有营养的饮食，少食多餐，多喝水。

### (五) 流行性腮腺炎

流行性腮腺炎是由腮腺炎病毒引起的呼吸道传染病。其传播途径主要为空气飞沫、接触传播，多见于冬、春季，症状表现为腮腺肿大，肿胀部位疼痛、灼热，张口或咀嚼时痛感较为明显。

预防及护理：

（1）对患儿进行隔离护理；

（2）可服板蓝根冲剂进行预防；

（3）注意口腔清洁，常用淡盐水漱口；

（4）饮食以流质、半流质为宜。

（六）猩红热

猩红热是由乙型溶血性链球菌感染引起的急性呼吸道传染病。其传播途径主要为空气飞沫、接触传播。多见于冬、春季节。

预防及护理：

（1）注意休息，提高机体抵抗力；

（2）饮食宜清淡、稀软，多喝水；

（3）注意口腔清洁，可用淡盐水漱口。

（七）手足口病

手足口病是由柯萨奇病毒感染引起的疱疹性传染。其传播途径主要为饮食传播、空气飞沫传播和接触传播。多见于夏季，5岁以下儿童多发。

预防及护理：

（1）在手足口病流行期间，幼儿园要加强对学前儿童的晨、午检；

（2）注意休息；

（3）多饮水，多吃有营养、易消化的流质、半流质食物；

（4）保持口腔清洁；

（5）做好隔离消毒工作。

# 第五节　幼儿园常见的安全问题与处理

## 一、幼儿园安全问题产生的原因

（一）学前儿童自身问题

（1）学前儿童运动系统发育不成熟，运动机能不完善，运动时易发生安全问题。

（2）学前儿童神经系统发育不完善。在走、跑、跳、上下台阶等方面，维持身体平衡协调的功能尚薄弱。

（3）学前儿童活泼好动、对事物缺乏完整认知、缺乏理智与判断力、情绪易冲动导致易出现安全问题。

（4）学前儿童安全意识薄弱、自救能力差，常常不能意识到事物、环境的危险性，如在玩滑梯时将小朋友推下滑梯。

（二）保教人员的安全意识和能力

（1）保教人员的安全意识薄弱。

（2）保教人员缺乏必要的安全知识。如，当儿童头部摔伤时，头上"大包"不明显就认为没多大问题，殊不知这可能造成颅内损伤。

（3）保教人员缺乏必要的安全事故急救能力。

（三）幼儿园的物质环境

幼儿园如果不注重物质环境的安全性，安全措施不到位，很容易给儿童带来意外伤害。幼儿园要定期检修房屋、门窗、地板、楼梯、栏杆等，以确保安全。玩具材料应无毒、外形光滑无锐角，易洗涤、消毒。玻璃球、木珠等玩具不宜太小。电器应安放在儿童触摸不到的地方。对药品、有毒物品要妥善管理。消除接送过程中的安全隐患，确保门卫的安全保卫工作。

## 二、学前儿童安全教育内容

安全教育的目的是帮助学前儿童树立安全防范意识,教给他们必要的安全常识,不断提高他们的自我保护能力。

(一)帮助儿童树立安全防范意识

安全防范意识的建立是预防意外伤害发生的关键。应通过多种形式进行,如看图片、讲故事、唱儿歌、看视频、做小实验、讨论等,帮助儿童了解周围环境存在的不安全因素,尤其是幼儿园的意外伤害事件发生时应及时进行教育,帮助儿童学习遵守规则,以保护自己和他人。

(二)提高儿童的自我保护能力

(1)了解交通安全知识和规则。如走路靠右行,"红灯停、绿灯行",过马路走人行道,不在马路上踢球、奔跑、游戏,不可将头、手伸出车窗外等。

(2)了解防火、防电、防水等知识。如不能玩弄火柴、打火机和蜡烛,让幼儿知道玩火的危害性,不能摸电插座,不能触摸和玩耍正在运转的电风扇等电器产品,不能在湖、河边上乱跑乱蹦等。

(3)食品安全方面的知识。如不随便食用或饮用不明物质,进食或喝水时不打闹,不能将硬币、玻璃球、黄豆等小物体含在口中,不乱吃药片等。

(4)不携带危险物品入园或午睡,如小刀、剪刀、针等。

(5)防走失、拐骗。如不擅自离开幼儿园出走,外出活动时不随意离开集体,不吃陌生人的东西,不跟陌生人走,知道老师的姓名、家长的姓名和电话号码、家庭的详细住址等。

(6)遵守规则,如遵守运动规则和游戏规则等。

(7)安全地使用工具,掌握操作技能。如握剪刀时,以儿歌"小剪刀,向前伸,两个山洞竖起来,上面山洞爸爸钻,下面山洞妈妈、姐姐钻进去,小剪刀和宝宝乐开花"(大拇指是爸爸,食指是妈妈,中指是姐姐),让幼儿很快掌握正确握剪刀的方法等。

(8)认识常见的安全标志,如禁止标志(禁止跳下、禁止通行、禁止靠近、禁止跨越等），警告标志（如当心滑跌、当心触电、注意安全等），指令标志（如系安全带、穿救生衣、必须洗手等），提示标志（如紧急出口、避险处、急救点等）。

（9）认识各种自然灾害的危害，如地震、台风、沙尘暴等，了解各种自然灾害的防护措施。

（10）学会打求救电话，如119（火警电话）、110（匪警电话）、120（医疗急救电话）、122（交通报警电话）。

## 三、学前儿童常见的意外伤害及应对方法

学前儿童容易发生跌伤、烫伤、烧伤、异物入体、窒息、交通事故、意外伤害、食物中毒、活动中的意外、被拐等各种安全问题，面对突如其来的意外，保教人员及家长需要具备一定的救助能力和应对办法。当发生事故时，急救原则是：①抢救生命；②防止残疾；③减少痛苦。

（一）外伤的处理

1. 擦伤

观察幼儿伤口的深浅。若伤口较浅，可用凉开水冲洗伤口，除去污物；若伤口较深，应先用生理盐水或凉开水清洗伤口，再用酒精进行消毒；若伤势较严重且有大量出血，需及时送医治疗。

2. 切割伤

可用碘酒对伤口进行消毒。如果是碎玻璃割伤，须先清除碎玻璃片，敷上无菌纱布进行包扎止血。

3. 挫伤

用凉水或冰块冷敷患处，切忌揉搓伤处，24小时后，用热毛巾敷患处，加速瘀血消散；可用七厘散或活血止痛散敷患处；限制受伤部位活动。

4. 烧（烫）伤

立即消除致伤因素。如立即用凉水浇灭孩子身上的火焰，再如轻轻拭去身上的热粥、热菜等；快速降温，冷疗；根据具体伤情进行救治。

5. 猫狗咬伤

立即用清水和肥皂反复冲洗伤口，并用手挤压伤口周围的组织将血挤出。马上用75%的酒精对伤口进行消毒，然后用碘酒消毒，送医院处理。

6. 蜂蜇伤

仔细检查受伤处，将蜂刺拔出；挤压被蜇伤处，将毒液排出并用肥皂水充分清洗受伤处；对伤口进行冷敷或冰敷，减轻肿胀和疼痛。如果伤口红肿严重或出现昏迷、休克等全身症状，要及时送往医院。

（二）骨折的处理

当发生骨折或怀疑儿童有骨折时，不要随意搬动伤者，以防搬运过程中造成骨折断端周围组织（神经、血管、内脏）新的损伤。尤其是脊椎、胸椎、颈椎骨的骨折，处理要小心，以防因处理不当导致脊神经受伤，造成伤者瘫痪。

正确的处理方法为：①察看幼儿的伤口和全身情况，注意伤口是否出血，有无昏迷、休克现象，呼吸道是否阻塞等，检查时动作一定要轻柔，避免加重伤势；②防止休克，严重骨折时，幼儿可能会出现休克，应争分夺秒地挽救幼儿的生命，实行心肺复苏术（如口对口吹气、胸外心脏按压）；③止血、包扎、止疼、固定，如果断骨刺穿了皮肤（开放性骨折）且伤口流血不止，应先止血、包扎，再固定。

（三）异物入体的急救措施

如果一侧鼻腔异物进入，可让幼儿用手堵住无异物侧的鼻孔做擤鼻涕的动作，如无效应立即送医院处理；一旦发生气管异物，可用手指抠咽喉法、手掌背击法和腹部推压法处理；咽部进食中被鱼刺、骨刺卡住，可让幼儿张开嘴，如看见异物可用镊子夹出，如看不见可催吐，促使异物排出，如都不能排除，应立即送医院处理。

（四）交通事故的急救措施

1. 保持镇定，紧急呼救

当幼儿发生车祸时，立即拨打求救电话120、110、122。

2. 在事故现场设立警示标志

立即在现场设立警示标志，夜间要亮起危险警告灯。

### 3. 搬动受伤幼儿

一般尽量少移动受伤幼儿，但是，如果现场处境会危及幼儿的生命，就要尽快想办法将幼儿移动到安全的地方。

### 4. 就地急救

实施先救命后治伤的原则，对呼吸、心跳停止的幼儿要立即进行人工呼吸和胸外心脏按压。迅速送往医院救治。

### （五）煤气中毒的急救措施

关闭煤气，立即将门窗打开，禁止明火，禁止开关电源，禁止在现场打电话；将幼儿移至空气新鲜处，同时注意保暖；松开幼儿的衣扣裤带，清除口鼻中的污物，保持呼吸畅通；若幼儿呼吸、心跳微弱或停止，应立即实施心肺复苏术，待呼吸、心跳恢复后迅速将患儿送医院治疗。

### （六）误服毒物的急救措施

#### 1. 催吐

可用手指、筷子等刺激幼儿咽部，引起呕吐。

#### 2. 洗胃

让患儿吐后喝些温开水，再催吐，反复进行直至吐出物为清水。

#### 3. 导泻

若儿童中毒2小时后精神尚好，可服用泻药，促使有毒物质尽快排出。

#### 4. 补液

若患儿能饮水，让其多喝些盐水，以补充丢失的水分和盐分。

#### 5. 收集

收集残留食物或是呕吐物，以便医生了解毒物性质，尽快送医院治疗。

### （七）电击、溺水窒息的急救措施

发生电击的情况时，可选择一种合理的方法让触电儿童尽快脱离电源，如穿上胶底鞋、踩在干木板或塑料板上，拉下电闸。

发生溺水窒息的情况时，将溺水儿童救上岸，快速疏通呼吸通道，将患儿头偏向一侧，清除口、鼻内的泥沙、污物、藻类；倒水，将患儿俯卧在膝盖或肩头上，头朝下脚朝上，按压其腹部和背部，使患儿呼吸道的水自然流出；做人工呼吸、胸外心脏按压。

（八）鼻出血的处理

救护者要保持镇静，让儿童安静地坐着；让儿童头略向前倾，张口呼吸，用手指按压患侧鼻翼或捏紧两侧鼻翼10～15分钟，同时用湿毛巾冷敷前额、鼻部和后颈部位；出血较多时，可用脱脂棉卷塞入鼻腔，如果棉卷上能浸上1%～2%的黄麻素液，止血效果更佳；若鼻出血仍不止，应紧急送医院。

（九）地震的应急措施

地震时就近躲避，震后迅速撤离到安全的地方。地震时，保教人员应该沉着冷静，组织儿童就近躲避，切勿让儿童到处乱跑或跳楼；地震一旦停止，应组织儿童快速、有序地沿安全通道撤离到空旷、安全的地方；如果被埋在废墟下，要想办法进行自救。

（十）台风的应急措施

台风来临前就应准备好手电筒、蜡烛、食物、饮水及常用药品，检查房屋是否坚固，以避免房屋倒塌造成人身伤害；台风来临时，尽量不要出门，应关紧窗户、将阳台上的花盆搬进室内；在台风中发生安全事故时，如头部被击伤、骨折、触电等，应立刻拨打120请求救助，并采取相应的自救策略。

（十一）火灾的应急措施

（1）火灾发生时，保教人员应沉着冷静，广播告知全园、切断电源，呼叫119、110、120。

（2）组织灭火行动组扑灭初起火源，关闭门窗，控制火势；其余保教人员引导儿童及时疏散；撤离时提醒儿童身体尽量贴近地面，沿墙角疏散，用折叠的毛巾或衣物掩捂口鼻，毛巾或衣物尽量用水浸湿，若无水，干毛巾或衣物也可。

（3）稳定儿童情绪。将儿童撤离到安全地带后，不得任意走动，更不能返回火灾区，要安抚儿童情绪。教师迅速清点人数，并汇报相关情况。

## 本章知识结构

## 本章小结

（一）本章主要内容

（1）幼儿园一日生活常规的环节及其养成。

（2）运动系统、呼吸系统、消化系统、神经系统、感官系统的发育特点与保育。

（3）学前儿童生长发育规律与评价指标的要素及具体内容。

（4）儿童生长必需的营养素，幼儿园的膳食管理原则及优良饮食习惯的养成。

（5）肺炎、佝偻病等常见疾病的预防，流感、麻疹等常见传染病的护理。

（6）幼儿园安全教育内容以及常见的意外事故的应对方法。

（二）本章的重点、难点

本章的重点是幼儿园一日生活常规的培养、儿童饮食营养的指导、儿童常见的意外事故及应对方法；难点是运用这些知识去分析现实问题，并提出建议。

（三）学习时要注意的问题

（1）熟记相关概念，如生活常规、疾病预防和营养膳食等。

# 第五章 生活指导

(2) 识记并理解儿童生长发育的特点、规律与评价指标。

(3) 识记并理解各种指导与预防策略，同时注意将它们运用到保育教育的现实情境。

(4) 学会运用各种理论解决生活中的实际问题，如突发事件的处理。

## 备考指南

生活指导是幼儿园教师的必备技能，也是教师职业资格考试的重要内容之一，所以要引起充分的重视。学习时可以根据学前儿童是如何生长发育的、需要哪些基本营养素，常见的疾病与传染病如何处理与预防、如何面对各种安全问题以及一日常规如何养成这样一个思维系统进行整理与理解。特别注意要熟记一些基本的概念，然后要注意如何根据学前儿童的发展特点进行指导。安全问题与疾病问题有许多常识性的知识，必须熟记在心。重点关注幼儿园一日生活常规的环节以及如何养成。本模块大多为识记性的内容，多以客观题的方式呈现，所以复习时应准确记忆。

## 自测训练

### 一、单项选择题

1. 《幼儿园工作规程》指出，幼儿园应制定合理的幼儿一日生活作息制度，两餐间隔时间不少于（　　）。
   A. 2 小时　　　B. 2.5 小时　　　C. 3 小时　　　D. 3.5 小时

2. 婴幼儿应多吃蛋、奶等食物，保证维生素D的摄入，以防止因维生素D缺乏而引起（　　）。
   A. 呆小症　　　B. 异嗜癖　　　C. 佝偻病　　　D. 坏血病

3. 《托儿所幼儿园卫生保健工作规范》规定托幼园所工作人员接受健康检查的频率是（　　）。
   A. 每月一次　　B. 半年一次　　C. 每年一次　　D. 三年一次

4. 被黄蜂蜇伤后，正确的处理方法是（　　）。
   A. 涂肥皂水　　B. 用温水冲洗　　C. 涂食用醋　　D. 冷敷

5. 评价幼儿生长发育的重要指标是（　　）。
   A. 体重和头围　　　　　　B. 头围和胸围
   C. 身高和胸围　　　　　　D. 身高和体重

6. 幼儿在户外活动中扭伤，出现充血、肿胀和疼痛，教师应对幼儿采取的措施是（　　）。

　　A. 停止活动，冷敷扭伤处

　　B. 停止活动，热敷扭伤处

　　C. 按摩扭伤处，继续活动

　　D. 清洁扭伤处，继续活动

7. 参与糖类的代谢，对维持神经系统正常的功能起着重要作用，同时可以促进儿童的生长发育，增进食欲的是（　　）。

　　A. 维生素 A　　　　　　　　B. 维生素 D

　　C. 维生素 $B_1$　　　　　　　D. 维生素 C

8. 幼儿园一日生活中重要的但往往被忽视的生活活动是（　　）。

　　A. 入园　　　　　　　　　　B. 睡眠

　　C. 饮水　　　　　　　　　　D. 如厕

9. 下列各项中，属于由空气传播而引起的传染病是（　　）。

　　A. 流行性乙型脑炎　　　　　B. 细菌性痢疾

　　C. 甲型肝炎　　　　　　　　D. 流行性脑脊髓膜炎

10. 学前儿童的骨骼特点是（　　）。

　　A. 有机物多，无机物少；硬度大，弹性小

　　B. 有机物少，无机物多；硬度大，弹性小

　　C. 有机物少，无机物多；硬度小，弹性大

　　D. 有机物多，无机物少；硬度小，弹性大

## 二、简答题

1. 简述幼儿园一日生活常规的基本环节。

2. 简述流行感冒应如何预防。

3. 简述幼儿误服毒物应如何处理。

## 三、论述题

结合实例论述影响学前儿童生长发育的后天因素。

## 四、材料题

阅读材料，回答问题。

材料：

有人说，孩子患龋齿是从小吃糖多造成的，所以很多家长都严格控制孩子吃糖及含糖多的食品，以预防孩子患龋齿。

问题：

你觉得家长的做法是否合理？应如何防止儿童龋齿？

# 第六章　游戏活动指导

## 考纲内容

（1）熟悉幼儿游戏的类型以及各类游戏的特点和主要功能。
（2）了解各年龄阶段幼儿的游戏特点。
（3）能提供相应材料支持幼儿的游戏，并根据需要进行必要的指导。

## 考纲解读

游戏是儿童生活的全部，也是幼儿园保教活动最基本的组织方式，因而游戏活动指导历来都是考试的重点所在。根据考纲要求，本章由三大内容组成：一是对游戏本质的认知，即要求了解游戏的概念、特点与功能，游戏的类型与价值，尤其是我国幼儿园常用的游戏分类。二是小班、中班、大班各阶段游戏的特点与指导。三是不同类型游戏的指导，即要求了解我国幼儿园常见的游戏种类，知道其特点，在此基础上能够提供适当的材料，并能进行正确的指导，同时明白教师的角色，知道游戏指导的基本原则。

识记层面的知识点包括游戏的概念、类型；理解层面的知识点包括游戏的特点与功能，游戏的阶段性特征与类型特征；运用层面的知识点包括教师在游戏中的角色、指导原则以及各种游戏的具体组织与指导。学习时可以考虑根据不同的要求采用不同的学习方式。

# 第一节　游戏概述

## 一、游戏的定义与特征

（一）游戏的定义

游戏，不同的学者有不同的理解。柏拉图认为，游戏是一切幼子（动物的和人的）生活和能力提升需要而产生的有意识的模拟活动。亚里士多德认为，游戏是劳作后的休息和消遣，本身不带有任何目的性的一种行为活动。德国的沃尔夫冈·克莱默则认为，游戏是一种由道具和规则构建而成的，由人主动参与，有明确目标，在进行过程中包含竞争且富于变化的，以娱乐为目的的活动。荷兰学者胡伊青加在《人：游戏者》中对游戏做如下定义：游戏是一种自愿的活动或者消遣，这种活动或消遣是在某一固定的时空范围内进行的，其规则是游戏者自由接受，但又有绝对的约束力，游戏以自身为目的而又伴有一种紧张、愉快的情感以及对它"不同于日常生活"的意识。我国学者邱学青认为，游戏是儿童在某一固定的时空中，遵从一定规则，伴有愉悦情绪，自发、自愿进行的有序活动。[1]

《幼儿教育词典》中如此定义：游戏是幼儿的基本活动，是幼儿通过模仿和想象，有目的、有意识、创造性地反映现实生活的活动，是人的社会活动的初级形式。[2]

（二）游戏的特征

尽管各家对游戏的定义各不相同，但反映出一些共同的特点。

1. 自主性与自发性

儿童从事游戏是出于自己的兴趣和愿望。在游戏中，游戏的形式、材料以及游戏

---

[1] 邱学青. 学前儿童游戏[M]. 南京：江苏教育出版社，2008.
[2] 彭珮云. 幼儿教育辞典[M]. 北京：中国大百科全书出版社，2004.

的开始、结束都应由儿童自己掌握，按照自己的意愿、体力、智力来进行。

游戏是学前儿童自发自愿的行为，不受外来目的的要求和约束。如果学前儿童的游戏行为是受到外在的目的强迫，则不能被叫作游戏。

2. 兴趣性和愉悦性

直接兴趣是儿童进行游戏的动力，儿童沉湎于游戏过程而不追求什么明确的目的，没有心理压力和负担，所以儿童在游戏中总带有愉快的情绪体验。

3. 自由性和假想性

游戏是自由自在的。游戏过程中学前儿童可以自由自在地表达自己的情绪。游戏是在假想的情景下反映真实生活的活动，其情节的发展和角色的扮演，活动的方式和替代物的使用等，均借助想象来进行。

4. 具体性和过程性

游戏有主题、情节和角色，充满了语言和工作，有实际的玩具和材料。通过对这些具体事物的感知，在儿童的脑中不断出现具体形象，即表象。游戏不是劳动，它没有实用的社会生产价值，不能直接创造财富。

5. 社会性和规则性

游戏的内容随着社会的发展而变化，是社会生活的侧影。尽管游戏是自由的，但任何游戏参加者都必须遵守相应的规则，否则游戏活动就不能开展。

## 二、游戏的类型及特点

（一）游戏的类型

依据分类标准的不同，游戏的类型也不同。下面介绍几种基本的游戏分类。

1. 按社会化程度分类

美国心理学家帕滕根据社会化程度对游戏做出下述分类。

（1）无所用心的行为。儿童不是在做游戏，而是注视碰巧暂时引起他兴趣的事情。

（2）旁观者行为。儿童观看其他儿童的游戏，自己并不参加。

（3）单独一人的游戏。独自一人专心玩自己的玩具。

（4）平行游戏。儿童在别的游戏儿童旁边玩。

（5）联合游戏。儿童在一起玩同样的或类似的游戏。但每个人可以按自己的意愿玩，没有明确的分工和组织。

（6）合作性游戏。儿童组织起来、为了达到某个具体目标所玩的游戏，游戏时有领导、有组织、有分工。

2. 按儿童智力发展阶段分类

皮亚杰从认知发展角度对儿童游戏做出如下分类。

（1）实践练习的游戏（感知运动游戏）。在游戏中，儿童反复练习感知觉和动作，是游戏的最早形式。

（2）角色游戏。儿童以模仿、想象和扮演角色反映周围生活。儿童可以脱离当前对实物的感知，以表象代替实物做思维的支柱，进行想象，并学会用语言符号进行思维。

（3）有规则游戏。以规则为游戏中心，摆脱了具体情节，用规则来组织游戏。

3. 按智力发展水平分类

（1）引起感官上新奇的、愉快的刺激的游戏。如手舞足蹈等。

（2）简单动作模仿的游戏。有直接模仿，如仿照成人用筷、匙吃饭；有延缓模仿，如看过电视后，表演演员的几个动作。

（3）象征性游戏。利用表象和语言等象征性符号做游戏，如过家家。

（4）创造性游戏。如搭积木、主题游戏等。

4. 按教育作用分类

在我国幼儿园中，一般将游戏按教育作用分为创造性游戏和有规则游戏两类。

（1）创造性游戏。儿童主动地、创造性地反映现实生活的游戏。创造性游戏是学前儿童典型的、特有的游戏，多为自选、自主的游戏。它包括角色游戏、结构游戏、表演游戏等。

（2）有规则游戏。成人为发展儿童的各种能力而创编的、有明确规则的游戏。多作为完成教育任务的教学手段，包括智力游戏、体育游戏、音乐游戏等。

（二）游戏的特点

下面以我国幼儿园中常用分类情况介绍游戏的特点。

1. 创造性游戏

（1）角色游戏。

角色游戏是学前儿童通过扮演角色，运用想象，创造性地反映个人的生活印象的一种游戏。其主要结构包括人、物、情节以及内在规则四个方面。通常都有一定的主题，如娃娃家、商店等，所以又称为主题角色游戏。

角色游戏具有下述特点。

①印象性。角色游戏中的角色基于学前儿童对社会现实生活的印象，是现实生活的一种再现。游戏的主题、角色、情节、所使用的材料均与社会生活有关。

②表征性。角色游戏是学前儿童在对角色、动作、情景等方面进行的想象并表征出来的活动，是幼儿表征能力发展的产物。

③假想性。假想性表现在三个方面：对游戏角色的假想（以人代人），如扮演妈妈、老师等；对游戏材料的假想（以物代物），如用扫帚代替飞机；对游戏情景的假想（情景转换），如将幼儿园假想成商店。

④扮演性。通过语言、表情、动作等来扮演现实生活中的各种角色。

⑤自主性。根据自己对社会生活中的种种印象，对游戏的情节进行设计和安排，并按照自己的意愿、兴趣和能力来进行游戏。

⑥社会性。角色游戏反映了学前儿童对成人社会生活的某种期盼。

（2）结构游戏。

结构游戏是学前儿童利用各种不同的结构材料，参照日常生活中的原型，建构出不同的造型（如建筑物、生活用品等）的活动。

结构游戏具有下列特点。

①创造性与假想性。学前儿童根据不同的材料，结合日常生活中的原型进行创造活动，并将之假想为自己心中的事物。

②动物操作性。学前儿童必须亲自动手操作，对现实中的事物进行"再造"。

③艺术审美性。结构性游戏要关注材料的使用、色彩的搭配、图形的对称、材料的排序等，具有艺术造型的性质。

④材料丰富性。结构游戏对玩具与材料要求比其他游戏要高得多，而且不同主题对材料的要求也各不相同。

（3）表演游戏。

表演游戏是学前儿童根据文艺作品中的情节、内容和角色，通过语言、表情和动作等进行表演，创造性地反映现实生活的一种游戏。

表演游戏具有下列特点。

①内容源于文艺作品。表演游戏的主题、内容和角色等都源于一定的文艺作品，是对文艺作品的一种改造。

②兼具表演性和游戏性。表演游戏首先是根据故事情节表演，但这种表演是以学前儿童自我娱乐为主，而不是展现给别人看。

③结构性。由于表演游戏是"根据特定的文艺作品"进行的表演，因而必定受到文艺作品的规范，显示出结构性。

④创造性。尽管是根据特定的文学作品进行的游戏，但表演方式是学前儿童自创的，内容也可以根据需要进行增减。

2. 规则性游戏

规则性游戏与创造性游戏最本质的差别是其具有明确的规则性。

（1）体育游戏。

体育游戏是根据一定的体育任务设计，由身体基本动作、情节、角色和规则组成的一种活动性游戏，是学前儿童体育活动的主要形式。

体育游戏具有下列特点。

①趣味性。体育游戏是学前儿童喜闻乐见的活动形式，内容应生动活泼、丰富多彩，具有趣味性和娱乐性。

②情境性。体育游戏有特定的氛围和情境，在特定的情境中进行特定的游戏。

③竞争性。体育游戏多半含有比赛的成分，含有对抗和竞争的成分。

④群众性。体育游戏由日常生活中的走、跑、跳跃、投掷、对抗等基本活动技能组成，它不需要专门的技巧和事先学习与训练就可以进行，群众基础深厚。

⑤综合性。体育游戏集体、智、德、美的训练于一体，而且几乎所有体育项目的练习都可以作为体育游戏的素材。

（2）智力游戏。

智力游戏是以培养学前儿童的思维敏捷和初步逻辑思维能力为目的，要求学前儿童运用一定的规则完成智力任务，从而丰富学前儿童知识，锻炼学前儿童的思维能力。

智力游戏具有下列特点。

①以发展智力为主。这是智力游戏和其他种类游戏的根本区别。智力游戏主要关注的是发展儿童的感知觉、注意力、记忆力、想象力、创造力、思维力和操作能力等。

②趣味性。智力游戏仍然是游戏，而不是真正的学习。

③有相对严格的规则。智力游戏是学习因素与游戏因素的紧密结合，让学前儿童

通过游戏产生对学习的兴趣,因而必须遵守相应的学习规则。

(3) 音乐游戏。

音乐游戏是以音乐活动为基础,在其中加入游戏的元素,引导学前儿童对音乐产生兴趣,并发展学前儿童对音乐的感受力和表现力。

①音乐性。音乐游戏是伴随音乐展开的活动,因而音乐是音乐游戏的灵魂。

②动作性。音乐游戏中,要求学前儿童根据不同旋律、节奏、节拍、速度等做动作,因而是一种伴随动作的游戏。

③创造性。音乐游戏要求学前儿童感受音乐的流动、旋律的起伏、节奏的跳跃、音色的变化、速度的统一与变化,并随时根据音乐的变化自由地做出自己的反应。

④协调性。音乐游戏是一种有规则游戏,要求学前儿童根据特定的音乐做动作,即边唱边做动作,这就要求学前儿童具有较好的协调性。

## 三、游戏的功能

(一) 促进生理发展

很多游戏中包括大量的运动元素,幼儿在跑、跳、攀登、爬的活动中,加快了血液循环,促进新陈代谢,并且增强体力,使他们的动作变得协调,身体得到锻炼。而当学前儿童在参与玩沙、绘画、拼图等需要小肌肉活动的游戏时,可以训练手指、手腕、手掌的灵活性,以及手眼协调能力,从而使儿童变得更加灵巧。

(二) 促进语言和认知的发展

学前儿童在游戏过程中可以潜移默化地学习到很多知识,并培养注意力、观察力、语言理解与表达等能力。此外,游戏还有助于培养学前儿童的创造能力和发散思维能力。

(三) 促进情绪和社会性发展

学前儿童在集体游戏中学会遵守规则、相互理解、彼此合作;在角色游戏中通过扮演相应的角色去理解他人,设身处地地为他人着想。而且角色游戏有助于情绪的表达,在游戏中学前儿童处于一个较为安全的情景,可以在游戏角色中表达出自己真实的情绪。

（四）促进个性的发展

游戏与自信、独立、好奇、想象、灵活性、责任心、坚持性、竞争性、开放性、理解力、创造性等多种积极的个性特征呈正相关。

# 第二节　游戏活动的指导

## 一、不同年龄儿童游戏的特点

（一）小班儿童游戏的特点

（1）游戏的目的性和计划性不强，大多处于旁观或者独立游戏的状态，在成人的指导和示范下，才会逐渐建立游戏主题。

（2）兴趣不稳定，注意力持续时间较短，容易因为外界的影响而转移。

（3）规则性差，在规则性游戏中，小班儿童的规则意识较弱，经常按照自己的意愿，随意修改游戏规则。

（4）精细动作技能和平衡能力较差。

（5）容易情绪化，在游戏中面临挑战或者冲突的时候容易表现出情绪化的行为。

（二）中班儿童游戏的特点

（1）游戏水平有了一定程度的提高，开始喜欢象征性的游戏。

（2）主动性进一步提高，具备了一定的自主性。

（3）社交能力增加，开始在游戏中表现出合作等行为。

（4）运动技能进一步发展，身体的协调和灵活性增加。

（三）大班儿童游戏的特点

（1）自我评价能力逐步提高，幼儿的自主性进一步增加。

(2) 规则意识逐渐确立，对自己行为的控制能力增加。

(3) 认知上进一步发展，开始能够进行一些要求较低的智力游戏。

(4) 动作平衡能力初步完善，特别是精细动作的控制能力增加。

## 二、不同类型游戏的指导策略

（一）角色游戏的指导策略

1. 角色游戏的年龄差异

(1) 小班儿童角色游戏的特点。

①以模仿为主。

②直接依赖玩具。

③处于平行游戏阶段（和同伴玩同样或相似的游戏），但与同伴没有或很少交往。

④没有明确的主题，往往重复某个同样的动作，如模仿妈妈切菜。

⑤角色意识不强，往往意识不到自己正在扮演角色。

⑥小班幼儿独自玩耍较多，合作分享意识还不强。

(2) 中班儿童角色游戏的特点。

①内容情节较小班丰富，但还是比较简单。

②持续时间相对较长。

③处于社会性游戏阶段，有了与同伴交往的愿望，但交往技能较欠缺，常发生纠纷。

④主题不稳定，经常出现半路换场的现象。

⑤角色意识较强，会给自己找一个感兴趣的角色，然后根据经验去做这个角色分内的事。

(3) 大班儿童角色游戏的特点。

①能主动在角色游戏中反映多种多样的生活。

②游戏的独立性、合作性、复杂性进一步增强。

2. 角色游戏的指导策略

学前儿童角色游戏大致可以分为游戏前、游戏中和游戏后三个阶段，因而教师的指导也分三个阶段。

(1) 游戏前。

①丰富学前儿童的生活经验，拓宽角色游戏的内容来源。丰富的现实生活经验是开展角色游戏的前提条件。丰富学前儿童生活经验的途径主要有观察、参观访问、看图画书、讲故事等。

②提供固定的场所和设备，准备丰富、可塑的玩具和游戏材料。固定的场所和设备能吸引并便于学前儿童开展游戏，所以应在户内和户外划有角色游戏的固定场地，玩具和游戏材料也应放在固定的地方，同时要便于取放。

③提供充足的游戏时间。学前儿童角色游戏所需时间一般都较长，每次不能少于30分钟。只有时间充足，才能有寻找游戏伙伴、商量主题和情节、分配角色及准备材料等的机会。

(2) 游戏过程中。

①协助学前儿童按自己意愿选择和确定游戏的主题。学前儿童是游戏的主人，教师是支持者或参谋，而不是指挥者。因此，角色游戏的主题应根据学前儿童自己的需要和兴趣由学前儿童自己来确定。

②指导学前儿童选择和分配角色。角色选择与分配时要注意公平性和针对性。如果学前儿童在分配角色时产生纠纷，教师可以提醒、建议儿童用猜拳、轮流、推选、自荐、投票等方法公平地分配角色。

③指导儿童丰富游戏内容和情节。教师可以参与到儿童的游戏中，并担任一定的角色，以角色的身份来促进游戏情节的发展。教师也可以通过提供需要的玩具和材料来丰富游戏内容和促进情节发展。

④教师要选择合适的介入时机，做到适时与适度。教师介入指导的时机主要有：游戏内容贫乏时；游戏中出现负面行为（如过激行为、主题不积极健康等）时；儿童对游戏失去兴趣，不能投入游戏时；儿童发生游戏技能困难时；儿童缺少材料，游戏难以继续时。

⑤引导儿童加强角色之间的内在联系，按角色的职责行动。小班儿童进行角色游戏时，同伴之间没有或很少交往；中班儿童有了与同伴交往的愿望，但交往技能较欠缺；大班儿童交往技能也有待于进一步提高。教师应指导扮演某个角色的学前儿童加强与其他角色之间的联系与交往，并提高其交往技能。

(3) 游戏后。

游戏后的指导任务主要集中在愉快地结束游戏、整理玩具场地和评价总结三个方面。

①在愉快自然、儿童情绪尚未低落的状态下结束游戏能保持儿童下次继续游戏的积极性。如果游戏情节已告一段落，再往下发展有困难，这时即使游戏时间还没到，也应该提醒儿童结束游戏，以免产生倦怠感，失去对下次游戏的兴趣。

②游戏后的整理场地、收拾玩具的工作是培养学前儿童良好生活习惯的重要时机，教师千万不要包办代替。评价总结游戏时，教师要组织儿童讲评游戏，不要以教师评价为主。评价要具体、准确，切忌抽象、笼统。

（二）结构游戏的指导策略

1. 结构游戏的年龄差异

（1）小班儿童结构游戏的特点。

①没有预设的目的。

②只对建构的动作感兴趣，感受着重复的"垒高－推倒"的乐趣。

③不关心自己在建构什么东西。

④小班末期，结构游戏渐渐有了主题但不稳定，也不会利用结构玩具开展游戏。

（2）中班儿童结构游戏的特点。

①目的较明确，有一定的计划性。

②关心建构过程及建构成果。

③能按主题独立建构较复杂的物体。

④能围绕结构物开展游戏。

⑤能独立整理玩具，主动要求美化结构物。

（3）大班儿童结构游戏的特点。

①能围绕一个主题进行长时间的建构活动，直到完成。

②追求结构的逼真、漂亮和新颖。

③能多人合作建构。

2. 结构游戏的指导策略

（1）丰富和加深学前儿童对物体的印象。

结构游戏通过造型反映物体的外形特征，这就要求学前儿童对周围环境中的物体和建筑物有细致的了解和深刻印象。因此，教师应增加儿童在事物结构造型方面的感性知识，包括不同物体和建筑物的形状、颜色、结构以及空间位置关系等，丰富儿童头脑中的造型表象。

（2）帮助学前儿童掌握建构的基本知识和技能。

学前儿童结构游戏的基本知识技能主要包括：识别材料性能、质地、作用的能力；操作的技能（排列与组合、插接与镶嵌、串套与编织、黏合、旋转等）；设计构思的能力；分工合作的能力等。

对于小班儿童，教师可用示范、讲解、提问、建议、启发等方法指导儿童：①认识各种结构材料并叫出其名字（积木、积塑等）；②识别大小、形状、颜色、上下、中间、旁边等；③学习铺平、延长、围合、盖顶、加宽、加高等建构的基本技能；④鼓励学前儿童在模仿建构的基础上独立搭建简单的物体，并为结构物命名。

对于中班儿童，教师应指导儿童：①认识高低、宽窄、厚薄、轻重、长短、前后等空间方位；②引导其设计结构方案；③有目的地选材和看平面图进行构造；④组织评议结构游戏成果。

对于大班儿童，教师应指导儿童：①学会制订计划（协商、确定主题；商量结构步骤方法；分工合作；确定结构规则等），使大家创造性地共同建构一个复杂的物体；②要求将建构物制作得更加精细、整齐、匀称、复杂、新颖。

（3）引导和鼓励学前儿童进行创造性的建构。

一是引导学前儿童在掌握玩具材料基本玩法的基础上，探索、挖掘现有材料的多种玩法，指导儿童运用新的技能去实现自己的构思。二是传授创新的方法。诸如变换颜色、变换体积、变换形状、变换材料、增减某一属性、重新组合原有属性、重新设计等。

（4）培养学前儿童良好的行为习惯。

引导儿童学会爱护、整理、保管玩具的方法，并养成习惯。在鼓励独立进行创造性建构的同时也鼓励合作建构以培养团队合作精神。引导学前儿童珍惜爱护建构成果，不随意破坏别人的作品，对别人建构得不好的作品也不要持否定、轻视的态度。

（三）表演游戏的指导策略

1. 表演游戏的年龄差异

（1）小班儿童表演游戏的特点。

①角色意识薄弱。

②游戏的目的性与计划性较差。

③语言表达能力差,以动作为主。

(2) 中班儿童表演游戏的特点。

①可自行分配角色,但角色更换的意识不强。

②游戏的目的性差,需要教师一定的提示才能完成游戏主题。

③游戏的计划性差,展开游戏需要较长时间,一般要经过一段无所事事或嬉戏打闹的时间才能渐渐进入游戏的计划、协商阶段。

④以一般性表现(说话语气平淡、表情淡漠)为主,以动作为主要表现手段,较少运用夸张但适宜的、形象逼真的语气、语调、表情等来表现角色,表演的生动性非常有限。

(3) 大班儿童表演游戏的特点。

①能独立完成角色分配任务,并有很强的角色更换意识。

②游戏的目的性、计划性较强,能自觉表现故事内容。

③具有一定的表演意识,但尚待提高。

④具备一定的表演技巧,能灵活运用多种表现手段,但表现水平尚待提高。

2. 表演游戏的指导策略

(1) 选择适合儿童表演的文艺作品。

适合儿童表演游戏的文艺作品应符合以下要求:①内容健康,符合儿童生活经验;②情节要生动活泼,具有情趣性,场面不宜变化过多,供小班儿童表演的作品最好只有一个场面;③角色性格特征鲜明,为儿童所熟悉;④人物对话要多,语言形象简短,并有适当的重复,语言要和动作相配合。

(2) 教师要帮助儿童熟悉文艺作品。

教师要通过语言教育活动反复向儿童介绍文艺作品,使儿童掌握作品的主题、情节发展顺序、角色的语言和动作特点,充分理解作品内容,以便儿童表演游戏。

(3) 吸引儿童参加表演游戏的准备工作。

教师应为儿童表演游戏准备必要的场地和玩具、头饰、布景等,并吸引儿童一起准备。准备的服饰、道具要求使用方便,稍有象征即可。

(4) 鼓励儿童自然地、生动地表演。

教师应鼓励、支持更多的儿童参加游戏,但是,角色的分配要尊重儿童的意愿,不可强迫儿童去充当他们不愿意表演的角色。

(5) 重视在表演游戏过程中的指导。

小班儿童需要教师示范表演，也可以是教师与儿童共同表演。当儿童学会一、二个表演游戏后，可让儿童自己表演，教师给予指导。中大班儿童应由他们自由、自愿地玩表演游戏，并在表演过程中启发儿童将作品中的过渡语言和静态描述性语言变成角色的语言和动作，引导儿童深刻地理解角色，形象地表现角色的性格特征等，鼓励儿童创造性地表演。

（四）规则游戏的指导策略

1. 规则游戏的年龄差异

不同阶段的儿童规则游戏具有不同的特点。

（1）小班儿童规则游戏的特点。

小班儿童的规则意识处在"动即快乐"的阶段，他们对游戏中角色动作、材料感兴趣，而且表现出"自我中心"，只对自己所做的事感兴趣，不会把自己的做法和想法与别人作比较。他们不在乎游戏结果，也发现不了别人的违规，而且自己会破坏规则。

（2）中班儿童规则游戏的特点。

中班儿童已具有规则意识，能够遵守规则并开始关注游戏的结果。这一阶段的幼儿比较喜欢鲜明的互补性规则游戏。

（3）大班儿童规则游戏的特点。

大班儿童能理解规则对于比赛结果的重要性，规则意识强且特别重视游戏结果，喜欢竞赛性的规则游戏；能很好地遵守游戏规则，并会关注其他幼儿遵守规则的情况，发现违规者就会提出抗议，要求对违规者加以惩罚，因此游戏过程中的纠纷较多。大班儿童还喜欢改变游戏情节、游戏规则以增加游戏的新颖性。

2. 规则游戏的指导策略

（1）选择和编制适合的规则游戏。

在选择和编制规则游戏时，应注意特定年龄班的教育任务和要求，以及学前儿童的知识经验水平、动作水平、智力水平等。小班比较适合选择形象玩具、实物与动作相联系的游戏。教师可提供颜色鲜明、品种简单、形象生动的玩具材料。中大班则可以选择那些需要根据儿童已有的知识经验，借助语言进行的游戏。在游戏形式上，3~5岁的儿童喜欢非竞争性游戏，如猜谜游戏、拼图游戏、匹配游戏、大肌肉游戏等等；5岁以上的儿童则喜欢竞赛性游戏、活动强度高的游戏，如棋类游戏。可以为中大班幼儿选择一些需要运用一定策略，在认知上有一定难度的规则游戏。

(2) 引导学前儿童熟悉游戏的内容和规则。

在进行规则游戏时，小班儿童往往注重游戏的过程，而不太在乎游戏的结果。讲解游戏内容与规则时，要力求生动、简明和形象。讲解可与动作示范相结合，并在游戏过程中不断提醒小班儿童遵守游戏规则。中班儿童已初步具有竞赛意识，在游戏过程中要注意检查儿童对游戏玩法的掌握和执行规则的情况，对遵守规则的儿童给予鼓励，使其明确只有遵守游戏规则游戏才有趣味。大班儿童已普遍对游戏结果发生了兴趣，一般情况下，只需教师用语言讲解即可。教师可以要求大班儿童独立开展游戏，严守游戏规则，争取好结果，同时能够对游戏结果进行适当的评价。

(3) 引导学前儿童正确对待输赢。

要引导儿童正确对待输赢和竞争，让儿童认识到遵守游戏规则的意义（如，不要耍赖，老耍赖就没人和你玩了，耍赖对别人不公平）。在对待输赢上，我们应该坚持游戏指导的"无奖励原则"，将指导的重点放在游戏的过程而不是结果上。对游戏活动的评价应针对学前儿童的游戏技能或快乐，将儿童的注意力引导到"赢者"所用的有效策略上，引导儿童学习同伴的策略，意识到他人的想法和观点。

# 第三节　游戏过程中的教师

## 一、教师在游戏中的角色

(一) 游戏环境创设者

教师应根据本班儿童的兴趣、爱好、发展水平以及该年龄班的教育目标创设游戏环境。

(二) 游戏材料的提供者

教师应该在游戏活动中逐步投放多样化的、灵活多变的游戏材料。

（三）游戏的合作者和参与者

在个别游戏中，教师可以作为合作者与参与者对游戏进程进行说明和指导。

（四）游戏的引导者

当学前儿童表现出不能理解规则，无法继续，或者出现矛盾等情况时，教师需要根据实际需要进行恰当的引导。

（五）游戏的观察者

教师从游戏过程中观察、评估学前儿童的发展水平，为指导游戏提供基础。

## 二、教师指导游戏的基本原则

（一）游戏性优先原则

游戏性优先原则是指在组织和指导游戏活动时，在游戏性、德育性、表演性、竞技性、科学性之间，要优先保障游戏特征的实现。游戏如果缺乏"游戏性"，就不能称其为"游戏"。

实施要求：

(1) 在游戏性与教育性之间，要保证游戏性优先原则；

(2) 游戏不应承载过多的德育任务；

(3) 在游戏性与表演性、竞技性、科学性之间，保证游戏性优先。

（二）主体性原则

主体性原则是指游戏活动的组织和指导要以学前儿童为主体、充分发挥学前儿童游戏的主动性、自由性、创造性、差异性、独立性，使学前儿童成为游戏的主人。

实施要求：

(1) 给学前儿童自主选择游戏内容、材料、玩伴、方法等的权利；

(2) 相信学前儿童的能力，给其自由探索和尝试错误的机会；

(3) 尊重每一个学前儿童的兴趣和游戏方式；

（4）学前儿童参与游戏必须基于自愿。

（三）年龄适宜性原则

年龄适宜性原则是指游戏活动的组织和指导要尊重学前儿童的年龄特点，不要"拔苗助长"。

实施要求：

（1）在指导游戏时，一定要根据大班、中班、小班的年龄特点，分层次设计、组织和指导；

（2）游戏的评价与奖励要根据学前儿童的年龄特征进行。

（四）开放性原则

开放性原则是指游戏中教师的指导不要拘泥于固定的、既定的游戏计划和实施程序，而必须是开放的，根据学前儿童的兴趣和需要进行灵活的调整。

实施要求：

（1）尊重学前儿童游戏的兴趣和需要，并积极帮助儿童实现他们的想法和愿望，而不要将自己的兴趣和计划强加给学前儿童；

（2）保持游戏规则的灵活性；

（3）从儿童的需要中生成新的主题；

（4）以问题为契机促进学前儿童游戏的发展。

（五）情感积极性原则

情感积极性原则是指游戏活动的组织和指导中，要想方设法确保学前儿童在游戏中体验到积极的情绪情感，避免消极情绪情感的产生。

实施要求：

（1）游戏如果要分组的话，最好采用随机分组的方式，防止学前儿童因性别、能力、性格等而体验到来自同伴的"忽视"或"拒绝"的压力；

（2）当参与游戏的学前儿童年龄和游戏技能的发展水平不同时，教师应适当增加游戏的"碰运气"成分以使每个学前儿童都有"赢"的机会；

（3）在游戏过程中，不要常常让学前儿童停下游戏以纠正其"不正确"的动作；

（4）选择的游戏不要太难也不要太容易。

### （六）全面参与性原则

全面参与性原则是指在组织和指导游戏活动时，要尽可能让大多数学前儿童能够参与，而不是旁观与等待。

实施要求：

（1）尽量让每位儿童都能参与到游戏中；

（2）尽量让每位儿童不仅有身体的参与，也有心灵的参与，让每位儿童整个身心都投入游戏中。

### （七）无奖励原则

无奖励原则是指在组织和指导游戏时，不要为"赢者"提供奖品或奖赏。

实施要求：

（1）不为"赢者"提供物质或精神奖励；

（2）将指导的重点放在游戏的过程而不是输赢；

（3）对游戏活动的评价应针对学前儿童的游戏技能或快乐，将儿童的注意力引导到"赢者"所用的有效策略上，引导儿童学习同伴的策略，意识到他人的想法和观点。

### （八）科学与想象整合原则

不要将科学与想象、事实与童话对立，更不要用科学事实去纠正童话中的虚幻世界。科学与想象并不是对立矛盾的关系。科学所坚持的精神是实事求是，但想象、幻想与求实同样重要。科学上任何发明和进步都离不开想象和幻想。

实施要求：

（1）避免科学与童话的对立，不要用科学事实去纠正童话故事；

（2）注意整合科学与想象的关系。使科学与想象在游戏中和谐共处，不要扼杀而是要保护和激发儿童的想象和幻想。

### （九）创造性原则

创造性原则是指游戏的指导过程中，要保护、维持和激发学前儿童的创造性，而不要压制甚至扼杀其创造性。

实施要求：

（1）引导并鼓励学前儿童对同一种材料想出多种玩法；

（2）建构出跟别人不一样的物体或情景；

（3）创造新颖丰富的游戏内容和情节；

（4）用不一样的表情、动作等创造性地表现作品人物；

（5）在协商的基础上创新规则等。

## 本章知识结构

## 本章小结

（一）本章主要内容

（1）幼儿游戏的本质、分类与特点，游戏的功能。

（2）不同年龄阶段幼儿游戏的指导，不同类型幼儿游戏的指导。

（3）教师在游戏中的角色，游戏指导的基本原则。

（二）本章的重点、难点

本章重点是创造性游戏、规则性游戏的组织与指导；难点是结合幼儿年龄特点和游戏的特点设计游戏活动。

（三）学习时要注意的问题

（1）熟记游戏类型、特点与功能，能够区分角色游戏、结构游戏、表演游戏、体育游戏、智力游戏以及音乐游戏的区别与运用范围。

（2）清楚游戏的功能与价值。

（3）理解不同年龄阶段游戏的特点，并据此进行科学的指导。

（4）注意在理解的基础上，运用游戏指导理论设计和指导各种游戏活动。同时，还要求能够运用相关的知识，分析与评价幼儿园游戏活动。

## 备考指南

本章重点考查不同游戏的指导策略，因而学习时要特别注意游戏的设计、游戏的组织与指导。具体学习时，首先要厘清不同类型游戏的特点与功能，明确其适用范围，然后知道如何根据不同年龄儿童的特点设计相应的游戏活动。建议自己选择几个游戏主题，根据不同类型、不同年龄的儿童的特点设计三到四个游戏活动方案，这样可以将游戏模块的各种知识融为一体。这一章的考察方式大多为论述题、材料分析题和设计题，所以必须从综合技能训练的角度去复习。当然，一些基础知识要求熟记在心，如游戏的类型、游戏的功能、游戏指导的原则、教师的角色等。但重点应该放在理解与运用层次上。

## 自测训练

一、单项选择题

1. 儿童最早玩的游戏一般是（　　）。

    A. 练习游戏　　　　　　　　　B. 规则游戏

    C. 象征性游戏　　　　　　　　D. 建构游戏

2. 在我国幼儿园中，一般将游戏分成（　　）。

    ①创造性游戏；②角色游戏；③有规则游戏；④体育游戏

    A. ①②　　　　B. ①③　　　　C. ②③　　　　D. ②④

3. 创造性游戏是指学前儿童以想象为主，主动地、创造性地构建游戏内容来反映现实生活的游戏。下列不属于创造性游戏的是（　　）。

    A. 角色游戏　　　　　　　　　B. 结构游戏

C. 表演游戏 D. 智力游戏

4. 幼儿园的"娃娃家"游戏属于( )。

A. 结构游戏 B. 表演游戏

C. 角色游戏 D. 智力游戏

5. 2~7岁幼儿的典型游戏是( )。

A. 练习性游戏 B. 机能性游戏

C. 象征性游戏 D. 规则性游戏

6. 皮亚杰认为发生于认知发展的感知运动时期的游戏形式是( )。

A. 练习性游戏 B. 象征性游戏

C. 规则游戏 D. 角色游戏

7. 儿童拿一个竹竿当马骑,竹竿在这个游戏中属于( )。

A. 表演性符号 B. 工具性符号

C. 象征性符号 D. 规则性符号

8. 不属于表演游戏的种类的有( )。

A. 娃娃家 B. 影子戏

C. 桌面表演 D. 木偶戏

9. 幼儿在建构游戏中,由独自搭建发展为能与同伴联合搭建,主要反映了游戏中幼儿( )的水平。

A. 运用材料 B. 社会性发展

C. 建构形式发展 D. 行为发展

10. 下列关于幼儿游戏的说法不正确的是( )。

A. 游戏是幼儿最喜爱的活动

B. 游戏是幼儿对生长的适应,符合幼儿身心发展的特点

C. 游戏是幼儿的自觉学习

D. 游戏是幼儿生活的主要内容

二、简答题

1. 角色游戏活动中教师的观察要点及其目的是什么?

2. 影响学前儿童游戏的个体因素有哪些?

三、论述题

结合实际分析角色游戏的教育价值。

四、材料分析题

阅读材料，回答问题。

材料：

李老师设计了一个"三只蝴蝶"的游戏活动。她选了三位儿童扮演蝴蝶，又选了若干儿童扮演花朵。结果，儿童兴趣不高，表现被动。还没等游戏结束，一个儿童就问李老师："老师，游戏完了吗？我们可以自己玩了吧？"

问题：

请从幼儿游戏特征和游戏指导的角度对这种现象进行分析。

# 第七章　幼儿园环境创设

### 考纲内容

（1）熟悉幼儿园环境创设的原则和基本方法。

（2）了解常见活动区的功能，能运用有关知识对活动区设置进行分析，并提出改进建议。

（3）了解心理环境对幼儿发展的影响，理解教师的态度、言行在幼儿心理环境形成中的重要作用。

（4）理解协调家庭、社区等各种教育力量的重要性，了解与家长沟通和交流的基本方法。

### 考纲解读

环境是影响儿童成长的重要因素，是一种隐性的教育资源，利用环境对学前儿童进行有效的教育是幼儿教师必须拥有的技能。那么，环境由哪些要素构成，又应该如何创设良好的环境？这是本章的基本内容。具体而言，本章知识点由四部分组成，一是幼儿园环境创设的基本原理，诸如幼儿园环境的基本构成要素、幼儿园环境创设的原则与要求、幼儿园环境创设的基本路径与基本方法，等等；二是幼儿园常见活动区的创设，要求理解常见活动区的基本功能、创设方法，而且要求根据相关知识对幼儿园常见活动区的设置进行分析与评价，并据此提出建设性意见；三是精神环境的创设，要求了解幼儿园精神环境在学前儿童成长中的重要性，知道精神环境的基本构成要素，特别是教师的态度言行对学前儿童的教育价值；四是社会环境，要求明确家庭与社区在学前儿童发展中的作用，知道并能运用相关的沟通与交流的技能。

# 第一节 幼儿园环境创设的基本原理

## 一、幼儿园环境概述

(一) 幼儿园环境的概念

幼儿园环境有广义和狭义之分。广义的幼儿园环境是指幼儿园教育赖以进行的一切条件的总和,它既包括幼儿园内部小环境,也包括与幼儿园教育有关的家庭、社会、自然、文化等大环境。狭义的幼儿园环境是指幼儿园中对幼儿身心发展产生影响的一切物质和精神要素的总和,它涵盖幼儿园的全体工作人员、幼儿、幼儿园房舍、设备设施、空间布局以及各种信息要素,并通过一定的教育制度与观念以及文化传统所组织的、综合的、一种动态的、有形与无形相结合的教育空间范围。本书使用的幼儿园环境概念是狭义上的。

(二) 幼儿园环境的分类

1. 幼儿园环境的多维分类

从活动形式来分,幼儿园环境应当包括语言环境、运动环境、劳动环境和游戏环境;从幼儿园强调保教结合、保教并重这一特点来分,幼儿园环境又可分为保育环境和教育环境;从幼儿的生活、安全、活动和交往的需求来分,幼儿园环境应当包括生存环境、安全环境、活动环境和交往环境;从幼儿园潜课程的结构及特征来分,幼儿园环境包括物质空间环境、组织制度环境和文化精神环境;从幼儿在园一日活动的类型来分,幼儿园环境可分为生活活动环境、游戏活动环境和学习活动环境。

2. 物质环境和精神环境

从构成内容的特质差异来分,幼儿园环境可分为物质环境和精神环境两大类。

幼儿园的物质环境又可分为自然物质环境和社会物质环境。自然物质环境指幼儿园中各种自然条件的总和,如花草、树木等都是幼儿园教育活动可以直接利用的教育资源，社会物质环境主要由幼儿园的活动室、户外活动场地、各种设备和活动材料、空间结构和环境布置等要素构成；幼儿园的精神环境具体指学前儿童与教师、教师之间、学前儿童之间的人际关系及幼儿园的班风、园风等精神氛围。

与物质环境相比，精神环境是无形的、渗透的，它对学前儿童的认知、情感与个性品质的形成、发展具有十分重要的作用。幼儿园物质环境创设目标的实现，在很大程度上取决于幼儿园精神环境的状况，取决于学前儿童与教师、学前儿童之间相互作用的方式及关系。可以说，一所幼儿园能否成为真正的儿童乐园，主要取决于幼儿园的精神环境。

（三）幼儿园环境的教育价值

《幼儿园教育指导纲要（试行）》指出，环境是重要的教育资源，幼儿园应通过环境的创设和利用，有效地促进幼儿的发展。良好的幼儿园环境具有丰富的教育价值，有利于学前儿童获得体、智、德、美的全面发展。

1. 促进学前儿童的身体发展

良好的幼儿园环境有利于促进学前儿童的身体发展。良好的幼儿园环境能吸引学前儿童主动参与，积极与环境互动，不断操作、探索，在参与环境创设的过程中，学前儿童的手指抓握能力、手眼协调能力和动手操作能力都得到了锻炼，有利于提高学前儿童的身体机能和体能。

2. 启发学前儿童的智力

良好的幼儿园环境有利于启发学前儿童的智力。良好的幼儿园环境包含各种充满教育元素的图片、文字和实物，能够潜移默化地使儿童通过操作和探究获得智力的发展。同时，学前儿童还可以通过参与环境创设，锻炼动手、动脑能力，激发好奇心和探究兴趣，培养想象力和思维能力。

3. 促进学前儿童的社会性发展

良好的幼儿园环境有利于促进学前儿童的社会性发展。良好的幼儿园环境会加强学前儿童之间、学前儿童与教师之间的交流、谈话、合作，这有利于发展他（她）们互助、合作和分享的社会品质。在参与环境创设的过程中，更是可以培养他（她）们的交往能力和适应能力，还能够促使他（她）们摆脱"自我中心主义"，学会从他人的角度看待事物、思考问题，逐步实现由"自然人"向"社会人"的转变。

4. 提高学前儿童的审美能力

良好的幼儿园环境有利于提高学前儿童的审美能力。美育功能是幼儿园环境的重要功能，幼儿园环境的各种装饰和呈现方式，可以让学前儿童直接地感受美、欣赏美，有利于提升学前儿童的审美能力和审美情趣。而且环境还是诱发学前儿童创造美的主要因素，也是学前儿童创造美的载体。学前儿童在参与环境创设的过程中，不仅会受到环境潜移默化的熏陶，而且还能学会表现美和创造美，体验创造的乐趣，这有利于培养审美感和创造力。

## 二、幼儿园环境创设的原则

（一）安全性原则

安全性原则主要指幼儿园的园舍建筑、设施设备、活动场地、玩具、教具等必须符合国家颁布的相关卫生标准和安全标准，对幼儿的身体或心理没有危险和安全隐患以及不造成儿童畸形发展。

在创设环境时，首先要考虑安全问题。比如，所有的材料有无化学污染，室内空间是否通风透气，图书角的光线是否充足，建筑物内外、各种设施是否有锋利的棱角，区域设计是否存在死角和盲区，活动区的空间规划是否方便幼儿进出，户外活动器材是否定期检查维修，等等。

（二）适宜性原则

适宜性原则指幼儿园所有物质条件都要从保障与促进学前儿童身心顺利和健康发展出发，要与儿童发展水平、年龄特点、兴趣爱好、个性特征等相互匹配、同步、协调，要能满足儿童全面发展的需要。

遵循适宜性原则就要按照两个"适合"来创设环境，一是适合儿童的年龄特征，即要符合特定年龄阶段的一般儿童的身心特征，体现儿童的年龄差异，满足儿童在不同发展阶段的需要；二是适合儿童的个性特点，即要充分考虑每个儿童的特点，包括每个儿童的动机需要、兴趣爱好、学习方式、能力水平、性格特点等，使环境尽量体现个性化。

### (三) 教育性原则

教育性原则指应考虑环境的教育价值，要为全体儿童提供足够的、多种多样的、可获取丰富的知识信息、情感体验以及活动技能等的物质条件。环境是幼儿园课程的重要组成部分，是儿童的"第三位老师"，是隐性的教育资源。

在创设环境时应考虑：为达到教育目标，需要有怎样的环境与之配合；现有的环境因素中，哪些因素对教育目标的实现是有用的，可以利用的；哪些环境因素是需要创设的，需要幼儿家庭、社区做哪些工作等。

### (四) 主体性原则

主体性原则指幼儿园环境的创设应尊重儿童在环境中的设计、支配、管理的主体地位。主体性区别于参与性，儿童不仅仅是参与环境的创设，更是环境创设的主人，对环境有着绝对的支配权和管理权。主体性原则一方面强调儿童在环境创设和使用中的主体地位，另一方面也强调儿童在环境创设中表现出来的自主性、能动性和创造性。

在创设环境时，应思考"假如我是孩子，我想创设怎样的环境，怎么让孩子参与创设环境"，而不是"我要为孩子创设怎样的环境，我怎么创设环境"。成人不仅应鼓励儿童参与环境材料的搜集与制作等操作、实施的环节，也要积极鼓励儿童参与环境主题、内容的讨论和设计，以提高参与水平，培养儿童的参与意识和能力。

### (五) 动态性原则

动态性原则指幼儿园环境创设要从空间、内容、材料、规则等方面关注环境的不断变化和生成。一方面，环境创设都应尽量体现"动"的形式，这样的环境才能激发儿童与之互动。另一方面，"动态性"还体现在"变化性"和"生成性"。《幼儿园工作规程》中指出，游戏材料应强调多功能性和可变性。幼儿园环境可变性的设计，可从可变空间、可变内容、可变材料和可变规则等方面入手。

首先，在可变空间上，在设置活动区时可以运用可移动的矮柜、隔板等，以解决儿童活动过程中的环境随时随地生成的问题。其次，在可变内容上，儿童学习的主题、时间、地点应富有弹性与变化。再次，在可变材料上，当儿童对已有的环境表现出厌倦时，就应及时更换材料，改变或创设新的活动区，以维持儿童的兴趣。最后，在可变规则上，在活动区内，儿童可以根据已有材料改变规则、增加新的活动方式，也可根据新的规则更换或增减材料。

### (六) 开放性原则

开放性原则指创设幼儿园环境时不应"闭门造车",而应在空间、内容、方式和参与者等方面体现出开放的理念,形成开放的幼儿园环境系统。只有给儿童创设开放的环境,才能让儿童在开放的"生活世界"中得以自由地发展。

遵循开放性原则,要做到:一是空间上的开放,这表现在幼儿园内空间的开放和幼儿园与社区之间的开放;二是内容上的开放,这一方面表现在环境的内容不仅要常常变化,更要紧跟时代信息,做到"吐故纳新",另一方面还表现在"留白";三是方式上的开放,教师不仅要掌握环境创设的传统方式,同时也要及时采纳现代方式来设计环境。最常用的方法是选择适宜的软件来丰富儿童的学习环境;四是参与者的开放,环境创设的主体不仅是儿童和教师,还应向家长或其他人员开放。家长参与环境创设一方面体现了家园的沟通与合作,另一方面也让家长感受到了主人翁的地位,这样会使家长更容易站在教育的视角来与幼儿园形成教育的合力。幼儿园应该吸纳其他人员尤其是社会各领域的专业人才,借鉴他们的智慧作为幼儿园的教育资源。

### (七) 艺术性原则

艺术性原则指幼儿园环境的创设在色彩和形式上要富有美感,且环境是清洁整齐的,能很好地激发幼儿的情趣并陶冶情操,以促进幼儿在体、智、德、美等方面全面发展。《幼儿园教育指导纲要(试行)》指出,艺术是实施美育的主要途径,应充分发挥艺术的情感教育功能,促进幼儿健全人格的形成。要避免仅仅重视表现技能或艺术活动的结果,而忽视幼儿在活动过程中的情感体验和态度的倾向。

在环境创设时,在保证它的合理性、安全性的基础上,还应考虑其艺术性。幼儿园环境的各种装饰和呈现方式不仅应让幼儿感受美、欣赏美,而且还要引导幼儿表现美、创造美。在布置环境时应留有一定的空间供幼儿来创作。教师应给予幼儿自由表现、创造的机会,用欣赏的眼光看待幼儿,尊重幼儿创造的美。教师可以在幼儿作品的基础上通过边框修饰、背景衬托、组合拼接等方式来美化环境。

## 三、幼儿园环境创设的方法

幼儿园环境创设是幼儿群体和教师集体共同参与完成的,在这个过程中实现环境创设的互动方法主要有讨论法、操作法、评价法和探索法。

（一）讨论法

教师与幼儿之间、幼儿与幼儿之间的讨论是贯穿于整个环境创设过程的，包括对环境主题选择、区域空间布局、学习材料的选择与投放、区域活动规则的形成、环境的调整等的讨论。讨论法的运用有利于提高幼儿参与环境创设的程度。

（二）操作法

操作法是教师和幼儿根据讨论达成的共识，动手操作完成空间布局、材料的搜集与制作及其投放，并开展活动的过程。操作法是目前幼儿参与环境创设最普遍的方法。

（三）评价法

评价法是对环境的教育价值和适宜性等进行评估的方法。它是幼儿园教育评价的一个方面，也是对幼儿园环境进行调整的依据。

（四）探索法

探索法是根据环境评估的结果对幼儿园环境的空间布局、活动区设置和材料投放等进行探索性调整的过程。

## 第二节 幼儿园常见活动区的环境创设

### 一、常见活动区

（一）活动区的概念

活动区是指供学前儿童自由活动的、功能相对稳定的一定区域，又称活动角。

（二）常见活动区

常见活动区是指幼儿园中常见的区域，如美工区、积木区、角色扮演区、科学区、数学区、阅读区、音乐区、沙水区、益智区等，这些区域是幼儿园教育活动的重要补充，是实现幼儿发展的重要平台。

## 二、活动区教育的功能

随着课程改革的启动和《幼儿园教育指导纲要（试行）》的颁布，活动区的作用不再是幼儿园的一种标志，也不仅是孩子饭后的一个娱乐场所，创设活动区实际上是在创设一种教育活动区，它已经成为幼儿园课程教育中的重要组成部分。作为幼儿园教育区别于中小学教育的一种重要教育组织形式，活动区也为幼儿园实施"以游戏为基本活动"提供了空间保障和物质准备。活动区教育是小组教育和个别教育的重要场所，与集体教育相互配合、相互促进，共同实现教育目标，促进儿童身心和谐发展。

（一）为儿童提供小组学习和个别学习的平台

区域活动一般以小组为单位，这就为儿童之间的交流、合作提供了机会和空间。在小组学习中，儿童可以从与同伴和成人的交流中获得认同感和归属感。同时，在区域活动中，儿童可以根据自身情况确定活动的进程，自由地选择、操作材料，还可以反复操作以提高某种技能水平。因此，区域活动为儿童提供了宽松、自由的活动空间。儿童在其中可以找到适合自己学习的最佳方式，体验快乐、成功和自信。

（二）为儿童提供静态和动态相平衡的课程

活动区活动与幼儿园的集体教育活动在儿童的发展中各自具有不同的、不可替代的作用。集体教育活动具有在较短的时间内进行较大范围的信息传递和集体智慧的相碰撞与交流的优势，它的稳定性强，可以称之为静态课程；而区域活动则可以满足孩子自主个性化发展的需要，给予孩子更加充分、自主、愉悦的学习和游戏空间，其课程内容变化性较强，可以称之为动态课程。这两种课程应该是相辅相成的，而不应该偏重于某一方面，要做到相互补充、动静结合，共同促进儿童身心全面和谐发展。

### （三）有利于培养儿童良好的行为习惯

在区域活动中，儿童会获得很多开展自我服务、锻炼自理能力的学习机会。区域活动促使儿童形成良好的行为习惯和责任感，如儿童在区域活动中需要自己去取操作材料，活动结束后要自己把材料放回原处；区域活动的规则可以促使儿童养成良好的行为习惯，如废纸入篓、保持安静等。

## 三、常见活动区设置的基本要求

### （一）活动区的选择

**1. 活动区的选择应根据儿童的年龄特征、个性特点来决定**

例如，根据小小班、小班儿童的特点，教育重点主要放在情感、动作、语言以及行为规则的培养上，因此，可以设置生活区、娃娃家、美工区、阅读区、音乐区。根据中大班儿童的特点，教育重点主要放在培养探究能力、思维能力、解决问题的能力上。所以，可以设置科学探究区、益智区、角色扮演区、语言区、建构区、美工区和电脑区等。

**2. 教师可以根据幼儿园、社区以及儿童家庭的教育资源对活动区进行灵活调整**

幼儿园活动室的布局可以根据幼儿园园本特色、社区文化以及儿童家庭中一些可供利用的教育资源进行调整，这样便于搜集和获取资料。此外，关于活动区名称不必过分死板，可以更富有童趣、创意和新颖性。

### （二）活动区的空间设计

**1. 依据相关和分隔原理规划空间**

在设置活动区时，有些活动具有共同的特质，例如，美工区、科学区都可能会涉及水，图书区、视听区都比较安静，而装扮区、积木区则相对嘈杂。因此，在设置这些活动区时就要考虑区域之间的相关性，相关的活动区应靠在一起。例如，用水区应靠近水源，安静区应远离嘈杂区。此外，活动区之间特别是相邻的活动区之间应当保持弹性的结合，活动区之间的材料能够有效地结合使用，互通有无。例如，娃娃家相邻图书区，在娃娃家扮演"妈妈"的儿童会到图书区拿书给"婴儿"读书；在美工区的儿童会想到沙水区用沙做"沙画"。在活动区的空间设计上，可以参考表7-1。

表7-1 相关的活动区

| 活动区 | 相关活动区 |
| --- | --- |
| 积木区 | 角色扮演区、数学区、沙水区、科学区 |
| 电脑区 | 数学区、美工区、图书区 |
| 数学区 | 电脑区、积木区、科学区 |
| 图书区 | 科学区、数学区、电脑区 |
| 美工区 | 绘画区、角色扮演区、积木区 |
| 音乐区 | 体育区、图书区、操作/数学区 |
| 科学区 | 图书区、数学区、电脑区 |
| 角色扮演区 | 积木区、美工区、音乐区 |
| 体育区 | 积木区、音乐区、数学区、角色扮演区 |
| 绘画区 | 美工区、角色扮演区、电脑区 |

除了要考虑活动区之间的相关性之外，同时也要注意其分隔与边界。例如，表演区的嘈杂和图书区的安静明显不相容，两个区不应相邻，应用隔板或屏风隔开。另外，活动区之间应有清晰的边界，以促进幼儿在适当区域使用器材，也使设备和器材的丢失和误用率降至最低。边界也能减少活动的中断次数，以保障儿童对同一活动的专注和投入。

2. 活动区的面积要合理

活动区空间的大小影响着幼儿的活动质量。活动区的面积过小，容易引起他们的争吵，面积过大，又会造成幼儿互动交流减少，所以教师应根据活动区的特点合理设计其空间大小。那些能够单独活动的区域面积可以相对小一些，如阅读、美工区等，一般容纳2~5人即可；那些需要多人合作完成的区域面积则要相对大一些，如建构区、角色区等，空间大有利于幼儿之间的分工合作。

(三) 活动区材料选择及投放要点

适宜的材料是指那些符合儿童的年龄特征，具有层次性且有利于儿童主动活动的玩具和材料。活动区的材料是儿童开展活动的基本条件,因此,应本着安全、适宜、经济和实用等原则选择、投放材料。

1. 目的性

适宜的活动材料是达成教育目的的基本条件,因此活动区的材料必须体现幼儿园的教育目标。同时,教师在投放活动材料时,必须全面考虑儿童的兴趣、已有经验和发展需要等,在观察儿童与环境的互动中不断调整、完善教育目标和内容,不断促进儿童的发展。

2. 层次性

材料的投放必须具有层次性。首先,不同年龄阶段的儿童的发展程度各不相同,所以材料的投放要符合儿童的年龄特征。其次,同一年龄阶段的儿童的发展水平也各具特点,即使是同一儿童,在不同的发展阶段也有不同的需要。因此,教师应该提供不同层次、不同难度的活动材料,以满足不同发展水平的儿童的需要。

3. 多样性

儿童所面临的世界是丰富多样的,因此,我们所提供给儿童的材料也应是多样化的。多样的材料有利于丰富儿童的经验和认识,培养儿童的创造性。

4. 开放性

投放一些半成品、废品等低结构材料,以引发儿童的活动。低结构材料有利于诱发儿童的探索活动,促进儿童与环境之间的互动。

5. 动态性

活动区的材料应根据儿童的兴趣、需要及时调整更新。教师可以增加、删减或者组合材料以使材料处于变化之中,满足儿童的兴趣需要。

(四) 活动区的规则设计

在我国幼儿园班额偏大的国情下,教师很难兼顾到每个孩子的所有活动,在这种情形下,就需要创设会"说话"的环境,告诉儿童该做什么,不该做什么,材料应如何收放等。只有当环境会"说话"时,教师才可能从繁杂的指导工作中解脱出来,因此,规则设计是环境创设,尤其是活动区环境创设的重要内容,而早期的规则教育对儿童规则意识的形成也有着关键性作用。

1. 人数管理

教师在开展区域活动时经常会遇到这样的情况：有些区域人数过多，而区域面积有限，从而造成儿童之间的摩擦增多，有些区域人数很少，显得冷清。面对这种情况，教师在开展区域活动前应该对活动区的人数进行有效管理。

（1）设置进区卡。

教师根据活动和儿童的需要为每个活动区设置进区卡，儿童只有拿到进区卡才能进入到相应的活动区中活动。如语言区只设置了四张进区卡，有四个儿童已经拿了，那么第五个儿童就只能去其他活动区活动了。

（2）设计"身份卡"。

教师为每个儿童设计一张"身份卡"，写上儿童的名字或贴上他们的照片。教师在每个活动区的入口处设计一定数量的挂钩（挂钩数量依据儿童人数和活动区面积而定），儿童进入活动区时需要将"身份卡"挂在挂钩上，当儿童看到挂钩已挂满时，就知道这个活动区人数已满，不能再进入。

2. 活动方式

活动方式是指活动的流程和材料的操作方法，教师可以为每个活动区的活动设计出大致的活动流程和材料操作方法，如医生如何照顾病人，理发师如何给客人理发，建构区中的房子如何搭建等，都可以通过图文并茂的形式呈现给儿童，告诉儿童该如何做。

3. 行为准则

各个区域都有各自的行为准则，例如，美工区的行为准则可能会是：使用剪刀要当心，用过的笔放回笔筒里，各种颜色的橡皮泥不能混在一起，废纸入篓。图书区会要求儿童：保持安静，一次只拿一本书，看完书后应放回原处等。我们提倡师幼共同讨论确定各个区域的行为准则，最后通过儿童化的、图文并茂的形式呈现出来。

4. 材料放置

区域材料的收放对教师来说是一件很繁杂的任务，但教师如果在环境中设计一些有效的标识来引导儿童，那么这不仅能大大减轻教师的工作量，而且也能培养儿童良好的行为习惯。例如，在该放剪刀的地方画一把剪刀；在放洋娃娃的塑料箱上画上洋娃娃的图案等。

幼儿园中一些零散性材料可分类放在篮子或透明的塑料箱里，在每个篮子或箱子上也应有相应的标记。例如，在装有插塑类材料的箱子上可以贴一张插塑材料的图形，在装有圆珠类材料的箱子上贴一张圆珠图形等。

## 四、常见活动区的功能与创设要点

（一）角色游戏区

角色游戏区满足了儿童参与社会生活的愿望，积累了儿童社会生活经验，为儿童提供了角色交往的机会，促进儿童的社会化进程，同时也有利于促进儿童的语言表达能力、问题解决能力和人际沟通能力的发展，培养假想能力和创造性。

角色游戏区环境创设的内容主要有：区域布局、主题环境设计、材料准备、活动区管理。

常见角色游戏区主要有娃娃家、医院、理发店、超市、银行、服装店、食品店等。

（二）建构游戏区

建构游戏区的功能主要体现在锻炼儿童的空间知觉和想象力，为儿童建立数的概念，对称概念，感知形体等提供了有利条件，发展了儿童的手眼协调能力和动手操作能力，并且培养了恒心、细致、耐心等良好品质。

建构游戏区环境创设的内容主要有：区域布局、区域环境设计、材料准备（积木、插塑料、纸箱等）、活动区管理。

（三）美工区

美工区是幼儿园美育的重要方式，它为儿童提供了一个自由欣赏和创作的空间。在这个区域里，儿童能感受美术的创意、自由表达和创作的乐趣，体验成就感和满足感，提高感受美、欣赏美和创造美的能力。

美工区环境创设的内容主要有：区域布局、区域环境设计、材料准备（欣赏类、绘画类、手工类）、活动区管理。

（四）图书区

图书区的功能是让儿童感受图书带来的愉悦感，有利于缓解不良情绪和压力，培养良好的阅读兴趣和习惯,而且还能帮助儿童形成对图画和文字的敏感性,提高阅读理解能力等。

图书区环境创设的内容主要有:区域布局、材料准备(园所购买图书、教师和儿童自带图书)、活动区管理。

(五) 自然角

自然角的功能主要是为儿童接触、认识大自然提供一个场所。它有利于激发儿童探究大自然的兴趣和好奇心,是对儿童进行自然教育、培养科学素养的重要途径,也是幼儿园自然课程教学的重要补充形式。

自然角环境创设的内容主要有:区域布局、材料准备(观赏类、观察类、操作类)、活动区管理。

# 第三节　幼儿园精神环境的营造

幼儿园精神环境是指由人际关系、文化观念等无形因素交织在一起形成的心理氛围。精神环境较之物质环境,对儿童的影响是潜在而深远的,它对儿童的情绪情感、认知、态度、创造性等发展具有深远的意义。幼儿园的精神环境以人际关系、制度和文化为基本内容,其中人际关系是体现幼儿园精神环境的决定性因素。

## 一、幼儿园精神环境的功能

(一) 精神环境对儿童发展的影响

1. 幼儿园精神环境直接影响着儿童的心理健康状况

积极健康的精神环境是儿童心理健康发展的关键。生活在温暖、支持、自由氛围中的儿童,容易形成积极的个性特征、行为态度,获得良好的交往技能并表现出积极向上的交往行为。反之,压抑、恐吓、专制的精神环境对幼儿的情绪情感、心理状况和人格发展等都会产生极大的消极影响。

**2. 幼儿园精神环境决定着儿童创造潜能的开发**

良好的精神环境是儿童创造潜能开发的优良土壤。创新是需要土壤的，只有为儿童营造一种鼓励、支持、尊重的心理氛围，儿童才能自由、大胆地去探索、发现和表达，创造潜能才能得到最大程度的发掘。

**（二）精神环境对教师专业发展的影响**

**1. 和谐的人际关系是教师专业发展的基本条件**

对于教师来讲，人际关系主要包括同事关系和师幼关系。和谐的人际关系能满足教师最基本的安全需要和归属需要，在此基础上，教师才能追求更高层次的专业发展。

**2. 明确而有效的制度规范是教师专业发展的保障**

制度规范是对个体基本权利的保障，也是规范个人行为的基本条件，因而明确、有效的制度规范为教师专业发展提供了坚实保障。

**3. 健康向上的园所文化是教师专业发展的优良土壤**

健康向上的园所文化有明晰的发展愿景、敬业奉献的精神、合作共赢的氛围和终身学习的组织特征，这样的环境氛围将会引导教师主动学习、不断反思，提高专业发展水平。

## 二、幼儿园精神环境的营造

在幼儿园各种人际关系中，师幼关系是最重要的，它是决定儿童能否健康成长的核心所在。因此，幼儿园精神环境的营造关键在于教师，在于教师的态度和言行。

**（一）教师的态度和言行在精神环境形成中的作用**

教师的态度和言行是其儿童观、教育观和教育素养的现实反映。由于教师在师幼关系中处于主导地位，因此，创建良好师幼关系的关键在于教师端正态度和修正言行。

**1. 教师良好的态度和言行是儿童安全感的保障**

学前儿童从家庭来到幼儿园，人际关系中最基本的依恋对象也从父母转移到了教师，因此教师必须像父母一样爱护和关心孩子，满足其正当需要。如此，孩子的安全感才能得到保障。

2. 教师良好的态度和言行是儿童自尊、自信和自主性形成的基础

儿童自我意识产生后，对自我的认知和评价主要依据成人对待他的态度，尤其是在他心中有权威的成人，主要是父母和幼儿园的教师。因此，教师良好的态度和言行对幼儿自尊、自信和自主性的形成起着基础性作用。

3. 教师良好的态度和言行是儿童活泼、开朗性格形成的重要条件

活泼、开朗的性格是建立在自尊、自信的基础上的。教师尊重儿童的人格和权利，满足儿童的基本需求，鼓励儿童的主动探索，可以使儿童的自主性、独立性得到发展，为活泼开朗的性格奠定基础。

(二) 建立和谐的师幼关系

1. 教师应读懂儿童并满足其正当需要

现代儿童观认为，儿童是一个处于发展中的独立完整而又富有个性，享有一切基本人权的社会人。教师读懂儿童、树立科学的儿童观、教育观是建立和谐师幼关系的前提。教师应多观察儿童、研究儿童、参与儿童的活动，在了解儿童的基础上，关注并满足其正当需求，让儿童感受到安全感。

2. 教师应树立师幼平等的观念

虽然教师在知识经验、人生阅历等方面优于儿童，但是在人格尊严、基本人权上教师与儿童是平等的，因此，教师必须树立师幼平等的观念，这是和谐师幼关系建立的基础。教师在日常活动的一言一行中应注意以平等的态度与儿童相处，蹲下来与儿童对话，尊重儿童的人格、权利，平等对待每一位儿童。

3. 教师应重视师幼情感交流

教师在一日活动中不仅要注意知识与能力的教育，更要注重与儿童的情感交流。实践表明，师幼之间的情感关系对儿童的成长有着难以估量的影响。建立良好的师幼关系，情感交流是关键。在日常活动中，教师应给予儿童母亲般的关爱，注意安抚儿童的不良情绪，随时向儿童传达正向的情感。教师可以用自己的语言和肢体动作与儿童进行情感的交流和沟通，也可以通过创设和谐、宽松的氛围来鼓励儿童主动交往。

4. 教师应以宽容的态度对待儿童

儿童由于自身特点的原因，难免会犯一些小错误。面对"成天闯祸"的孩子，教

师如果过于严厉，甚至体罚，儿童则会越来越害怕教师，并与教师疏远，甚至产生逆反心理，进而与教师对立。因此，教师应以宽容、理解的态度看待儿童的一切行为。其实，儿童正是在这种不断的尝试、探索、调整的过程中得以成长的。

5. 教师应加强对儿童的感恩教育

师幼关系是一种双向的互动关系，和谐师幼关系的构建不仅需要教师对儿童的关爱、理解，同时也需要儿童回馈教师的爱。因此，教师要加强对儿童的感恩教育，使他（她）们理解教师的教育行为，学会尊重教师的劳动付出，尊重教师的人格权利，爱自己的老师。

（三）支持儿童的同伴关系

1. 教师应充分认识同伴关系的重要性

同伴关系是儿童最重要的社会关系之一，同伴交往是个体社会化的重要手段和内容，对儿童亲社会行为、社会交往能力、社会认知及情感等方面的发展具有重要意义。因此，教师应转变观念，认识到同伴交往不仅是儿童的基本权利，更是儿童自身发展的需要。教师应加强同伴交往方面的理论学习，结合幼儿园实际对同伴交往做出正确的干预和指导。

2. 教师应为同伴交往创造良好的环境

研究表明，整洁优美、井然有序的物质环境会在一定程度上安定儿童的情绪，增强儿童行为的有序性，有助于儿童对社会性规范的遵从；相反，杂乱无章的物质环境则可能使儿童浮躁不安，易发生争吵、冲突。同时，教师应营造自由、宽松的心理氛围，鼓励、支持儿童之间的交往。

3. 教师应培养儿童的同伴交往技能

儿童由于身心发展水平所限，在社会交往中往往表现出"自我中心主义"的特点，因此，教师应教给儿童一些必要的交往策略，如轮流、商量、合作、分享等。有效的交往策略能促使儿童顺利加入同伴活动，恰当解决同伴冲突，提高交往能力。

（四）构建良好的成人关系

1. 构建良好的家园关系

（1）教师应充分认识家园合作的意义。

《幼儿园教育指导纲要（试行）》中指出："家庭是幼儿园重要的合作伙伴。应本着尊重、平等、合作的原则，争取家长的理解、支持和主动参与，并支持、帮助家长提高教育能力。"在各阶段教育中，幼儿园教育更加需要家长的合作。家园合作是幼儿园教育工作的重要组成部分，是幼儿园完成教育任务、提高保教质量不容忽视的一项工作。

（2）教师应掌握家园合作的方法与技能。

教师应树立正确的教育观念，以平等的态度对待家长，相互尊重、通力合作，积极争取家长的理解、支持和主动参与，并发挥专业优势支持、帮助家长改变落后的教育观念，提高教育能力，改进教育行为。

教师的沟通技能是保障与家长沟通顺畅的基本条件。因此，教师应掌握基本的沟通技能技巧，如倾听的技巧、与不同类型家长对话的技巧、描述孩子行为的技巧、提出建议或意见的技巧等。同时，教师应采用多种途径和方式进行交流与沟通，一方面要谋求价值观的统一，另一方面要积极争取家长参与幼儿园教育活动。

2. 构建和谐的同事关系

（1）教师应保持积极、健康的心理状态。

教师自身健康的心理状态是幼儿园良好心理环境的重要基础，直接影响到儿童身心健康和人际交往能力的发展。教师应保持积极的心理状态和健康向上的生活态度，平时加强与同事之间的交流、讨论，释放工作、生活的压力。

（2）教师应本着平等、尊重、真诚的原则开展合作。

幼儿园教师虽然在职位上有上下级之分，但是所有的教师在人格上都是平等的，因此，教师之间理应相互尊重、通力合作，共同促进儿童身心健康全面发展。

# 第四节　幼儿园的社会环境创设

家庭、社会与学校是三种教育力量，只有三者协调一致，才能使教育取得良好效果。那么，幼儿园应该如何协调各种教育力量形成教育合力，促进学前儿童的充分发展？

# 一、幼儿园与家庭

（一）家庭的教育功能

1. 为学校（幼儿园）教育奠定基础

家长是孩子的第一任教师，也是终身的教师。儿童的发展是一个长期的过程，家庭教育的优劣直接影响儿童未来的发展。相对而言，其他教育都是在家庭教育的基础上开展的，如果缺少家庭教育的支持和配合，那么其他教育的开展和进行将收效甚微。

2. 儿童认识和步入社会的起点

儿童对外部世界的认识完全是从对父母的认识开始，因而家庭也就自然成为学前儿童步入社会的一个起点。在学前阶段，家庭不仅提供基本生活需要，同时传递特定的价值规范和生活经验，以及社会的基本行为准则，是他们步入社会的起点。

3. 促进儿童身心发展的关键所在

不同的家庭会对学前儿童产生不同的影响，适宜的家庭教育是学前儿童身心健康发展的关键所在，一个处于适宜的环境且家庭教育良好的儿童与一个处于单调环境，缺乏家庭教育的儿童相比，无论是其智力反应和个人修养，还是身体健康程度，都有着较大的差距。

4. 家长的教养态度决定儿童的性格与品德

有心理学家提出，家长的教养态度对儿童品德与性格的发展有较高的相关系数，美国心理学家佩克与哈维格斯特在20世纪60年代的调查研究证明，儿童品德的发展与家长的教养态度，关系甚为密切。在家庭生活中，父母及家庭中其他成员对学前儿童的关切、期待与激励能直接或间接地促进学前儿童的自信心、道德品质、智力、语言和社会交往能力的发展；相反，那种漠不关心的、拒绝的、粗暴的、对儿童正当需要不予满足的态度，会阻碍学前儿童安全感、自信心、良好的情感和品德的发展，也会影响学前儿童智力和体力的发展。

总之，家庭教育是任何其他教育所不能代替的，学校教育、社会教育都是在家庭教育基础上的延伸、扩展和提高。我们要真正了解一个学前儿童，就应首先了解其家庭。要保证学前儿童的全面发展,就要加强幼儿园与家庭的联系,充分发挥家长和家庭教育的作用。

(二)幼儿园与家庭沟通的内容

幼儿园要取得家庭对学前儿童教育上的一致和配合,必须主动加强与家庭的联系,有责任做好家长工作。具体工作如下。

1. 了解儿童的家庭及其在家的表现

儿童的家庭及其在家表现的具体情况是开展幼儿园教育的一个重要影响因素。因此,幼儿园教师应熟悉每个学前儿童的家庭情况,了解学前儿童家里有些什么人,家庭的经济情况如何,学前儿童父母的政治思想、文化程度和工作情况怎样。除此之外,也需知道学前儿童在家的具体表现,如智力发展、兴趣、爱好、遵守作息制度以及生活习惯、游戏等实际情况,以有针对性地开展幼儿园教育。

2. 向家长介绍幼儿园的各项工作

家长有权利知道儿童在幼儿园中的受教育情况,因此教师有责任向家长介绍幼儿园的各项工作,取得家长的关心和支持。具体而言,幼儿园教师应全面而详细地向家长宣传幼儿园的教育目标、幼儿园的教育任务、内容,工作方法和工作计划,从而使家长认识教育子女的重要意义,了解教育子女的基本知识,了解幼儿园的工作情况,主动关心和支持幼儿园的工作。

3. 向家长宣传学前儿童教育的知识

幼儿园可以通过本园的教师或者外请专家教授向家长宣传学前儿童教育的知识,帮助他们总结家庭教育经验,解决家庭教育中所遇到的实际困难。一方面,幼儿园教师应经常了解家庭中教育子女的好经验,进行总结并加以推广;另一方面,也应该了解家长在进行家庭教育时所遇到的困难与要求,帮助家长解决这些问题,实现这些要求。

4. 向家长传授正确的教育观念和方法

一些家长在进行家庭教育时,由于教育观念和方法的偏离,总会出现这样那样的违背教育原则的现象。这就需要教师凭借自己的专业特长,帮助家长确立正确的教育观念,掌握科学的方法,使家庭教育正常和合理地进行。

5. 吸收家长参加幼儿园工作

幼儿园应经常听取家长对幼儿园工作的意见，对一些合理的意见加以采纳，以改进幼儿园工作。幼儿园有许多工作可争取家长的帮助，解决幼儿园的一些困难。要欢迎家长在业余时间参加幼儿园的工作。如，志愿者、家长俱乐部、家长参与幼儿园教学工作，等等。

（三）幼儿园与家庭沟通的方法

幼儿园与家庭联系的方式方法有个别进行和集体进行两种。

1. 个别联系方式

个别联系方式包括家庭访问、个别谈话与家长咨询、书面联系等。

（1）家庭访问。家庭访问是加强幼儿园与家庭联系的一种常用方式。教师在进行家访之前要注意：①明确目的，做到事先有计划、有准备；②注意访问方法。要从家长的实际出发，运用不同的方法交谈；③态度要诚恳、友好、自然。向家长汇报学前儿童情况时，应首先肯定学前儿童的优点，而不是只谈学前儿童的缺点，或责备学前儿童和家长；④研究总结，家访之后，教师应对掌握的情况进行研究，并不断总结经验以备后用。

（2）个别谈话与家长咨询。个别谈话能及时地互通情况，交换意见，是与个别家长联系最便利也最有效的方式。幼儿园也应定期或不定期地接待家长咨询。咨询是一种有效的指导家庭教育的方法。

（3）书面联系。幼儿园教师通过书面联系，向家长报告学前儿童的情况，以征求他们对于幼儿园教育工作的意见。家园联系本、便条、通信、学前儿童发展情况汇报单等都属于书面联系。

2. 集体联系方式

集体联系方式包括家长会、家长开放日、家长接待室或父母育儿橱窗，以及家长座谈会，网站与短信等。

（1）家长会。家长会一般可分为全园家长会与班家长会。全园家长会是在全园工作计划中确定的，由园长主持；班家长会则是教师根据本班儿童的具体情况定时或不定时举行。

（2）家长开放日。幼儿园定期邀请家长来园、所参观和参加活动，可增进家长对幼儿园教育工作的感性认识。幼儿园在全园工作计划中可以订出"家长开放日",也可以分班订出"家长开放日"。以每隔二至三个月进行一次为宜。活动之后,要征求家长对幼儿园工作的意见,以改进工作。

(3) 家长接待室或父母育儿橱窗。幼儿园应设家长接待室或设置父母育儿橱窗,放置各种学前教育的相关资料,如优良的家庭教育经验介绍、相关书籍,以及幼儿园的工作安排等,便于家长来园参观时了解幼儿园工作,以及丰富家庭教育的内容。

(4) 家长座谈会。幼儿园应定期或不定期地举行家长座谈会,这类会议人数不宜多,最好20人左右,可按类型分别召开。通过家长座谈会,可以交流教育经验,充分发挥家长自我教育的作用。

(5) 网站与短信。利用现代网络资源和通信设备与家长进行沟通。譬如通过校园网、家长QQ群、家长微信群等进行沟通。

## 二、幼儿园与社区

学前教育作为一种社会现象,是社区生活的有机构成部分,而社区的规划、建设的状况如何对教育质量的高低、效益的优劣影响极大。

(一) 幼儿园与社区合作的意义

1. 优化社区学前教育

学前教育与社区之间的合作,可以一定程度上优化社区的学前教育功能。具体表现如下:①向社区家庭普及优生、优育、优教的知识,指导家庭的优生、优育、优教;②提高社区成员的文化素养水平,改进其陈旧观念与不良习惯,创造良好的社区生活环境与气氛。

2. 提高学前教育机构的教育质量

幼儿园的工作如果得到了社区的配合与支持,那么不仅会给工作开展提供便利,而且能较好地保证学前教育的质量。

3. 促进社区学前儿童的社会化发展

通过与社区进行合作,能扩大学前儿童与外部世界的交往范围。在社区中,学前儿童可以接触到形形色色的人,而在与这些人交往的过程中,儿童不仅能更加深刻地认识自己，同时也能了解他人以及外部世界的复杂性。因此，学前教育与社区合作，能促进每个儿童自我价值感、自尊和健康的自我概念的发展，而且从这个基础出发，儿童可以学习与其他人联系，并从中获得社会知识。

（二）幼儿园与社区合作的方法

具体而言，学前教育与社区合作的方式主要有以下几种。

1. 设置社区学前教育基地

社区学前教育基地的设置一般需要当地社区和其中幼儿园等学前教育机构的相互配合，共同承担社区学前教育基地的工作。社区学前教育基地以服务社区为宗旨，应自觉地承担教育学前儿童的责任与义务，是社区的有机组成部分。社区学前教育基地以覆盖面广、形式灵活、影响持续等特点满足社区中各个家庭的学前教育需要。

2. 成立社区学前儿童早期教育中心

幼儿园等学前教育正式机构可与社区联合启动社区未入园儿童的早期教育，成立社区学前儿童早期教育中心。具体形式有亲子班与家长学校两大类。

亲子班，由社区组织，招收以幼儿园为中心的附近社区中的 0~3 岁未入园儿童，家长带孩子每周定期来园参与亲子活动。幼儿园则提供师资等，组织具体的亲子活动，多方面指导学前儿童家庭早期教育。

家长学校，即幼儿园等学前教育正式机构与社区联合，举办家长学校，有目的、有系统地向学前儿童家长传播科学教育学前儿童的知识，交流优秀的学前教育经验，树立正确的学前教育观念，并掌握一定的学前教育方法。

3. 借助社区教育资源开展社区学前教育

社区应该充分发挥其公共文化设施的教育功能，如图书馆、博物馆、广播、电视等大众传播媒体，以达到创造浓重、高雅的文化氛围，并对社区内学前儿童产生潜移默化的教育的目的。

另外，社区还可以招募一群热心早期教育的早教志愿者并给以指导，充分发挥社区的教育资源优势。

# 第七章 幼儿园环境创设

本章知识结构

本章小结

（一）本章主要内容

（1）幼儿园环境的概念、类型、特点、创设原则与方法。

（2）幼儿园常见活动区的类别与教育功能。

（3）幼儿园各类常见活动区设置的基本要点。

（4）幼儿园精神环境的组成要素与创设要点。

（5）幼儿园与家庭的协调。

（6）幼儿园与社区的协调。

（二）本章的重点、难点

本章的重点是幼儿园环境创设的原则；幼儿园环境创设的方法，常见活动区设置的基本要求；幼儿园精神环境的营造。难点是根据幼儿环境创设的方法解释和分析教育现实，营造良好的社会环境。

(三)学习时要注意的问题

(1)熟记一些关键概念，如幼儿园环境、活动区、幼儿园精神环境等。

(2)识记并理解幼儿园环境创设的原则和基本方法；了解常见活动区的功能，能运用有关知识对活动区设置进行分析，并提出改进建议。

(3)运用幼儿园环境创设的原理分析教育案例。

(4)知道幼儿园与家长的沟通、幼儿园与社区协调的方法。

## 备考指南

本章考点涉及识记、理解与运用三个层面。学习时要注意根据环境的三个构成要素：物理环境、精神环境与社会环境去进行知识点的梳理。在识记基本概念、基本原则和基本方法的基础上，结合幼儿园的环境创设实践案例进行理解与运用。特别注意幼儿园环境创设的总原则，以及幼儿园与家长的沟通等知识点的理解与运用。复习时，切记要注意识记基本概念，通过案例加深对相应原理的理解，同时能够运用相关原理对保育教育材料进行分析。

## 自测训练

一、单项选择题

1. 关于幼儿园环境，不正确的说法是(　　)。

   A. 幼儿园环境指幼儿园的物质设施

   B. 幼儿园环境包括内环境和外环境

   C. 幼儿园环境不仅包括物质设施，还包括人及各种文化因素

   D. 幼儿园环境是幼儿园保育教育赖以进行的一切条件的总和

2. 某幼儿园进行图书角设计时，特别强调要保证室内空气的流通、光线充足、桌椅等无锋利的棱角等问题。该幼儿园进行图书角设计时遵循的原则主要是(　　)。

   A. 安全性原则　　　　　　　　B. 教育性原则

   C. 开放性原则　　　　　　　　D. 适宜性原则

3. 某幼儿园中班正在开展"动物世界"的主题活动，教师在活动区放置了多种动

物的照片并标明了动物名字、生活习性、栖息地等文字。从环境创设的角度看，这符合（　　）。

  A. 艺术性原则       B. 主体性原则

  C. 教育性原则       D. 动态性原则

4. 王老师在进行班级主题墙饰布置时，先征求全班小朋友的意见。小朋友们提出了很多建议，最后，王老师采用了小朋友们提出的"我们身边的科学"为主题，内容板块也根据小朋友的意见，由"会动的玩具""弹性的秘密"等构成。王老师环境创设的方法属于（　　）。

  A. 讨论法       B. 探索法

  C. 操作法       D. 评价法

5. 幼儿园与家长沟通的方式大致有个别联系与集体联系两种。下列各项属于个别联系的是（　　）。

  ①家访　②家长会　③家园联系本　④网络平台

  A. ①②       B. ①③

  C. ②③       D. ②④

6. 关于活动区材料的投放，下列各项中正确的一项是（　　）。

  A. 材料的种类应尽可能地单一化

  B. 多提供成品材料以便幼儿操作

  C. 提供不同难度和层次的材料，适应幼儿差异

  D. 玩具和材料的摆放应是封闭式的，便于管理

7. 图书区以阅读为主。下列各项中适宜与图书区相邻的是（　　）。

  A. 数学区   B. 积木区   C. 沙水区   D. 音乐区

8. 下列关于幼儿游戏活动区布置的说法，正确的一项是（　　）。

  A. 以阅读为主的图书区可与娃娃家相邻

  B. 自选游戏环境的创设是由教师进行的

  C. 积木区可提供一些人偶、小动物、交通工具模型等辅助材料

  D. 娃娃家应该是完全敞开式，让每个人都能看到里面有些什么

9. 精神环境又叫心理环境，下列各项中不属于幼儿园精神环境构成要素的是（　　）。

  A. 园所文化   B. 人际关系   C. 环境装饰   D. 制度规范

10. 在幼儿园的各种人际关系中,对幼儿发展影响最大的是(  )。

　　A. 师幼关系　　　B. 同事关系　　　C. 同伴关系　　　D. 干群关系

## 二、简答题

1. 简述幼儿园环境的教育价值。

2. 简述幼儿园环境创设的基本方法。

3. 简述幼儿园与家长沟通的方法。

4. 简述幼儿园精神环境对幼儿发展的影响。

## 三、论述题

试论述教师在幼儿园环境创设中的作用。

## 四、材料分析题

阅读材料,回答问题。

材料:

甲班教师准备好材料,向孩子们宣布:"我们要把墙面打扮得很漂亮,老师请你们来参加,好不好?"

"老师,那画什么呢?"一幼儿问。

"你们喜欢什么呀?"老师以商量的口吻询问孩子。

"我喜欢宇宙。""我觉得有各种各样的小动物很好看。""画我们的幼儿园吧。"……孩子们七嘴八舌地讨论了起来。

老师微笑着,倾听着,她示意孩子们安静下来,然后宣布:"我们让墙面变成一个美丽的海底世界,好吗?"

然后老师开始分配工作,将一些简单的鱼、水草分配给孩子们制作,自己则开始设计大鱼、海螺、珊瑚等。虽然有几名孩子撅起嘴说自己不喜欢画鱼,但孩子们基本上都服从了老师的安排,活动室恢复了安静。

小涵平时的绘画作品深得老师的赞赏,因此他分配到的工作是画鱼。接下这神圣的任务后,小涵想了很久。小涵看过科学漫画,他知道在深海中的许多鱼由于常年不见阳光,眼睛基本上都退化了,而且是黑黢黢的。当小涵将自己设计的几条深海鱼递给老师时,老师不禁皱起了眉头:"小涵,你画的是什么呀?"

"这是深海中的鱼。"小涵辩解道。

"哦,是深海中的鱼呀。不过这贴在墙上不好看。这样吧,老师给你几张画得很好看的彩色鱼,你照样画吧。小涵肯定可以画得很好看,对不对?"

最后，一个美丽的海底世界出现了，基本上与老师当初设想的一致，老师欣赏着美丽的墙面，非常满意。几名幼儿则围着小涵，传阅着被老师否定的画，讨论着深海中各种奇特的鱼；大部分幼儿已围在玩具架前玩了，他们对刚才画水草的游戏不耐烦了。

问题：

请结合幼儿园环境创设的原则分析甲班教师的做法。

## 五、活动设计题

请为幼儿园小班设计一份"环境保护"的教育主题活动。

# 第八章 教育活动的组织和实施

### 考纲内容

（1）能根据教育目标和幼儿的兴趣需要和年龄特点选择教育内容，确定活动目标，设计教育活动方案。

（2）掌握幼儿健康、语言、社会、科学、艺术等领域教育的基本知识和相应教育方法。

（3）理解整合各领域教育的意义和方法，能够综合地设计并开展教育活动。

（4）能根据活动中幼儿的需要，选择相应的互动方式，调动幼儿参与活动的积极性。

（5）在活动中能根据幼儿的个体差异进行指导。

### 考纲解读

本章内容设置的目的在于考核学生设计和实施教育活动方案的能力。本章的题型主要以选择题、案例分析题和活动设计题为主。因此学习本章要了解教育活动的类型、活动方案的结构要素，掌握活动设计的基本步骤、教育内容选择的依据、教育目标制定的方法以及设计的原则，同时结合幼儿身心发展的特点，学会设计具体的教学活动方案。在实际教学过程中，依据幼儿的个体差异，学会灵活应用本章的知识点，解决实际教学过程中的问题，并运用方法组织实施教学。

# 第一节 幼儿园教育活动设计的基本流程

从广义上说,幼儿园教育活动包括在幼儿园里所发生的一切活动,例如,游戏活动、教学活动、生活活动、运动等;狭义的幼儿园教育活动主要有游戏和教学两大类活动。幼儿园活动具有目的性,但不强调计划性,而游戏活动包括学前儿童自主选择的创造性游戏和教师组织的规则游戏。规则游戏和教学活动具有较高的目的性和计划性,需要教师设计、组织和实施,而创造性游戏和生活活动主要通过教师的环境创设、材料投放和随机指导对学前儿童施加影响,根据其特点进行设计。总的来说,幼儿园教育活动包含教育活动目标、教育活动内容、教育活动实施和教育活动评价四大基本要素。

## 一、幼儿园教育活动的分类

(一) 根据教育活动的性质分类

幼儿园教育活动具有广泛性和启蒙性、趣味性和游戏性、活动性和主体性、整合性和渗透性、随机性和潜在性等特点。依据活动的性质,幼儿园教育活动可以分成运动活动、交往活动、认知活动、艺术活动、游戏活动等五种类型。

(二) 根据教育活动的结构性分类

由于计划性的不同,幼儿园教育活动包括儿童自主生成的教育活动和有教师预先设置的教育活动。其计划性体现在规划过程中每个环节儿童与教师行为要求的差异。因此,幼儿园活动也是结构化的活动。按幼儿园教育活动的结构化程度分类,可以分为无结构游戏、低结构游戏、高结构游戏、完全结构游戏。无结构和低结构游戏往往由儿童发起,强调过程,结构和完全结构游戏往往由教师发起,强调结果。

1. 无结构游戏

以儿童的角色游戏为代表,由儿童发起,围绕儿童的兴趣和需要,儿童决定时间、空间和材料的运用,尊重儿童的游戏体验。

2. 低结构游戏

儿童可以利用游戏材料的特点,根据自己的兴趣和想象创造出各种游戏的形式和结果,以儿童自主游戏为主。如区角活动中的娃娃家,儿童可以积累丰富的感性经验。

3. 高结构游戏

高结构游戏往往有固定的游戏程序设计和规则要求,儿童根据教师预先设定的游戏规则进行游戏,但儿童可以有一定的想象和自主发挥的空间。如开心速递游戏,儿童可以根据速递规则玩速递游戏,但可以选择不同的角色进行。

4. 完全结构游戏

围绕教师的主导要求,由教师发起,教师决定时间、空间和材料的运用,教师获得预期的经验。

(三) 根据教育活动的组织形式分类

幼儿园教育活动的组织形式是指教师组织儿童参与活动的形式。按幼儿园教育活动的组织形式分类,可以将幼儿园教育活动分成集体活动、小组活动、个别活动三种。

1. 集体活动

集体活动是教师按照一定的教学目标,依据一定的原则,选择教学内容,设计教学过程,面向全班幼儿实施教学过程的活动。

2. 小组活动

小组活动就是将全班幼儿分成几组进行的活动。这些活动既有教师安排的,也有幼儿自发组织的。

3. 个别活动

个别活动是幼儿个体自由、自发的活动。

## 二、幼儿园教育活动的目标

(一) 幼儿园教育活动目标的结构

儿童在幼儿园学习的过程中所达到的基本能力水平是幼儿园教育活动目标的体

现。由于儿童在成长中的兴趣、需要、能力的变化和发展，所以幼儿园的教育目标也必须分层次制定，从而构成幼儿园教育目标的结构体系。总的来说，幼儿园教育目标的结构体系可以分为五个层次。

第一层次——幼儿园教育总目标，即幼儿园保育和教育目标。《幼儿园工作规程》第一章第三条明确规定：幼儿园教育的目标，即幼儿园的任务是"实行保育与教育相结合的原则，对幼儿实施体、智、德、美诸方面全面发展的教育，促进其身心和谐发展"。

第二层次——幼儿园五大领域目标：《幼儿园教育指导纲要（试行）》第二部分"教育内容与要求"中明确阐明了五大领域的发展目标。

第三层次——幼儿园各年龄班幼儿发展的学期目标。

第四层次——幼儿园各年龄班发展的月目标。

第五层次——幼儿园各年龄班具体的活动目标，如日目标、各项具体活动目标。

（二）幼儿园教育活动目标的取向

幼儿园教育活动目标的制定基于儿童的生理发展特点、心理发展特征，同时也要反映社会对儿童的期望。因此辩证统一地渗透了教师的哲学观、世界观和价值观。幼儿园教育活动目标大致有以下三个取向。

1. 行为目标

行为目标是以幼儿具体的、可被观察的行为为表述对象的幼儿园教育活动的目标，所指向的是在教育活动实施以后，在儿童身上所发生的行为变化，表述的是可观察到的儿童行为，也就是儿童的学习行为变化的结果。它具体、明确，具有客观性和可操作性，能够指导教师具体实施教育活动并评价其效果。例如，在一个美术欣赏活动"美丽的窗花"中，如果活动的目标设计为"儿童能够说出窗花的颜色、样式和出现的形状，欣赏窗花鲜艳的色彩和生动的形象，能够表达对窗花的喜爱"，它明示了儿童在活动中的行为期望。相比于类似"让儿童感受窗花，激发对窗花的兴趣"的目标，它更加具体，更有利于教师把握。

然而，行为目标虽然具有指导作用，但并不是具体的目标就是最合适的目标，而应在概括化和具体化的目标之间寻求一个合适的过渡。同时，行为目标局限于可观察到的外显的行为变化，而儿童的发展有时难以转化为这些行为指标，如社会情感或意志力的发展。所以，还需要其他方面的目标来补充行为目标。

### 2. 生成性目标

生成性目标是在教育活动过程中自然形成的预期标准。相对于注重教育活动结果的行为目标，生成性目标更关注活动本身的过程，以儿童在教育活动中的表现为基础展开，强调儿童、教师和学习环境的交互作用。

生成性目标的建构以儿童获得的经验为目的，强调儿童主动活动的过程，关注如何为儿童提供适应其发展规律的学习经验，促进个性的完善。因此，不难看出由于活动过程的非预定性，教师往往在实施活动之前无法预测，并且控制和操作难度较大。因而，难以被教师广泛地使用。

### 3. 表现性目标

表现性目标表述的是儿童在参与活动后得到的各不相同的结果。它所关注的是儿童在活动中表现出来的某种程度上首创性的反应形式，而不是事先规定的儿童行为变化的结果，强调的是儿童行为结果的开放性，儿童的个性化表现。表现性目标不是事先规定完成某一个学习活动或任务后获得的行为，而是强调每一个儿童在与环境的互动中所具有的个性化表现。虽然教师无法预知儿童的个性化表现，但不能否认儿童个性的充分展示和发展对儿童自身发展的重要性。例如，对一次动物园参观的活动，如果从表现性目标的角度去设计，教师的关注点就不是"说出看到动物的种类"，而是"讨论动物园动物们的生活，表达对动物的喜爱"等。

在教育活动的设计中，教师可以根据不同的目标取向来设计目标。不同的目标取向来源于不同的角度，不同取向所指定的目标都有其存在的价值，它们之间并不互相排斥或互相对立而是相互补充和联系的。在教育活动的设计和实施中，教师对于行为目标的把握是最基本的要求，但要注意不能过度使用行为目标，把行为目标作为一个机械的过程，忽视儿童在教学活动学习中的主体性和教师的创造性，分裂结果和过程间的有机联系。因而，教师需要全面辩证地看待不同目标之间的关系，根据儿童身心发展和社会发展的需要，科学合理地设计活动目标，从而促进儿童在知识、技能、能力、社会性、情感等几方面的和谐发展。

## 三、幼儿园教育活动的内容

如果教育活动的目标是幼儿园教育活动的导向，那么，教育内容就是实现教育活动目标的载体和对象。首先，幼儿园教育活动内容体现的是"教什么与学什么"的问题，通过递进式的学习过程使儿童掌握一些关键经验。其次，幼儿园活动内容的组织形式必须能确保教育活动目标最大限度地达成所需要的效果。

(一) 教育活动内容选择的原则

教育活动内容的选择是一项复杂的工作。选择的依据要兼顾诸多因素，兼顾幼儿、幼儿园工作、家长、社会发展等各方面的需要，以保证活动内容的科学性和适宜性。选择的主要依据是较高一级的教育目标、儿童兴趣及需要和儿童的年龄特点等。

1. 发展性原则

教育的目的是促进儿童的可持续发展，因此，从儿童终身学习和发展的角度看，幼儿园教育与未来学校教育之间需要必要的衔接。从教育活动内容选取的角度分析，首先，教育活动必须反映当代社会文化发展的进步，紧随时代发展的步伐，由此才能符合教育目标的要求，为满足社会发展需要奠定基础；其次，教育活动内容本身也要反映事物发展的内在规律，同时符合儿童身心发展连续性和阶段性的需要，体现教育内容和知识经验的衔接，遵循渐进、由浅入深、由易到难、由具体到抽象的规律，建立有关联和层次的认知系统。

2. 适切性原则

《幼儿园教育指导纲要（试行）》指出，教育活动内容的选择应该既符合幼儿的兴趣和现有经验，又有助于形成符合教育目标的新经验；既贴近儿童的生活，又有助于拓展幼儿的经验；既体现内容的丰富性、时代性，又注重幼儿学习的必要性、妥当性以及与小学教育的衔接。这些原则要求要围绕儿童的生活经验提出，所以，幼儿园教育活动内容的选择必须以儿童的生活经验为基准，尊重儿童在认知、情感、社会性发展、生理发育等方面的一般规律，提出既适应于儿童原有经验，又鼓励儿童自主建构的活动内容，并适应儿童"最近发展区"的难易程度。此外，协调社会生活经验和儿童个体生活经验的矛盾也显得尤为重要。

3. 目标性原则

教育内容是教育目标实现的有效载体，因此，作为教育活动内容选择的重要依据，教育内容的选择和编排必须与教育活动目标相对应。具体来说，能对应和有效实现教育目标的内容是"有助于儿童基础知识和能力的增长""有助于发展儿童认知能力和积极情感态度的内容""有助于儿童掌握有效的学习方式和社会性交往的内容"。

#### 4. 兴趣性原则

儿童的年龄特征决定了兴趣是学习的最大内驱力，使儿童有主动参与活动的愿望，并保持积极性。儿童的兴趣和需要是选择教育内容不可忽视的重要因素。《幼儿园教育指导纲要（试行）》中指出，教师应善于发现幼儿感兴趣的事物和偶发事件中所隐含的教育价值，把握教育的时机，提供适当的引导。首先，教师需要运用基本的观察方法和技能捕捉儿童的兴趣点，注重个性差异，从儿童感兴趣的事物中生成教育活动的内容和材料。其次，教师也可以预设一些既有利于儿童发展，又能激发儿童兴趣的活动内容，如通过给小班儿童预设"颜料手指画"的内容，既能让儿童感受色彩的美丽，也能促进儿童想象力的发展。

### （二）教育活动内容选择应避免的问题

#### 1. 内容选取脱离目标定位

由于幼儿园教育活动目标的导向性，活动内容的选取依附于目标的制定。然而，在实际教学中，缺乏经验的教师往往本末倒置，盲目地选取内容后再分析其教育价值。造成的问题主要有重复的关键经验和由于内容和目标脱节造成的教育价值的缺失或流失。为了保证目标和内容有相对的一致性，教师在设计幼儿园教育活动时要以《幼儿园教育指导纲要（试行）》《3—6岁儿童学习与发展指南》和教材为蓝本对儿童的关键经验进行梳理，确定合适的目标和内容。

#### 2. 内容选取超载

超载，顾名思义，即超过了承受的力度或超出了承受范围。体现在儿童活动设计中，主要是量和质的超载。量的超载即单位时间课时内，儿童活动的内容过剩，导致阶段性内容不清晰，或有"加时"等原因影响幼儿园一日活动的顺利进行。质的超载又分为高质超载和低质超载。幼儿园活动目标和内容的设定超出某个阶段儿童的发展需求和能力范围的，儿童通过努力仍无法完成的，即为高质超载。相反的，儿童已掌握的，无须努力即可完成的，就是低质超载。超载导致幼儿园课程的失衡，因此，幼儿园教育活动设计者必须考量整个课程的价值和儿童的发展能力与需要，以此为基准选取适当的内容。

#### 3. 预成与生成内容不适宜

当今我国的幼儿教育工作者越来越重视"幼儿主体，教师主导"的教育理念，旨在创设最适宜儿童发展的环境和教学课程。西方教育理念的引入引起广大幼儿教育工作者的反思,而预成和生成的关系是主要关注点之一。其中,一种倾向是教师急于结合新的教育理念,在生成过程中摒弃了传统的教育目标,从零散的儿童学习生活中萃取了一些内容,组成了"特色型"的课程设置;另一种倾向是教师重新反思审视预成内容的价值,按照教材的线索一成不变地操作,致使生成内容的空间大大缺失。这两种倾向都体现了教师在幼儿园教育活动设计中对预成与生成内容的把握失当。因此,幼儿教育工作者应联系幼儿园的实际情况,梳理分析预成内容中的价值,再从儿童生活的关键事件中选取最适宜儿童发展的内容,结合儿童的兴趣和需要,设计适宜的教育活动。

## 四、幼儿园教育活动的实施

确定了教育活动的目标,选取了适宜的教育活动内容,静态的内容得以呈现,然而,将静态的内容转化成动态的学习过程需要幼儿园教育活动的实施。

(一) 教育活动组织和实施的基本要素

1. 教师的教育观念

《幼儿园教育指导纲要(试行)》中明确指出,教师应为幼儿学习活动的支持者、合作者、引导者。在实际的教育工作中,当教师身处教育现场时,常纠结于使用传统的教育模式还是现代教育模式。教师不自觉地受传统教育观念的影响,在教育活动实施中张扬教师的权威性,影响儿童的自主性和相应的权力。要建立正确的教育观,教师应注意下述两点。

(1) 处理好教师权威和儿童权利的关系。教师对儿童的身心发展提供保护、引导和教育支持,承担着把主流社会所倡导和肯定的价值观念、行为规范和知识技能传递给儿童的任务。教师的这一预设形象,加之中国传统文化的影响,使得教师的权威地位在幼儿园得以体现。然而,教师对社会角色接纳的理所当然,促使其在和儿童交往、互动中不自觉地带有权威意识。值得注意的是,教师的权威是有限度的,在引导儿童学习的过程中,要结合儿童的发展特点,尊重和相信儿童,建立相对平等和互相信任的师幼关系,民主地对待儿童,以接纳、尊重的态度,耐心倾听和理解儿童的想法和感受,鼓励儿童自主地探索。

(2) 处理好教师主导和儿童主体的关系。现代的儿童观认为,教育活动过程中的儿童，是一个积极参与活动并建构相应知识经验的主体，儿童通过主动表达自己的感受、兴趣和需要，以及与伙伴、教师和环境的交流互动，实现自身的发展权利。从社会的角度看，儿童是一个独立的社会人、发展中的人，游戏、学习和发展是他们的基本权利，探索、交往、操作等都是他们满足发展需要的基本途径。所以，教师应当清醒地认识到教师的主导价值是服务于儿童的主体价值之上的。

2. 教师的教育能力

幼儿园教育活动是教师依照一定的教学目标，通过系统地为儿童创设适宜发展的环境和相应的学习材料，帮助儿童获得和提升经验，引导儿童健康发展的重要途径。因此，教师除了具备正确的教育观和儿童观，掌握相应的教育活动组织实施能力也尤为重要。

(1) 观察儿童的能力。教育活动的复杂性和儿童的个体差异性需要教师具备敏锐的观察能力，善于观察是教师专业能力的基本要求。首先，教师在教育活动中要了解儿童的兴趣、需要、个体差异和发展能力的差异，以便更好地制定和调整教育目标和内容。同时，教师也要及时地观察儿童对学习环境、材料和组织形式的反应变化，分析了解儿童不同发展水平的需要，进而为儿童提供适时的指导。另外，教师还要通过观察儿童参与活动的态度和情感变化捕捉信息，鼓励儿童进行自主的探索和创造。

(2) 与儿童积极互动的能力。教育活动是师幼双方交流互动的过程，教师在教育活动中发挥主导作用时，作为有目的性和计划性的主体，应当积极地与儿童沟通交流，通过教师主动发起或引导儿童发起的互动，鼓励儿童主动探索和大胆尝试。作为教师，既要从与儿童的沟通着手，激发儿童学习探索的兴趣，引导儿童通过主动思考和与同伴交流合作促进自身发展和能力的提升；同时，也应当运用非语言的线索，通过非语言沟通的方式，如身体动作暗示和行为示范等与儿童进行情感交流，为儿童提供情感支持，增强他们的信心。

(3) 及时转变角色的能力。教育活动中教师的角色具有多元性和特殊性，这取决于教育活动情境的复杂性。相比于传统意义上的"传道授业解惑"，教师是儿童活动的支持者、合作者、指导者，角色的变化性要求教师根据具体的教育对象、教育目标、教育情境，把握合适的时机，灵活处理各个角色的更替。

(4) 不断反思和评价的能力。在教育活动的过程中，教师除了环境创设、材料投放与儿童积极互动外，还应当及时地针对儿童活动的进程进行评价，进而反思活动设计的有效性，教育行为策略的针对性和对儿童的影响，以此来确定自己的教育行为和儿童的态度之间的联系。一般来说，教师对活动的反思评价主要包括：活动的目标是否符合儿童的发展水平与能力；活动所提供的学习经验是否能促进儿童的关键性经验积累，进而促进儿童的认知发展；活动的组织形式是否符合儿童的年龄特征和兴趣需要；活动过程是否强调儿童的主体性和同伴间的合作交流等。

（二）幼儿园教育活动实施的问题与对策

1. 过度关注个人忽略全体

在幼儿园教育活动中，教师常常为了个别儿童的发展，而忽略了其他儿童的发展和感受。此时，就会出现隐性的浪费时间和儿童无谓的等待。例如，在语言活动中，教师为了强化个别儿童的发音，运用了读音卡片等针对性的材料，组织实施了强化性的活动。通过活动的实施，一方面，个别儿童掌握了发音规律，理解如何正确地读音；另一方面，由于儿童认知能力或意志力的差异，大部分儿童难以将注意力集中，因而造成了时间的隐性浪费。因此，教师预想的效果不但没有达成，反而妨碍了大部分儿童有意义的活动体验。

在教育情境中，教师若碰到类似的情况，在关注每一个儿童发展的基础上，将个别儿童存在的问题扩展到全体，实施活动时使每一个儿童都参与进来。例如，教师在个别儿童发音不规范时，鼓励全体儿童积极倾听，并和儿童共同讨论分享信息、交流正确的发音方式，通过示范法，使全体儿童都引起注意，增强了活动的体验性。

2. 教学过程缺乏灵活性

对于教师来说，由于儿童的个体差异性，在以促进儿童发展为目标的活动组织与指导中必须遵循灵活性的原则。灵活性原则是灵活地处理"预设"和"生成"的关系。教师作为教育活动的设计者、组织者、引导者，自然会在教育行为或教学策略中体现一定的计划性。但是，教师也常常会碰到类似以前的活动内容和材料，而导致不能引发儿童的兴趣的情况，或是由于儿童的自发探索，在某个活动环节派生出新的内容，从而取代对原有内容的兴趣等情况。由此，教师的创新性体现在不仅仅局限于既定的教学计划，还体现在敏锐地捕捉儿童的兴趣和需要，以此作为灵活调整活动的基本点，在大部分儿童的经验和兴趣的范围里即时生成新的活动内容，从而体现儿童的主体性，在自主建构和探索中积累经验。

3. 教师忙于"过度照顾"

在儿童通过教育活动积累处于最近发展区内的经验时,教师的适当介入、引导和干预尤为重要。然而,在教育活动实践的环节中,往往会出现极端的现象。一方面,教师频繁地介入活动引导儿童学习,就会取代了教师作为观察者的角色。这种"过度照顾"的方式不但不利于儿童的学习和关键经验的积累,反而干扰了他们自主探索的过程,剥夺了儿童提升独立性的机会。另一方面,教师有时既不履行观察者的角色,更不介入指导,任由儿童自由操作,虽然儿童可以得到愉快的体验,却无法有效地积累关键经验。

在幼儿园活动实施过程中,教师的指导是必要的,也是有前提的。教师必须通过观察分析儿童遇到的具体困难,是否可以通过自己的努力或同伴的协助引导得到解决,进而根据需要,采取不同的方法给儿童提供支持。

## 五、幼儿园教育活动的评价

(一)幼儿园教育活动评价的基本原则

幼儿园教育活动由于具有目的性和指向性,其目标是否达成,教育价值的体现程度、社会需要的满足以及幼儿发展的促进效果等,通过系统的评价,各项指标得以落实和体现。其原则是人们行为或道德依据的法则标准。幼儿园教育活动评价的基本原则不仅要具有理论参考价值,更要对实践有指导意义和参考价值。

1. 尊重性原则

在幼儿园教育活动的评价中首先应注意对评价者的尊重,无论评价的对象是教师还是儿童,评价都应做到客观、公正。同时,体现激励和正面肯定的内容,呈现鼓励性,以帮助教师或儿童发现、发扬长处,弥补不足。评价者应善于发现和肯定教师在教育活动中的成功和创新之处,鼓励教师进行自我反思,加强对教育活动的调整。另外,为了确保评价的客观公正,评价者和被评价者之间应该保持相对平等的关系。

2. 科学性原则

教育活动评价的科学性原则要求评价者避免只凭主观经验和直觉来评定教学质量

和儿童的发展水平，而应采用科学合理的手段进行评价。评价者在评价开始之前要做好充分的准备，明白评价的目的和原因，满足什么需要，解决什么问题，应该采集哪些方面的信息，可能会用到哪些策略或评估的工具等。同时，在评价实施的过程中，评价方法要具有科学性，便于评价者有效地操作和实施。另外，评价者要注意综合教育活动各相关因素间的关系，从静态的目标内容指标和动态的实施过程两方面进行评价。

3. 全面性原则

为了更好地发挥评价在促进儿童发展、教师专业能力提升等方面的功能，评价者在实施评价的过程中应当遵循全面性的原则。比如，针对儿童的评价，一方面评价的内容要反映儿童发展的整体水平、结合认知、与同伴的交往合作和环境的互动等，避免评价内容偏向教学活动内容的某个方面，出现评价的片面化现象。从儿童整体发展的角度出发，关注儿童多方面的发展需要，诸如兴趣、态度、情感、习惯、独立能力等，多方面进行综合考察和评价。另一方面，评价渠道的多样性也尤为重要，例如，评价者可以通过观察、记录、采访等，对活动中的儿童和教师进行多层面的评价。

4. 个别化原则

儿童作为发展中的独特个体，兼顾全面性和个性发展两个方面。作为教师，既要关心儿童在群体中的全面发展，也要注意其作为独立个体的发展需要。因此，对于教育活动的评价者来说，既要关注儿童整体性的全面和谐发展，也要注意儿童在活动中的突出表现和潜力，为其个性化发展留下空间。

（二）幼儿园教育活动评价应注意的几个问题

当前的评价问题诸多，如注重表演效果而不看儿童发展，注重评价结果而忽视对教师的专业指导。幼儿园管理者评价过于泛化，教师的评价过于注重细节，两种评价对教育活动设计与组织的改进均缺乏操作性。为充分发挥教育活动评价的诊断和导向作用，评价过程中必须注意以下几个问题。

1. 给评价一个恰当的定位

评价的目的应定位于改进教育工作，而不是急于给儿童和教师明确的定位，使其更有利于儿童的全面发展，也更有利于教师的自我成长；评价应当把握时机，在教育活动过程中进行，以便发现教育活动中存在的问题，及时改进、补充，而不是在学期末或幼儿园毕业时再进行评价，否则发现问题将无法弥补；评价的主体应当多元化，注意教师的参与、交流、分享、借鉴。注重教师的个人反思和集体反思；评价的手段应当科学，以教育专业知识为基础，反思教育实践，达到做前思、做中思、做后思。通过不断反思，使教育实践与教育理论互相印证。

2. 坚持过程和结果并重

过程中蕴含着内容，如学习的方法、策略的渗透，对合作的体验、成功的愉悦等，教师的教育策略本身也应当是教育的内容，它对儿童起着潜移默化的影响。教育活动过程中体现出来的儿童参与活动的兴趣、态度、专注等同样是评价的重要信息和依据。结果是评价信息来源的一个部分。结果有显性与隐性之分，显性的结果如作品、语言或动作的表达等，应当重视，但不能作为评价的唯一依据，它仅仅是儿童学习成果的部分外化；隐性的东西可能更多，况且儿童的学习还更多地与他们的想象联系在一起。因此，我们在评价过程中，不能仅看显性的结果而忽视隐性的结果。

3. 教师的行为与儿童的反应应当受到同样的重视

教师的行为应当和儿童的反应相适宜，教师对儿童的评价应具有激励性、针对性。师生的互动应当是自然的、以儿童的行为反应为依据的，而不是刻意和强迫的。教育活动是教师配合儿童的发展步调、促进儿童发展的过程，而不是儿童配合教育完成教学任务的过程。

4. 控制点的把握应当准确

控制点存在于教育活动的过程之中，有的是显性的，如集体活动中常常出现的观察学习、尝试创造、分享交流的活动设计；有的是隐性的，如儿童自主的活动中，常常采用感知、交流、归纳、迁移的活动设计等。不同的环节各有侧重、各有价值，按各阶段的教育意图是否达到，是否在儿童身上得到了体现，完成的质量标准应当是这一环节的控制点，达到了控制点的要求，活动即可继续进行，否则就应做相应的调整。

# 第二节 综合性主题活动的设计

《幼儿园教育指导纲要（试行）》指出，教育活动内容的组织应充分考虑到幼儿的学习特点和认知规律。本节和下一节将结合儿童发展特点，从各领域内容相互联系渗透的综合性主题活动设计和有目的性的单一教学活动设计两方面进行探讨。

## 一、综合性主题活动的意义

（一）综合性主题活动顺应儿童经验的整体性特点

建构主义者认为儿童在与环境互动的过程中，经过"同化－顺应"的循环往复过程不断汲取经验，建构自身对事物的解释。然而儿童还不具备经验的整合能力，难以将单独一节课的内容主动综合起来。因此，教育活动本身需要具有整合性。

（二）综合性主题活动是实现各领域教育目标与内容整合的有效模式

根据儿童的学习特点和认知规律，各领域应该有机联系和互相渗透。主题活动的形式是整合儿童各方面经验的渠道之一。同一个主题，可以通过动作、语言、声音符号、想象等多角度认知表达。比如，围绕"毛毛虫"这个主题，儿童可以通过角色扮演，对毛毛虫进行想象或模仿，可以通过唱儿歌来表达毛毛虫的特点，可以通过故事描述来表达对毛毛虫的了解等，在各种认知中体现毛毛虫的形态、特点等。

（三）综合性主题活动可以涵盖认知、动作与情感目标

根据布鲁姆的教育目标分类体系，教育目标可以分为三个领域。综合主题活动由于其经验范围比单一的教学活动更加广泛，因而可以涵盖这三个维度，实现从不同角度促进幼儿情感、态度、能力、知识、技能等多方面发展的目标。

## 二、综合性主题活动的设计

（一）综合性主题活动方案的结构

1. 主题目标

根据布鲁姆的教育目标分类系统，主题目标包括认知、动作、情感三个维度。

（1）认知目标包括知识和认知技能两方面。知识即对周围事物和现象的认识结果；

认知技能指对事物感知、理解的过程，如方案活动教学中经常体现的提出问题与猜想、经过调查搜集信息、表达与交流等。

(2) 动作领域的目标包括粗大动作和精细动作两个方面。布鲁姆教育目标分类系统将动作领域的目标分解为以下从低到高七个层次。

①知觉。能够观察到动作的基本流程。

②定势。是为了某种特定的行动或经验而做出的预备性调整或准备状态，指儿童在生理和心理上做好了准备。

③指导下的反应。指导下的反应是个体在教师指导下，或根据自我评价表现出来的外显的行为行动，如儿童对动作进行模仿。

④机制。儿童能够独立完成动作的流程，由于不够熟练，部分动作仍处于模仿习得阶段。

⑤复杂的外显反应。儿童已具备所需要的动作形式，能够从事相对复杂的动作行动，并且能够进行得既稳定又有效，即花费最少的时间和精力完成这一动作。

⑥适应。儿童能使自己的动作活动适合新的问题情境，是较高水平的动作技能。

⑦创作。儿童根据在动作技能领域中形成的理解力、能力和技能，创造新的动作行动或操作材料的方式，如舞蹈的创作与编排。

(3) 情感目标包括情感与态度两个方面。例如，《3—6岁儿童学习与发展指南》中科学领域的亲近自然、喜欢探究属于情感领域的目标。亲近是一种态度，喜欢就是情感的表达。主题目标的表述由于其具体、明确性要求较低，可采用表现性目标的语言规范来表达。

2. 主题系列活动

主题系列活动是实现目标的过程安排。主要考虑活动内容和活动之间的关系、时间顺序等。

系列活动应包括单一活动、游戏活动和其他辅助活动。系列活动的表述可以是叙述式，也可以是表格式或网络图。前提条件是要明确活动名称、活动地点、时间、组织形式等要素。

3. 环境创设

环境的创设应围绕教育目标，部分环境要素随主题变化。空间的布置和材料的投放都需围绕主题内容的变化而变化。

(二) 综合性主题活动方案的设计步骤

1. 选择与确定主题

综合性主题根据其稳定性可以分为稳定的主题、相对稳定的主题、变化性主题和生成性主题。

(1) 稳定的主题。一般来源于幼儿园的课程体系,是根据儿童的发展需求设定的,如四季的变化、节日习俗等。

(2) 相对稳定的主题。也来源于幼儿园的课程体系,往往是园本课程主题,和幼儿园的教育理念密切相关,具有一定的特色。如强调自然教育的幼儿园,会有倾向地设定一些植物种植的主题活动。

(3) 变化性主题。往往来源于社会的热点,如亚运会的举办,演变成鼓励儿童大肌肉运动的主题;或雾霾现象,演变成保护环境的主题等。

(4) 生成性主题。源于儿童的兴趣、发展需要或教师经过观察发现的儿童问题。例如,儿童对毛毛虫的兴趣可以生成昆虫的主题;教师在儿童生活中发现了普遍的抢夺问题,可以生成分享互爱的主题。

2. 确定主题方案的目标

确定主题目标需要经过内容分析、发展特点分析和目标陈述三个步骤。

(1) 主题内容分析。首先,通过发散性思维,将主题关键词蕴含的所有内容都罗列出来;其次,根据儿童的认知水平、经验积累进行筛选,将儿童很容易完成的、已具备经验的内容和儿童完成较困难、难以学习掌握的经验删除;最后,按照性质将能够学习的内容之间的逻辑关系理清。

(2) 发展特点分析。确定儿童已有的经验和认知的特点,再围绕主题学习内容,分析儿童的学习特点。

(3) 目标陈述。根据认知、动作和情感三个维度将可能的目标和具体的目标罗列出来,一般在三到六条即可。

3. 编制主题活动网络

主题活动的网络编制,首先,要围绕目标,经过发散性的思考将可能的活动罗列出来;其次,根据其教育价值和可行性进行选择;最后,将选择好的活动根据儿童的学习规律按照一定的逻辑顺序进行编排,一般按照时间顺序。

### 4. 设计系列活动

综合性活动设计在考试中以解决现实问题为主,历年考试通常先确定问题与现象,然后要求分析原因,确立目标,并设计解决方案。下面结合实例进行说明。

材料:

中二班幼儿在娃娃家游戏中,接待客人主动热情,与长辈交往很有礼貌,可家长却说,孩子在家不是这样的,有客人来了很少打招呼,还经常对爷爷奶奶发脾气。

问题:

请针对上述幼儿行为的反差,设计解决这一问题的教育方案。

(要求:写出问题的原因分析、教育主题、教育目标、活动组织和环境创设等。)

(1)原因分析。

①儿童的心理特点。中班儿童自制能力差,对家长有强烈的依赖心理。幼儿园的集体生活,对孩子的行为有所制约,与家里的生活环境完全不一样。孩子在家时,心理上产生放松的感觉,已有了荣誉感,需要在集体中获得一定的认可。

②家长在平时的教育中没有重视对孩子的严格要求;保护过多,对孩子包办代替;教育方法不得当;忽视了家庭与幼儿园教育的一致性。

(2)确定主题。

由此可以生成教育主题:文明礼貌的好孩子。

(3)教育目标。

①认知目标:能够说出懂文明,讲礼貌的表现;在幼儿园和家里都能有文明礼貌的言行举止。

②动作技能目标:能主动地帮妈妈或爸爸做一件事,体现对他们的关心;每天能对自己的爸爸或妈妈说一句:"爸爸(妈妈),您辛苦啦!"

③情感与态度目标:积极地参与幼儿园和家里的各种活动,为自己的文明礼貌感到自豪。

(4)活动组织。

活动组织安排如下:

| 时间 | 活动名称 | 活动类型 | 活动准备 | 主要内容 | 组织形式 |
|---|---|---|---|---|---|
| 周一 | 故事欣赏《小公鸡有礼貌》 | 语言领域教学活动 | 课件 故事书 | 1. 教师通过课件讲述《小公鸡有礼貌》<br>2. 组织讨论小公鸡的做法<br>3. 教师读故事书，幼儿分组扮演故事中的动物 | 集体教学，分组讨论 |
| 周二 | 《咱们从小讲礼貌》 | 音乐教学活动 | 课件 钢琴曲《咱们从小讲礼貌》 | 1. 教师通过播放课件使幼儿掌握韵律<br>2. 组织讨论歌曲中的讲礼貌行为<br>3. 教师通过钢琴，组织幼儿欣赏并歌唱歌曲 | 集体教学 |
| 周三 | 《我们是文明礼貌的好孩子》 | 影片观摩活动 | 以讲礼貌为主题的影片 | 幼儿在学校欣赏相关主题影片 | 集体教学 |
| 周四 | 怎么做一个文明礼貌的孩子 | 社会领域活动 | 文明礼貌行为的卡片 | 教师出示文明礼貌行为的卡片，组织孩子结合经验分享做到文明礼貌的办法 | 集体教学 |
| 周五 | 我能做到文明礼貌 | 社会领域活动 | 不同角色的衣服（爸爸，妈妈，叔叔，阿姨） | 幼儿分工进行角色扮演，演主人和客人 | 小组 |

（5）环境创设。

①在表演区域投放不同角色的衣服，设置家庭的模拟场景。

②主题墙：文明礼貌的言行图示或照片，卡片等。

③家园共育：提前告知家长教育目标和家庭教育的要求；请家长准备文明礼貌的影片；家长拍摄孩子在家文明礼貌的行为，照片或视频。

## 第三节 单一教学活动的设计

### 一、单一教学活动设计的原则

(一) 教学目标突出领域元素

根据儿童注意发展的特点，注意力稳定的时间短，有时为了突出教学重点，需要设置单一的教学活动，突出领域的特点，来帮助儿童实现学习目标，积累关键经验。例如，为了实现社会教育目标而选择故事形式实施教学时，核心目标是故事所蕴含的情感和道理，而故事中的词汇、语音、句型等只是在学习中自然渗透。

(二) 综合考虑师幼互动的组织形式

发生在幼儿园的师幼互动是具有多种场景、内容和形式的。一般说来，可以有以下几类。

(1) 根据主体不同，可以分为教师与儿童群体的互动、教师与小组儿童的互动和教师与个别儿童的互动。

(2) 根据场景的不同，可以分为教学活动中的互动、游戏中的互动和生活活动中的互动。

(3) 根据互动发起者的不同，可以分为教师主动发起的互动和儿童主动发起的互动。

(4) 根据互动目的的不同，可以分为正式的互动和非正式的互动。

教学过程的设计需要考虑每个环节的安排和互动的形式，安排教学环节时需要考虑儿童的学习特点，根据儿童内在的建构过程来安排教学环节。师幼互动的形式除了决定于儿童的需要，还要考虑时间、空间、材料和组织形式等要素。

(三) 注意每一个教学环节的有效性

教师指导的教学活动具有结构性较强的特点，教学的每个环节和方法都是围绕目标和内容设计的,在教学过程的设计中应尽量减少与目标和内容无关的行为,过多的形式可能会难以实现教学目标。

## 二、单一教学活动方案的结构

(一)活动目标

根据布鲁姆的目标分类系统,活动的目标可以从认知、动作、情感三个角度设定。然而,由于幼儿园高结构活动的内容较少,不是所有活动都会兼顾到这三个方面的目标。因此,幼儿园单一活动目标的设计,可以从知识与技能、过程与方法、情感与态度三个维度去确定。

1. 知识与技能目标

儿童在活动中获得的认知性经验,可能是知识,也可能是技能。例如,认识人体主要获得人体各个部位的名称、形状、功能等陈述性经验;学习踢足球,主要获得踢球的动作领域经验积累,即踢球的技能。

2. 过程与方法目标

过程与方法就是儿童获得经验的流程方法,教师在教育指导过程中一般强调感知的顺序性。例如,儿童学习认识人体,可以通过看、听、摸、记等顺序性的重复过程积累与人体相关的经验。

3. 情感与态度目标

情感与态度就是活动过程中产生的兴趣,积极性的表达对事物和活动的反应。认识人体的过程中,在情感和态度上可能出现惊讶、好奇等反应。

(二)活动准备

1. 物质准备

幼儿园的教学活动,无论是综合性主题活动还是单一的教学活动,教师都需要运用大量的符合儿童发展需要的感知、操作性材料,帮助儿童通过感知和操作来学习。

2. 经验准备

教师在活动准备阶段必须要明确,儿童学习某个内容时需要具备哪些经验。如果儿童还不具备相关的经验，就要利用游戏、家园合作等多种形式的活动拓展幼儿的经验，使儿童有先期经验的准备。例如，多元文化活动，学习歌曲《世界的色彩》，教师需要通过展示图片或视频等方式指导儿童认识不同颜色的人种，为歌词的理解奠定基础。

（三）活动过程

1. 导入

教育活动是教师有目的、有计划、有组织实施的活动，教师承担着引导儿童进入主题，通过探索、表达、重复等方式建构经验的角色。因此导入环节非常重要，它可以在较短时间内吸引起儿童的注意，激发学习的兴趣，引导儿童主动探究和思考，保证活动进程的顺利。儿童的注意以无意注意为主，有意注意处于初始阶段。教师应根据儿童不同年龄的注意特征来设置合适的教学材料，来吸引儿童的注意，进一步激发他们的兴趣。

2. 提问与回应

提问是教师运用语言与儿童进行互动的基本策略之一，目的如下。

（1）帮助儿童提取已有经验。

（2）引导儿童进行观察、想象、思考和创造。

（3）了解儿童对活动材料或主题的态度与情感。

（4）帮助儿童围绕主题目标进行学习。

同时，教师的积极回应是其指导活动过程的重要策略，教师需要敏锐地意识到儿童的需要，并及时提供帮助。然而，一般来说，教师的"回应"和"暂时忽略"是相对而言的，教师的暂时忽略有时是为了给儿童留一些探索和思考的空间，使他们能主动思考和反思。

在提问与回应环节，问题的设置尤为关键。教师要通过提问和回应的方式引导儿童实现学习目标。例如，认识人体，教师的目标是学会运用观察的方法，会提出类似于"你是怎么知道鼻子是尖尖的、滑滑的？"教师的重点如果是鼻子的外形特征，会提出类似于"谁知道鼻子是怎么样的？"的问题

3. 尝试完成任务

为了检验提问与回应环节的学习效果，教师往往会给出有变化的任务让儿童完成，可以采取独立完成或小组合作方式。例如，认识人体，教师可能会提供不同形状

或不同颜色的鼻子的图片,让他们辨认。

4. 评价与巩固

在评价与巩固环节的设计中,教师往往会给出新的任务,让儿童完成,以达到评价学习效果和巩固学习成果的目的。新任务增加难度和变化是为了检验儿童能否顺利完成,实现教学目标。值得注意的是,如果完成的过程不顺利,教师需要明确后续的补救方向,通过迁移的方式延续儿童的学习。例如,在认识人体的活动中,教师希望检验儿童的观察方法时,可以给出眼睛或耳朵让儿童感知认识。如果教师的目标是为了让儿童了解人的鼻子的形态特点,教师可以把大象、猴子、猫等动物的鼻子图片和人的放在一起,让幼儿识别。

5. 迁移与应用

迁移与应用环节是评价后的引出部分,一般称为延伸活动。为了让儿童对关键经验进行巩固或创造。具体表现为将教学活动中获得的经验迁移到生活或游戏中,有时延伸为另一个教学活动。例如,认识人体之后,教师可以引导儿童自由绘画,表现人体器官的特点。

## 本章知识结构

## 本章小结

（一）本章主要内容

（1）幼儿园教育活动设计的基本流程。
（2）幼儿园教育活动不同分类标准与类型。
（3）幼儿园教育活动目标的三个取向及具体制定方法。
（4）幼儿园教育活动内容的选择原则，以及在选择过程中应避免的问题。
（5）幼儿园教育活动组织和实施的基本要素、问题与对策。
（6）幼儿园教育活动评价的基本原则和应注意的问题。
（7）综合性主题活动设计方案的结构及步骤。
（8）单一性教学活动设计的三大原则。
（9）单一性教学活动方案的结构与设计。

（二）本章的重点、难点

本章的重点是教育活动设计的基本步骤、原则、策略及注意的问题；难点是根据教育目标和幼儿的身心发展特点，确定活动目标、选择相应的内容、编写活动设计方案，并应用相应的教学方法来解决实际教学活动中的问题。

（三）学习时要注意的问题

（1）熟悉幼儿园教育活动的基本流程，特别注意综合性主题活动的结构与单一性教学活动方案的结构。
（2）熟记幼儿园教育活动设计的基本原则与方法。
（3）注意幼儿园教育活动设计中常见的问题以及处理方法。
（4）根据儿童年龄特点和不同教育活动形式的特点，设计一个活动方案。
（5）运用相关的原理解释或评价相关的幼儿园教育活动设计方案。

## 备考指南

幼儿园教育活动是国家教师资格证考试中的重中之重，一般情况下占有极高的分值，所以复习时应引起足够的重视。具体复习时应集中精力应对材料题与设计题，

# 第八章 教育活动的组织和实施

就是说要从大视野出发,将本章的知识进行结构化处理。如首先牢记幼儿园教育活动设计的四大环节,然后牢记综合性主题活动方案和单一性教学活动方案的结构模板,最后选择一两个主题进行设计练习。切记,一定要练习。具体记忆时,可以参照"主题—结构—原则—方法—案例"这个逻辑进行。

## 自测训练

### 一、单项选择题

1. 下列各项中属于幼儿园教育活动特点的是(    )。

   A. 广泛性与启蒙性　　　　　B. 游戏性与趣味性

   C. 活动性与参与性　　　　　D. 综合性与整体性

2. 幼儿园开展的角色游戏,从教育活动的计划性强弱角度看是一种(    )。

   A. 非结构化的教学活动　　　B. 低结构化的教学活动

   C. 高结构化的教学活动　　　D. 完全结构化的教学活动

3. 在指导幼儿观察图画时,下面指导语中容易把幼儿的观察引向观察个别事物的一句是(    )。

   A. 图上有些什么呢

   B. 图上的小松鼠在做什么呢

   C. 这张图告诉我们一件什么事呢

   D. 图上讲的是什么故事呢

4. 在幼儿园教学活动中,提供交流机会最多的组织形式是(    )。

   A. 个别活动　　B. 全园活动　　C. 小组活动　　D. 班集体活动

5. 根据布鲁姆的目标分类,"幼儿能通过种花的活动感受大自然的美丽"属于(    )。

   A. 认知目标　　B. 动作目标　　C. 情感目标　　D. 能力目标

6. 幼儿教育活动设计的具体环节之一的是(    )。

   A. 活动目标　　B. 活动过程　　C. 活动准备　　D. 活动延伸

7. 一个正方形能不能变成两个圆形?怎么做?教师请幼儿试一试。此案例运用了(    )。

   A. 示范法　　B. 演示法　　C. 操作法　　D. 游戏法

8. 下列问题中，属于开放性问题的是（　　）。
   A. 你发现了什么　　　　　　　　B. 他是什么
   C. 他们一样吗　　　　　　　　　D. 你们愿意参加吗
9. 在教学活动内容选择的依据中，下列说法中不正确的一项是（　　）。
   A. 学前儿童的兴趣、经验　　　　B. 教师的爱好
   C. 儿童的教育目标　　　　　　　D. 知识的内在联系
10. 教师选择给幼儿的学习内容，应有一定的难度，而且是逐渐加深的，需要幼儿做出一定的努力才能学会，这体现了幼儿园教育活动的（　　）。
    A. 活动性原则　　B. 发展性原则　　C. 直观性原则　　D. 个别性原则

## 二、简答题

1. 简述制定幼儿园教育活动设计的步骤。
2. 简述幼儿园教育活动的类别和划分依据。
3. 简述综合性主题的基本结构。

## 三、论述题

幼儿园教育活动中为什么需要关注幼儿学习与发展的整体性？

## 四、材料题

阅读材料，回答问题。

材料：

在开展《我和你》主题活动中，老师试着让每个孩子带一张自己的近照与同伴欣赏、交流，老师适时地捕捉孩子与同伴欣赏、交流时的各种有趣画面并拍录下来，当场播放。

当孩子们那一张张可爱的小脸出现在屏幕上时，孩子们都兴奋地叫了起来："这是我！""这是你！"老师根据每个幼儿的不同特征即兴编唱着《我和你》的歌："这是我的嘴巴小小的，这是我的辫子长长的，这就是我呀！我是××。这就是你呀！你是××。"孩子们在整个活动过程中，唱呀、跳呀、笑呀，开心极了。

问题：

（1）这则材料体现了什么教育理念？

（2）这种教育理念有何意义？

## 五、活动设计题

1. 以"去童童家做客"为题设计一个中班的教育活动方案。

2. 幼儿园中有大片的竹林，郁郁葱葱的竹子引发了幼儿一连串的问题：竹子为什么那么高？为什么竹子是抱在一起长的？竹子的里面有什么？竹子有皮吗？……

请以"竹子的故事"为题，设计一个大班的教育活动方案。

# 第九章 幼儿园教育评价

> **考纲内容**
>
> （1）了解幼儿园教育评价的目的与方法，能对保育教育工作进行评价与反思。
> （2）能够利用评价手段发现教育活动中出现的问题，提出改进建议。

> **考纲解读**
>
> 教育评价是衡量一所幼儿园教育质量的重要的技术手段，是幼儿园管理中极为重要的组成部分。那么，何谓教育评价？评价的目的与功能是什么？评价的内容与方法有哪些？有哪些评价的模式？评价中要注意哪些问题？等，诸如此类的问题就构成了本章的知识点。具体而言，本章的考点有：幼儿园教育评价的概念与范围、内容与原则、过程与方法、策略与模式等。本章的知识点以识记与理解为主。

## 第一节 幼儿园教育评价概述

### 一、幼儿园教育评价的定义与功能

（一）幼儿园教育评价的定义与范围

1. 定义

幼儿园教育评价是指依据一定的标准和程序，有目的、有计划、有组织地对幼儿园各个方面的工作进行深入调查，并做出价值判断的过程。它是以幼儿园教育为对象，对其效用给予价值上的判断。或者说幼儿园教育评价是以幼儿园为评价主体、指向幼儿园内部教育与保育活动的一种评价活动。幼儿园教育评价是幼儿园教育工作中重要组成部分，其目的是了解教育的适宜性、有效性，以便调整和改进工作，促进每一个儿童的发展。因此，对幼儿园教育的评价是提高幼儿园教育质量的必要手段。总的来说，幼儿园教育评价的目的在于获得改进教育与各个方面工作的依据。

2. 范围

（1）儿童发展评价，包括儿童情感与社会化、认知与语言、健康与动作技能等方面的评价。

（2）幼儿园教育活动评价，包括课内外教育教学活动方案、活动过程及成果等方面的评价。

（3）幼儿园教师评价，包括教师的保教能力、道德修养、专业基础等。

（4）幼儿园环境评价，包括幼儿园环境、家园结合等方面的评价。

（5）幼儿园保育活动评价，包括儿童生长发育状况、保育制度的制定和实施、保育设施、保育人员的配制和分工等方面的评价。

（二）幼儿园教育评价的功能

1. 诊断和改进

诊断和改进是幼儿园教育评价最主要的作用。诊断与改进是指在搜集、整理和分析信息资料的基础上，对评价对象的客观情况特别是所存在的问题进行诊断，为其进一步的改进提供支持，帮助其寻求增值的途径和方法。

2. 鉴定与选拔

幼儿园教育评价所具有的鉴定与选拔功能，是指通过对所搜集的信息资料进行整理和分析，对评价对象的客观情况做出证明或说明，为评价对象以后的发展或晋级提供依据。

3. 导向与调节

教育评价是评价者依据一定的评价准则进行价值判断的活动，评价活动的结果会对评价对象有很强的"明示"效果。这种"明示"的效果会直接影响评价对象的行为取向与方式，并促使评价对象调整自己的工作思路，朝着评价者所预定的目标发展。

## 二、幼儿园教育活动评价的类型

（一）根据评价的功能和运行时间分类

1. 诊断性评价

诊断性评价是指在活动开始前，对评价对象的准备程度做出鉴定，以便采取相应措施使计划顺利、有效地实施而进行的测定性评价。诊断性评价的实施时间，一般在活动开始之前。例如，刚入园时，幼儿园要对所有的儿童发展情况进行摸底测验，目的是让幼儿园教师了解儿童的发展情况。

2. 形成性评价

形成性评价最先是由斯克里文在1967年提出的，后经布鲁姆等人努力而日趋完善。形成性评价是指通过诊断教育方案或计划、教育过程与活动中存在的问题，为正在进行的教育活动提供反馈信息，提高实践中的教育活动质量的评价。目的是了解教育过程的效果，及时反馈信息，及时调节，使计划、方案不断完善，以便顺利达到预期的目的。如教师一个赞许的眼神、一个安抚的动作都表达了教师的赞赏和认可，给小朋友以成就感和愉悦感。再如把表现出色的小朋友的名字写到圣诞树上、给合作默契的小组贴上小星星；给进步快的小朋友奖励一个笑脸……都属于形成性评价。

3. 终结性评价

终结性评价是指在教育活动结束后关于教育效果的判断。它关心的是教育活动的结果，基本上不涉及过程。它的目的是为了了解这项活动达到预期目标的情况以及它的最终效果或效益。因此它与分等鉴定、做出教育资源分配的决策、预言被评价对象的未来发展的可能性相联系。因为总结性评价简单易行、较为客观，在幼儿园教育中被普遍地使用。如期末评选"好孩子""聪明宝宝"等。

（二）根据评价的参照体系分类

1. 个体内差异评价

个体内差异评价是指把某类评价对象中的每一个个体的过去和现在进行比较，或者将同一评价对象的若干侧面互相比较。

2. 相对评价

相对评价是在某一类评价对象中先选取一个或若干个作为基准，再将该类对象逐一与基准相比较，判断其是否达到基准所具备的特征及其程度。

3. 绝对评价

绝对评价是以某种既定的目标为参照，目的在于判断个体是否达到这些目标，而不受团体的影响与约束，忽略个体在团体中所处的位置。

（三）根据评价是否量化分类

1. 定性评价

定性评价是用尽可能切合实际的语言和文字来描述被评对象的性质。

2. 定量评价

定量评价是评价体系中包含的相应的计量体系，以数量来显示对象的性质、功能，或反映其中的数量关系。

（四）根据评价的主体分类

1. 内部评价

内部评价也称自我评价。是被评者通过自我认识和分析，参照某种标准，对自己组织的活动做出评价。例如，教师在完成保教活动后，对保教内容、方法、资源利用等方面进行的自我总结。

2. 外部评价

外部评价也称他人评价。是由有关方面的人士组成评价小组，或专门人员单独，对被评者某方面的实态进行评价。如幼儿园园长对教师的评价、家长对教师的评价等。

（五）根据评价的范围分类

1. 宏观评价

宏观评价主要以学前教育的全部问题或涉及宏观决策方面的学前教育问题为对象进行评价。如对20世纪90年代以来的学前教育政策进行评价。

2. 中观评价

中观评价主要以幼儿园内部工作为对象进行的评价，如对幼儿园环境的评价。

3. 微观评价

微观评价主要以幼儿发展的某个方面或侧面为对象进行的评价，如关于幼儿注意发展的评价。

## 三、幼儿园教育评价的原则

幼儿园教育评价的原则就是人们对幼儿园教育评价的客观规律的认识，或者说是幼儿园教育评价的客观规律在人们头脑中的反映。它可以指导幼儿园教育评价工作的思想和行动，是我们进行幼儿园教育评价的行动准则。失去了原则的评价就是盲目的评价，那样的评价也就失去了它存在的价值。从这个意义上说，进行幼儿园教育评价必须明确并遵循幼儿园教育评价的原则。

（一）方向性原则（目的性原则）

方向性原则指通过评价内容与标准的制定，评价过程的侧重，评价结果的肯定或否定，推动学前教育进程，贯彻国家的教育方针，满足社会需求，不断提高学前教育质量。

幼儿园教育评价必须保证正确的方向。幼儿园教育评价的目标有整体的或总体的目标，有幼儿园工作的目标，有儿童发展的目标，相应地，幼儿园教育评价的方向性原则也应该体现在这三方面的目标之中。幼儿园教育评价的总体目标应该是国家教委颁发的《幼儿园工作规程》中提出的幼儿全面发展的保育教育目标。《幼儿园工作规程》不仅是指导和规范我国学前教育工作中要履行的行政法规，也是我们进行幼儿园教育评价的基本依据，其核心思想"促进每个幼儿的发展"是幼儿园教育评价的总方向的集中体现。

（二）可行性原则

幼儿园教育评价是对学前教育现象进行实际的测量和评定，并根据测量的评定结果做出价值判断。它有着非常强的实践性和操作性，因此，我们必须保证幼儿园教育评价切实可行。为保证幼儿园教育评价的可行性，要注意以下方面。

1. 评价指标体系要简便易测

全面性、先进性是我们建立学前教育评价指标体系的基础，但是，过分要求全面和先进,可能会使评价项目过多,实施评价时工作量过大,人力、物力都达不到指标,也可能会使评价项目不符合大多数幼儿园的实际工作和目前我国学前教育相对落后的现状,评价对象离要求距离过大。因此,我们幼儿园教育评价必须解决好全面、先进和适度之间的矛盾,在保证评价指标体系科学合理的同时,更重要的是要保证指标体系的切实可行。

2. 评价指标要有一致性和普遍性

一致性有两个方面的含义:一方面是指幼儿园教育评价的目标是一致的,即由国家规定的统一要求和标准必须坚持,不能降低,务求一致;另一方面是指在同一范围内,对相同的评价对象必须用统一的标准。

3. 不能过分要求量化的评价结果

学前教育现象非常复杂、可变量多、影响因素多、可控性差,要做出精确评价是很困难的。根据控制论中"在同一系统中,高度复杂性与高度精确性不能并存"的原理,我们必须面对学前教育高度复杂的现实,在复杂性与精确性的矛盾中,不得不降低一点精确性。因此,我们对幼儿园教育评价可采用定量与定性相结合的办法。如对定性描述实行量化,可以采用模糊数学中的隶属度原理,在等级评定基础上"赋值"进行"二次量化"。

(三) 全面性原则

全面性原则是指教育评价要全面收集信息,不能片面强调评价指标中的某一项目,不能偏听偏信。只有遵循了全面性原则,才能保证评价指标的全面性以及在评价过程中收集到的信息的全面性,从而使评价工作更科学、准确。

贯彻全面性原则,还要求我们在幼儿园教育评价中要全面、充分地收集有关信息,不要偏听偏信。譬如,对一个教师的评价,不能只听取某个领导的意见,要听取幼儿园其他教师、员工的意见,听取广大家长的意见,还要征求幼儿对老师的意见,考察她所负责的某班幼儿的发展水平;对一个幼儿园的评价,不能只听取几个幼儿教师的意见,而要听取上下左右各方面的意见,搜集各方面的有关信息,然后再进行分析、归纳,做出恰当的评价。

(四) 客观性原则

客观性原则是指在评价幼儿园教育时应当秉承客观、公正、科学、实事求是的态度，特别是涉及每一个评价对象时，必须坚持公正、客观的基本原则。一旦确定了科学合理的评价标准，就不能随意改动或变更。只有这样，才有可能促进幼儿园教育的深入开展以及不断改进、完善，真正起到评价的功能和作用。

## 第二节 幼儿园教育评价的基本过程和方法

### 一、幼儿园教育评价的基本过程

幼儿园教育评价的基本过程可以分为确定评价目的、设计评价方案、收集评价资料、处理评价结果和反馈评价结果五个步骤。

（一）确定评价目的

幼儿园教育评价的目的在于获得改进教育与各个方面工作的依据。因而，在对幼儿园教育进行评价之前，评价者应当首先确定本次评价的目的是为了解决或改进哪些问题，从而找到评价的方向。

（二）设计评价方案

设计评价方案是对所要评价的对象或内容确定项目要素，并将项目逐级分解，将评价内容具体化，建立评价的指标体系。首先，确定评价对象涉及哪些方面的内容，从而将其分解成一些大的项目或要素。其次，将大的项目要素逐级分解形成指标体系，选择适宜的评价方法。

（三）收集评价资料

评价者根据设计的评价指标体系，采用多种方法对幼儿园进行数据收集，除了定量方法收集资料之外，评价者还要注意结合定性的方法深入收集资料，以补充、验证定量方法收集的资料。

### （四）处理评价结果

评价者可以采用一定的数据处理方法，如 SPSS（Statistical Program for Social Sciences，即社会科学统计程序）等统计软件，根据评价的需要对所收集的数据进行统计和分析，得出合理可靠的结论。

### （五）反馈评价结果

评价者根据统计分析的结果，向幼儿园提供评价研究的结果，以便幼儿园根据研究结果对问题进行改进。

## 二、幼儿园教育评价的基本方法

### （一）观察法

观察法是观察者通过感官或一定的科学仪器，在一定时间内有目的、有计划地对观察对象的行为进行考察、记录、分析。是幼儿园教育评价工作中最为重要、最为常见的一种方法。

### （二）访谈法

访谈法是访谈者通过口头谈话的方式从受访者那里搜集第一手资料的一种方法。

### （三）问卷法

问卷法是通过书面形式，用统一的、严格设计的问卷来收集资料的方法。它是幼儿园教育评价中的一个重要的测量工具。

### （四）测验法

测验是对被评价者身体、认知、语言、社会性发展等方面的测量。

### （五）检核表

检核表是依据学前儿童发展心理学、教育目标等编制的学前儿童的表现目标。教师可以通过观察和判断学前儿童是否达到检核表上的相应项目的指标,来判断学前儿童的学习与发展情况。

（六）档案袋评价法

档案袋评价法是指收集学前儿童在学习过程中有代表性的作品或典型的表现记录,以学前儿童的现实表现作为判断学前儿童学习质量的依据的评价方法。

（七）表现性评价

表现性评价是指根据儿童的表现行为做出评价的一种方法。

（八）自我反思

自我反思是一种教师发展评价的方法。

（九）混合型评价法

混合型评价法是指根据多视角、多元化的方法论,提倡理性主义和自然主义的结合,依据测评要素的性质选用多种评价方法和技术。在多种评价情境中的不同成员（包括评价对象和其他评价相关人员）中收集评价对象的相关信息,采用多种适宜的分析技术,然后综合各种价值主体的评价结果,分析和汇聚各个测评要素的评价信息,最后做出整体性评价结论。

# 第三节 幼儿园教育评价内容

幼儿园教育评价的内容包括儿童发展评价、幼儿园教师评价、幼儿园课程评价、幼儿园环境评价和幼儿园保育评价五大内容。

## 一、儿童发展评价

儿童发展评价是依据教育目标以及与此相适应的儿童发展目标,运用教育评价的理论与方法,对儿童身体、认知、品德与社会性等方面的发展进行价值判断的过程。

它是幼儿园教育评价的重要组成部分。

（一）儿童发展评价的目的和意义

（1）有助于教师和家长了解儿童的发展状况，确保实现幼儿教育阶段的目标，是提高幼儿园教育质量的重要手段。

（2）有助于了解和评定儿童发展的水平，为因材施教和改进教育过程提供依据。

（二）儿童发展评价的内容

幼儿园教育内容由健康、语言、社会、科学和艺术五大领域构成，各领域的内容相互渗透，涵盖了儿童发展的各个方面，从不同角度促进儿童的全面发展。儿童发展评价的内容主要包括身体与运动、认知与语言、社会性与情感发展三个方面。

1. 身体和运动评价

身体和运动评价主要包括对生长发育、大肌肉动作、小肌肉动作、安全意识和能力发展评价。

2. 认知和语言评价

认知和语言评价主要包括对词汇、口头语言、早期阅读、书写发展、学习品质、想象力和创造力等方面的评价，可以通过标准化测验、自编测验、日常经营情境中的认知发展评价来进行。

3. 社会性和情感发展的评价

社会性和情感发展的评价主要包括儿童对自我认识发展、社会行为、同伴关系等的评价。

儿童发展评价包含的内容可以通过日常观察记录、个案追踪记录、儿童行为习惯养成反馈、家园联系反映、儿童测试结果、儿童成长档案等来体现。

## 二、幼儿园教师评价

幼儿园教师评价是指根据幼儿教育方针、政策、法规和幼儿园培养目标、要求，运用教育评价的理论、方法和技术，对教师在教育、保育中的行为表现与绩效，进行全面、客观、公正的价值判断，从而促进幼儿园教师专业发展的活动。它是幼儿园教育评价的一个重要组成部分。

（一）幼儿园教师评价的目的

幼儿园教师评价是为了更好地促进教师专业发展与提高保教质量。幼儿园教师评价既是依据评价标准对教师素质及教育实践进行诊断的过程，也是教师不断改进实践行为的过程。

（二）幼儿园教师评价的内容

幼儿园教师评价可包括常规性、专业性和发展性三个层次的内容。

1. 常规性评价

常规性评价的内容主要体现在服从安排、遵章守纪和工作负荷三个方面。

2. 专业性评价

专业性评价主要包括儿童发展的观察与研究、教育活动的设计与实施、儿童游戏的指导与帮助、教育环境的规划与创设、家园联系的建立与开展五个方面。

3. 发展性评价

发展性评价主要包括发展规划、学习反思、合作交流三个方面。

幼儿园教师发展评价可以通过教师专业发展计划与总结、各类实践活动、教师专业成长表现与访谈、家长问卷等方式进行。

教师发展评价指标的设计一般包括：①教师的设计和执行课程计划的能力；②对日常的儿童言行、环境变化等的敏感性；③主动挖掘家庭及周边资源开展主题活动；④主动发现自己的保教问题并作及时调整；⑤主动梳理经验及困惑；⑥形成良好的学习与研究氛围等。

# 三、幼儿园课程评价

幼儿园课程评价是根据一定的标准，在搜集、分析资料的基础上对构成幼儿园课程的目标、内容、实施过程和实施效果等做出价值判断的过程。幼儿园课程评价是幼儿园课程建设不断完善、不断走向课程园本化的重要环节，对课程的分析、调整起着不可代替的作用，更有利于儿童和教师的发展。

(一) 幼儿园课程评价的意义

对幼儿园课程的评价是一个全面的过程，一般可以从儿童发展性评价、教师专业发展和幼儿园的自主发展三个方面对课程做一个综合的评价。根据幼儿园实情，将逐步探讨幼儿园保教质量评价的操作方法，积累质量监控与评价的经验。在使用过程中，将幼儿园课程部分的评价与儿童发展部分的评价有机结合。通过观察、访谈、检查资料、幼儿测试等方式，综合教师、家长的意见，全面了解幼儿发展情况，检验幼儿园课程实施的成效，并不断进行改进和完善，逐步形成适合幼儿园的课程质量监控与评价机制。总的来说幼儿园课程评价的意义在于以下三个方面：

(1) 通过对幼儿园课程评价，促进儿童发展；
(2) 通过对幼儿园课程评价，提升教师专业水平；
(3) 通过对幼儿园课程评价，提高幼儿园教育质量。

(二) 幼儿园课程评价的内容

幼儿园课程评价的内容包括幼儿园课程方案评价、幼儿园课程内容评价、幼儿园课程实施过程评价和幼儿园课程实施效果评价四个部分。

1. 幼儿园课程方案评价

课程方案是课程开发者为了实现和体现既定的课程意图，对课程目标、内容或结构，以及课程实施与评价等方面，进行总体规划且能付诸实施所做的各种安排。幼儿园课程是完成幼儿园保教目标的主渠道。一份完整的课程方案应该包含幼儿园发展现状、课程理念和办园特色、课程目标、课程结构与设置、课程内容、课程实施建议以及课程评价建议等内容。其中，对大部分幼儿园来说，最难把握的是课程结构与设置，即幼儿园应为儿童提供哪些活动，又如何协调这些活动之间的比例。

幼儿园课程的自主化、多元化是近年来新课程改革的一个方向。实现这一目标，有赖于幼儿园将课程改革的核心精神真正落实到课程实施方案中，并在实际操作中贯彻执行。有的幼儿园在课程安排上暴露出一些问题。比如，儿童的自主游戏、体育运动等得不到保证；课程结构松散，内容庞杂、膨胀抑或偏缺，整体性不强。这些问题实际上反映出幼儿园整体课程设计与规划中的不足。因此，进一步明确幼儿园课程方案编制的意义，增强教师对课程的研发能力，提升课程实施的质量，是当前幼儿园课程改革的一个重要内容，也是在理论和实践上有待加强的一项工作。

2. 幼儿园课程内容评价

幼儿园课程实施方案是对幼儿园课程的预设性规划。理想的课程实施方案既应契合课程改革的主流价值观，又应充分展现幼儿园自身的特点。对幼儿园课程内容方面的评价一般从以下三个方面进行：

(1) 课程内容方向的明确性；

(2) 课程内容组织的科学性；

(3) 课程内容结构的合理性。

3. 幼儿园课程实施过程评价

幼儿园课程实施方案是指幼儿园在领会国家和地方课程精神的基础上，充分考虑本园基础与资源条件，对课程进行整体设计与规划，由此形成的平衡、和谐、适宜的书面课程计划。课程实施方案是幼儿园课程实施与管理的基本依据。对幼儿园课程实施的过程进行评价有助于发现幼儿园课程实施中的问题和漏洞，并随时做出改进。

4. 幼儿园课程实施效果评价

幼儿园课程实施效果是在幼儿园课程完成之后对所取得的结果的评估。一般从课程对幼儿的价值、对教师发展的价值和幼儿园提升的价值方面进行评价。

## 四、幼儿园环境评价

幼儿园环境评价是指在占有信息资料的基础上，对环境属性做出的价值判断，其目的在于使环境的创设围绕有利于儿童发展的方向。

(一) 幼儿园环境评价的意义与要求

1. 幼儿园环境评价的意义

幼儿园环境评价主要有以下几个方面意义和价值。

(1) 通过对幼儿园环境信息的收集、整理和分析，对幼儿园环境中所存在的问题进行诊断，为其进一步的改进提供支持，帮助其寻求增值的途径和方法。

(2) 通过对当前幼儿园环境的了解，可以评估环境创设对儿童发展的效果。

(3) 通过幼儿园环境的评估，指出幼儿园环境创设的方向和原则，从而创设安全、健康、自由、轻松的环境，进一步促进儿童的发展。

2. 幼儿园环境评价的要求

对幼儿园环境进行评价时，评价者应当公正客观，评价指标体系的设计应当合理有效，评价的过程应当科学严谨，对评估的结果应当实事求是。

(二) 幼儿园环境评价的主要内容

幼儿园环境评价的主要内容包括物理环境评价和社会环境评价两大部分。

1. 物理环境评价

物理环境通常指幼儿园中的物质环境，包括室内、室外的各种建筑、设施、设备等。幼儿园的建筑、设备和器材都必须符合国家规定的卫生、安全标准和要求。对幼儿园的物理环境进行评价时可以从以下几个方面进行。

(1) 室内环境。

在设计和布置幼儿园物理环境和空间时，应注意以下几个方面的问题：在幼儿园的房舍内，幼儿用室的配置应使每班儿童都有为本班使用的一组房间，即组成一个班的单元，包括活动室、卧室、盥洗室和厕所、储藏室等。

(2) 活动室。

活动室的空间组织形态和运用方式应根据活动的需要而发生变化，既可以是开放的，又可以是封闭的。应按活动的喧闹或安静程度，有顺序地安排各种活动区域，避免将喧闹的活动区与安静的活动区混杂在一起，否则会导致活动区之间的相互干扰。在活动室内，应常为儿童设置一些私密空间，即能够提供一个或少数几个儿童活动的隐秘空间，这种空间能在视线上与其他空间分隔开来。活动室内各区域之间的通道必须十分明确，并有足够的宽度，使儿童能随意地从一个活动区流动到另一个活动区，也能根据需要在室内外之间进行流动。活动室内空间和物体的安排应有益于人际沟通。

(3) 室外环境。

幼儿园室内外的布置和摆设应以简单、和谐为原则，线条宜简洁明了，色调要柔和协调，陈列和摆设的东西不要太多，以免分散幼儿注意力。户外活动场地以矩形或不规则形较为理想。

2. 社会环境评价

幼儿园中的社会环境一般是指幼儿园中的制度环境和精神环境。幼儿园制度环境主要是指那些保证幼儿园得以正常运行的相对稳定的行为规范、价值标准和管理机制等。幼儿园的精神环境主要是指儿童交往、活动所需的物质环境，即儿童生活于其中的幼儿园心理环境，它是一种隐性的环境，也可以理解为一种氛围。幼儿园精神环境由幼儿园的制度、物质环境，幼儿园教师的观念和行为方式，及与儿童有关的人际关系等因素综合影响而形成。

幼儿园的社会环境虽说是无形的，但直接影响儿童的情感、交往模式和个性发展，这种影响又是广泛性、持久性、潜移默化性的。因而，对幼儿园的社会环境做出评价也是相对困难的。评价时可以着重幼儿园的制度、组织气候和幼儿园中的人际关系尤其是师幼关系等方面。

## 五、幼儿园保育评价

（一）幼儿园保育评价的要求

（1）树立全面的保育观。
（2）认识保育评价的重要性。
（3）促进幼儿园保育工作的改进。

（二）幼儿园保育评价的内容

幼儿园保育评价的内容包括儿童身体的生长发育、儿童心理发展、保育制度、保育设施、健康教育和对保育人员的评价六个方面。

1. 儿童身体的生长发育评价

儿童的身体生长发育状况主要体现在儿童身体生长发育的水平和速度。最重要和常用的评价指标是身高和体重。

儿童身体生长发育的评价方法有发育离差评价法、指数评价法、发育年龄评价法、发育百分位数评价法、相关回归评价法等。

2. 儿童心理发展评价

儿童心理发育的水平主要表现在感知、运动、语言和心理过程等各种能力以及性格方面。常用的儿童心理发育的评估方法是谈话法、观察法、筛选检查法和诊断检查法。

3. 保育制度的评价

（1）卫生制度评价。

(2) 健康制度评价。

(3) 生活健康制度评价。

(4) 体弱儿保育制度评价。

4. 保育设施的评价

对保育设施的评价主要是针对保育设施的完善程度和服务质量。

5. 健康教育评价

幼儿园健康教育及评价的内容主要有平衡膳食和合理营养,良好的生活规律和习惯,安全教育,预防接种,预防常见病,生长发育监测和心理卫生。

6. 保育人员的评价

幼儿园应有专门人员负责膳食计划的制订、营养素的科学搭配和餐点的制备等,有专业的保育员和医务工作者。保育人员应符合《幼儿园工作规程》中规定的任职资格,明确各自的职责。

### 本章知识结构

## 本章小结

（一）本章主要内容

（1）幼儿园评价的定义和评价的范围，以及评价的功能：诊断和改进、鉴定和选拔、导向和调节。

（2）幼儿园教育评价的基本过程：确定评价目的—设计评价方案—处理评价结果—反馈评价结果。

（3）评价的方法：观察法、访谈法、问卷法、测验法、检核表、档案袋评价法、表现性评价、自我反思、混合型评价。

（4）幼儿园教育评价的内容：儿童发展评价、幼儿园教师评价、幼儿园课程评价、幼儿园环境评价、幼儿园保育评价。

（二）本章重点、难点

本章的重点是幼儿园评价的功能，儿童发展评价和幼儿园教师评价，评价的基本程序。难点是运用评价理论分析幼儿园保育教育实践。

（三）学习时要注意的问题

（1）熟记关键的概念，理解评价的功能以及基本过程和方法。

（2）识记评价的内容，并结合实际对其进行理解。

（3）理论学习与实践操作相结合。幼儿园教育评价的学习不能仅仅停留在了解评价知识层面，还应该把理论知识与实践操作结合起来，能够利用评价手段发现教育活动中出现的问题，提出改进建议。

## 备考指南

幼儿园教育发展评价是幼儿园教师必须掌握的重要内容之一，是学前儿童发展的重要依据。学习时首先要理解并熟记幼儿园教育评价的基本内涵和基本过程以及各种评价方法的内涵和操作步骤，了解幼儿园教育评价的内容，并能够根据幼儿园教育评价相关的理论知识对幼儿园的保育和教育工作进行评价。学习时要注意结合案例理解相关原理，重点放在评价方法的实际运用上。

# 第九章 幼儿园教育评价

## 自测训练

### 一、单项选择题

1. "通过评价,可以及时发现现行课程与预订目标之间的差距和问题,明确努力方向,提高教育效果,改善今后的保育、教育活动"。这句话反映的教育评价功能是(    )。
   A. 鉴定与选拔　　　　　　　　B. 诊断与改进
   C. 动机与聚合　　　　　　　　D. 导向与调节

2. 世界上第一个智力量表是(    )。
   A. 斯坦福-比奈量表　　　　　　B. 格塞尔婴幼儿发展量表
   C. 比奈-西蒙智力量表　　　　　D. 韦克斯勒量表

3. 单元、学期、学年结束时的评价,属于(    )。
   A. 形成性评价　　B. 定性评价　　C. 定量评价　　D. 总结性评价

4. 幼儿园中观教育评价的对象是(    )。
   A. 学前教育的全部问题　　　　B. 幼儿园内部工作
   C. 幼儿发展的某个方面　　　　D. 幼儿园教师的专业发展

5. 为了解大班幼儿游戏活动的心理特点,每周观察2次,每次1小时,连续观察一个月,然后把记录的材料加以整理和分析,此种观察方法属于(    )。
   A. 日记描述法　　B. 时间抽样法　　C. 事件抽样法　　D. 轶事记录法

6. 幼儿园教育评价中最为著名和最为常用的质性评价方法是(    )。
   A. 临床法　　　　　　　　　　B. 苏格拉底式评价
   C. 访谈法　　　　　　　　　　D. 档案袋评价

7. 幼儿园以"成长档案记录袋"的形式记录幼儿成长、评价幼儿的现有水平。这种评价体现的幼儿园教育评价原则是(    )。
   A. 全面性　　　B. 客观性　　　C. 个别化　　　D. 情境性

8. 幼儿园教育工作评价应当(    )。
   A. 以行政人员评价为主,专家等参与评价为辅
   B. 以园长自评为主,教师等参与评价为辅
   C. 以教师自评为主,园长等参与评价为辅
   D. 以家长评价为主,幼儿等参与评价为辅

9. 对幼儿发展状况评估的目的是（　　）。

   A. 筛选、排队　　　　　　　　　B. 教师反思性成长

   C. 提高保教质量　　　　　　　　D. 了解幼儿的发展需要

10. 社会测量法比较适合用于（　　）。

   A. 幼儿发展评价　　　　　　　　B. 幼儿园教师评价

   C. 幼儿园课程评价　　　　　　　D. 幼儿园环境评价

## 二、简答题

（1）简述幼儿园教育评价的基本过程。

（2）简述幼儿园教育评价的原则。

## 三、论述题

结合实例论述"评价是为了发展"的含义。

## 四、材料分析题

阅读材料，回答问题。

材料：

一个五岁的小女孩抱着自己的洋娃娃，自言自语地说："还是你们好啊，不用去学跳舞、画画、弹琴，也不用去学……"在一个大班进行的关于"做人好还是做动物好"的讨论中，有的小朋友说："我认为动物更快乐，因为它们想到哪去就到哪去，可以无忧无虑地生活。"有的小朋友说："我觉得动物好，动物想睡觉就睡觉，想玩就玩，人就不能，因为小朋友要上课。"

问题：

试从幼儿园教育评价的相关知识对小朋友的呼声进行评价。